中 等 职 业 教 育 规 划
工业和信息化人才教育与培养指导委员

现代办公设备的
使用与维护
（第2版）

金国砥 吴关兴 鲁晓阳 编

人民邮电出版社
北京

图书在版编目（CIP）数据

现代办公设备的使用与维护 / 金国砥，吴关兴，鲁
晓阳编. -- 2版. -- 北京：人民邮电出版社，2011.5（2019.2重印）
中等职业教育规划教材
ISBN 978-7-115-25012-4

Ⅰ．①现… Ⅱ．①金… ②吴… ③鲁… Ⅲ．①办公设
备－使用－中等专业学校－教材②办公设备－维护－中等
专业学校－教材 Ⅳ．①C931.4

中国版本图书馆CIP数据核字(2011)第033045号

内 容 提 要

本书主要介绍常用办公设备的使用与维护知识，其中包括计算机的使用与维护，存储设备、办公打印设备、办公复印设备、办公数码设备、办公光电设备、办公通信与信息传输设备、办公音响设备的使用与维护等知识与技能，各部分内容自成体系。由于办公设备涉及面较广，学校可根据不同的需求取舍，以便因需施教，因需所学。

本书可作为中等职业学校学生的素质教育教材，也可作为现代办公设备使用与维护培训班教材或自学用书。

◆ 编　　　　金国砥　吴关兴　鲁晓阳
　　责任编辑　李海涛

◆ 人民邮电出版社出版发行　　北京市丰台区成寿寺路 11 号
　　邮编　100164　　电子邮件　315@ptpress.com.cn
　　网址　http://www.ptpress.com.cn
　　北京捷迅佳彩印刷有限公司印刷

◆ 开本：787×1092　1/16
　　印张：14.25　　　　　　　　　2010 年 5 月第 2 版
　　字数：375 千字　　　　　　　2019 年 2 月北京第 10 次印刷

ISBN 978-7-115-25012-4
定价：26.00 元

读者服务热线：(010)81055256　印装质量热线：(010)81055316
反盗版热线：(010)81055315

编者的话

所谓现代办公设备，简单地说就是利用现代科学技术制造出来的、能代替办公人员完成部分日常工作的设备。随着信息技术和光机电一体化技术的发展，要开拓现代化办公方式就必须掌握现代办公设备的使用与维护技能。编写本书的目的就是帮助办公人员或即将从事办公室工作的人员正确使用与维护办公设备。

本书以计算机、存储设备、打印设备、复印设备、数码设备、光电设备、通信与信息传输设备、音响设备等为框架展开，以"先问会不会、后问懂不懂"为原则；遵循教学"由外到内、先会后懂、必需够用"的精神，使学习者学得进、用得上；能满足使用者实际和今后发展的需要。简言之，本书具有以下几个特点。

一、图文并茂。本书在编写中使用了大量的图表，力求清晰、醒目，便于阅读，内容贴近生活实际，使学生容易接受所讲的知识。

二、操作性强。本书提供了大量的操作实例，步骤清晰，便于实践。在每一章节中都配有查一查、看一看、练一练或做一做等形式的实际操作训练，以及温馨提示，供学生复习和自我检查。

三、深化改革。本书重视职教特点，深化课程改革，采用新的课程体系和编排次序，突出重点，讲究实用，理论联系实际，符合中等职业学校学生的认识规律，方便教与学。

本书可作为中等职业学校学生的教学用书，也可作为现代办公设备使用与维护培训班教材或自学用书。

本书由金国砥、吴关兴、鲁晓阳和刘淼编写，汪秋萍、金帆参与部分校阅工作。

在编写过程中，得到了杭州中策职业学校，以及闲林职业学校陆元庆和杭州钱江制冷集团网管中心江南的大力支持，在此对他们深致谢意。

由于办公设备技术涉及的知识领域广和编者水平有限，书中难免存在不足或缺陷之处，恳请读者批评指正。

编　者
2011 年 3 月

目　录

办公自动化是信息革命的产物，也是社会信息化的重要技术保证。回顾近 20 年来微电子技术的进步和通信技术突飞猛进的发展，各种先进的办公设备如雨后春笋般出现。为适应瞬息万变、竞争激烈的时代要求，各办公机构纷纷引入自动化系统。办公自动化作为当前国际上飞速发展的一门综合性新学科，已经越来越受到人们的重视。

办公自动化设备

为了具备和完善办公自动化系统的功能，除了进行办公人员的相应知识培训外，必须配备相应的办公硬件设备和软件资源。办公自动化系统的硬件是指办公自动化系统中实际的装置和设备，而软件是指用于运行、管理、维护和应用开发计算机所编制的计算机程序。本书主要介绍办公自动化系统中硬件设备的使用与维护。

1. 电子计算机

电子计算机一般俗称为电脑。计算机的种类很多，根据它的规模大小可以分为巨型机、大型机、中小型机、微型机、便携机等。根据其用途又可分为专用计算机和通用计算机。目前，办公室最常用的是多媒体通用微型计算机。

一套计算机系统必须由硬件和软件两大部分共同组成，两者有机结合、相得益彰，才能使系统发挥功效。实际上，在计算机技术的发展进程中，计算机软件随硬件技术的迅速发展而发展，反过来，软件的不断发展与完善，又促进了硬件的发展。

2. 打印机

打印机是办公自动化系统的主要输出设备之一。打印机分为击打式和非击打式两大系列产品。击打式以针式点阵打印机为主，非击打式则包括激光、喷墨等。

3. 复印机

20 世纪 50 年代美国施乐公司推出第一台商用复印机。目前，复印机的种类较多，按不同分类如下。

（1）按照复印机显影方式可分：单组份和双组份。

（2）按照复印的颜色可分：单色和彩色。

（3）按复印机尺寸分：普及型（A3）、手提式、大工程图纸（A2 以上）。

（4）按使用纸型来分：特殊纸、普通复印纸。

（5）按成像处理方式分：数字式、模拟式。

4. 传真机

传真机是一种传送静止图像的通信手段。它可以通过通信线路把文件、图表、手迹、照片等纸页式静止图像信号从一端传到另一端，并印在纸上得到与发送文件完全相同的文件。因此，也有人把它称为远距离的复印。

5. 扫描仪

扫描仪是一种光、机、电一体化的高科技产品，是除键盘和鼠标外使用最广泛的输入设备。扫描仪有多种用途，比如可以利用它输入照片建立电子影集；输入各种图片建立网站；扫描手写信函再用 E-mail 发送出去以代替传真机；还可以利用扫描仪配合 OCR 软件输入报纸或书籍的内容，免除键盘录入汉字的辛苦等。扫描仪的多种功能，使我们在办公、学习和娱乐等各个方面提高效率并增加了乐趣。

6. 数码相机

数码相机是一种能够进行拍摄，并通过内部处理把拍摄到的光学图像转换成以数字格式存放的电子图像的特殊照相机。

 习　题

办公自动化系统的硬件设备主要包括哪些？

第2章 计算机的使用与维护

办公自动化系统的主要任务就是及时、准确地采集和加工处理各种信息，并按照统一的标准格式，将各种信息的处理结果提供给决策层进行决策使用。

目前，许多企事业单位和家庭、个人购置了计算机。由于计算机轻便灵活，并具有一定的存储和处理信息的能力，与配套的办公自动化外围设备可协同使用，不但减轻并节省了人们的办公劳动，而且大幅度地提高了办公效率，改进了办公系统环境。许多办公自动化系统首先就是在微机上开发出来的。现在，办公自动化是我国以计算机和局域网为基础的小型系统中发展最快的。

目前，计算机的种类、生产厂家较多，产品功能与特点各不相同。主要有台式计算机、小型台式计算机、笔记本电脑等，本书以 Dell™ OptiPlex™ 210L 小型台式计算机和联想笔记本电脑为例介绍有关计算机的使用与维护。

查
一
查
（1）目前市场上有哪些品牌的台式计算机？
（2）什么是兼容机，它与品牌机有什么区别？

2.1 台式计算机

台式计算机是办公自动化（OA）系统中的核心设备，是所有工作的控制中心。它是一个能支持交互式综合处理声音、文本、图像信息的计算机系统，需要计算机交互式地综合处理声音、文本、图像信息，尤其是图像和声音信息数据量大，处理速度要求高。

2.1.1 台式计算机的外部结构

台式计算机是在现有个人计算机（PC）技术上加上一些硬件板卡及相应软件，使其具有综合处理声音、文本、图像信息功能的设备。台式计算机硬件系统从外观上看包括主机箱、显示器、键盘、鼠标等，如图 2-1 所示。

实训园地
小华要配置一台计算机，他想知道需要哪些配置，规格是什么，请告诉他。

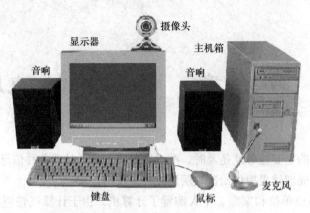

图 2-1 台式计算机

在主机箱内装有主板、电源、显示适配器、声卡、网卡等部件。台式计算机的核心部件就装在主机箱内，通过主板集成在一起（见表 2-1）。

表 2-1 台式计算机基本硬件结构

硬 件 名 称	结 构 示 意 图
主机前面板	CD/DVD 驱动器 耳机连接器 软盘驱动器 硬盘驱动器指示灯 USB 2.0 连接器 诊断指示灯 启动按钮 电源指示灯 主机盖释放锁 挂锁扣环 电源选择开关 电源连接器 背面板连接器 插卡槽

硬 件 名 称	结构示意图
计算机内部组件	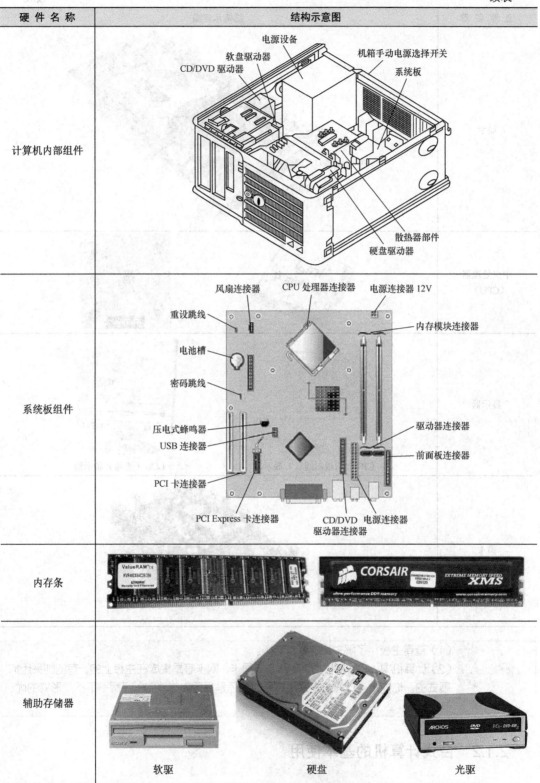
系统板组件	
内存条	
辅助存储器	

电源设备
软盘驱动器
CD/DVD 驱动器
机箱手动电源选择开关
系统板
散热器部件
硬盘驱动器

风扇连接器　CPU 处理器连接器　电源连接器 12V
重设跳线
内存模块连接器
电池槽
密码跳线
压电式蜂鸣器
USB 连接器
驱动器连接器
前面板连接器
PCI 卡连接器
PCI Express 卡连接器
CD/DVD　电源连接器
驱动器连接器

软驱　　　　　　硬盘　　　　　　光驱

硬 件 名 称	结构示意图
显卡	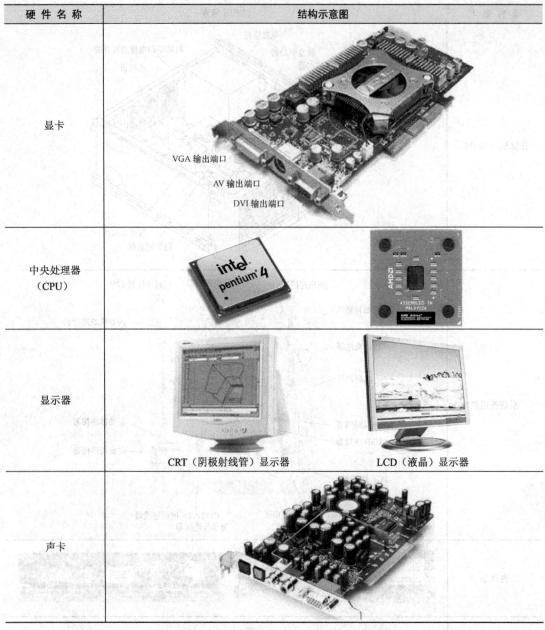VGA 输出端口 AV 输出端口 DVI 输出端口
中央处理器 （CPU）	
显示器	CRT（阴极射线管）显示器　　　　　LCD（液晶）显示器
声卡	

 查一查

（1）查看主板，了解主板的基本结构。

（2）计算机中，有一些硬件，如声卡、显卡、网卡等是集成在主板上的，有的则采用扩展式的。你的个人计算机是采用扩展式的还是采用集成式的？了解一下不同形式的优、缺点。

2.1.2　台式计算机的基本使用

1. 主机与外设的硬件连接

一台新计算机买来时通常主机与其他外设是分离的，尽管购买品牌计算机时计算机公司会上门帮助安装，但是在需要搬运计算机时仍然必须将其主机和其他外设拆开，然后再组装。计算机主机正面通常有电源开关、复位开关、光驱、软驱等，现在的计算机通常又增加了前置 USB 接口和前置声音接口。而计算机的背面则有大部分的外设接口，包括键盘、鼠标、显示器、打印机接口等。外部设备接口种类很多，常见的有 PS2 接口、USB 接口、串行口、并行口等。各外设硬件接口与主机接口的连接如图 2-2 所示。

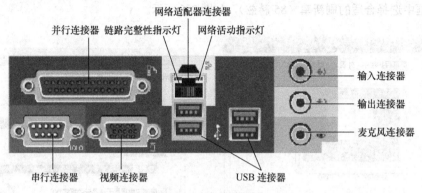

图 2-2　主机与外设的连接

 实训园地　小华的台式计算机配置好了，装配时发现主机箱后面有很多的连接端口，请帮助他弄清楚这些端口的作用与连接方法。

2. 开机及相关设置

（1）开关计算机。在主机与外设连接完毕后接通电源，以先外设后主机的顺序启动计算机，便可以正常使用计算机及其外设进行办公。若要关机，则单击"开始"菜单中的"关闭计算机"按钮；在弹出的"关闭计算机"对话框中，单击"关闭"按钮，即可关闭主机；最后，关闭其他外部设备，并切断电源，如图 2-3 所示。

图 2-3　关闭计算机

（2）设置显示器分辨率。显示器如果使用不当，效果会较差，也会伤害眼睛，正确地设置显示器分辨率和刷新频率会使用户感觉舒适，15 英寸显示器的合适分辨率为 800 × 600 像素，17 英寸显示器合适的分辨率为 1024 × 768 像素，刷新率在 85Hz 时效果最好。显示器分辨率的调整步骤如下。

① 在桌面上单击鼠标右键，在弹出的快捷菜单中，选择"属性"命令，如图 2-4 所示。

② 弹出"显示 属性"对话框，在"设置"选项卡中拖动"屏幕分辨率"滑块进行分辨率设置（1024 × 768 像素），在"颜色质量"下拉列表框中选择合适的颜色质量（真彩 32 位），如图 2-5 所示。

图 2-4　右键快捷菜单

实训园地　小华的计算机在使用中发现显示器的显示亮度暗淡，色彩不清晰，而且桌面图标变大，你能帮助他调节一下吗？

③ 单击"高级"按钮，弹出"显示 属性"对话框，在"监视器"选项卡的"屏幕刷新频率"下拉列表框中选择合适的刷新率（85 赫兹），如图 2-6 所示。

图 2-5　设置屏幕分辨率

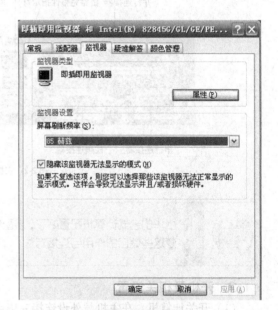

图 2-6　设置屏幕刷新率

④ 单击"确定"按钮，弹出"监视器设置"对话框，单击"是"按钮设置生效，如图 2-7 所示。

3. 调整声音

计算机运行时，使音箱发出声音的方法有以下 3 种。

（1）调节音箱"音量"旋钮，即可实现声音的调节。

（2）单击屏幕右下角的"音量"图标，弹出"音量"对话框，拖动滑块可以调节音量，如图 2-8 所示。

图 2-7　"监视器设置"对话框

图 2-8　音量调节

（3）双击屏幕右下角的"音量"图标，弹出"音量控制"窗口，拖动"音量控制"和"波形"滑块即可实现音量的调整，如图 2-9 所示，然后单击"关闭"按钮，退出"音量控制"窗口。

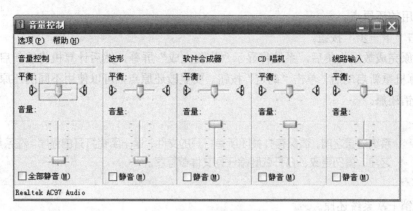

图 2-9　设置声音音量

练一练

（1）调整计算机的"属性"设置，了解这些不同的设置对计算机的显示或工作状况的影响，并选择其中最合理的设置。

（2）改变系统的音量，听一听扬声器中声音大小的改变情况。安装一个声音硬件的控件，如麦克风控件，并使用麦克风，然后再将麦克风控件删除。

4. 操作系统的还原与重新安装

Windows XP 操作系统提供了系统还原功能。如果在更改计算机硬件、软件或其他系统设置后计算机进入不希望出现的运行状态，则系统还原功能使用户可以将计算机恢复至先前的运行状态（不影响数据文件）。

温馨提示

请定期备份数据文件。系统还原不会监测数据文件，也不会恢复数据文件。

（1）创建还原点。

① 选择"开始"→"帮助和支持"命令。

② 单击"系统还原"按钮。

③ 按照屏幕上的说明进行操作。

（2）将计算机还原至先前的运行状态。

温馨提示

将计算机还原至先前的运行状态之前，请保存并关闭所有打开的文件，退出所有打开的程序。在系统还原完成之前，请勿更改、打开或删除任何文件或程序。

① 选择"开始"→"所有程序"→"附件"→"系统工具"→"系统还原"命令。

② 确保已选定"恢复我的计算机到一个较早的时间"单选钮，然后单击"下一步"按钮。

③ 单击要将计算机还原至该日期的日历日期。

"选择一个还原点"屏幕提供了一个日历，以便查看和选择还原点。所有包含可用还原点的日历日期均以粗体显示。

④ 选择一个还原点并单击"下一步"按钮。

如果日历日期上只有一个还原点，则此还原点将自动被选定；如果有两个或多个可用还原点，应单击要使用的还原点。

⑤ 单击"下一步"按钮。

系统还原完成数据收集后，系统将显示"恢复完成"屏幕，然后计算机将重新启动。

⑥ 计算机重新启动后，单击"确定"按钮。要更改还原点，可以使用不同的还原点重复上述步骤，或撤销还原。

 温馨提示 系统还原之前，请保存并关闭所有打开的文件，退出所有打开的程序。在系统还原完成之前，请勿更改、打开或删除任何文件或程序。

（3）撤销上次系统还原。

① 选择"开始"→"所有程序"→"附件"→"系统工具"→"系统还原"命令。

② 选择"撤销我上次的恢复"单选钮，然后单击"下一步"按钮。

③ 单击"下一步"按钮。

④ 系统将显示"系统还原"屏幕，然后计算机将重新启动。

⑤ 计算机重新启动后，单击"确定"按钮。

5. 重新安装 Windows XP 操作系统

要重新安装 Windows XP 操作系统，需按照列出的顺序执行以下所有的步骤。完成此重新安装过程可能需要 1～2 小时。重新安装操作系统后，还必须重新安装设备驱动程序、防病毒程序和其他软件。

（1）从操作系统 CD 进行引导。

① 保存并关闭所有打开的文件，退出所有打开的程序。

② 放入操作系统 CD。如果系统显示"安装 Windows XP"信息，则单击"退出"按钮，重新启动计算机。

③ 系统显示 DELL™ 徽标时，立即按"F12"键。

④ 按箭头键选择"CD-ROM"，并按"Enter"键，系统显示"按任意键从 CD 进行引导"信息时，按任意键。

（2）Windows XP 安装程序。

① 系统显示"Windows XP 安装程序"屏幕时，按"Enter"键以选择"现在安装 Windows"。阅读"许可协议"屏幕中的信息，然后按"F8"键接受许可协议。如果计算机已经安装了 Windows XP 系统，并且希望恢复当前的 Windows XP 数据，输入"r"以选择修复选项，并取出 CD；如果想安装全新的 Windows XP 系统，则按 Esc 键以选择全新安装选项。

 温馨提示 （1）完成此安装过程所需的时间取决于硬盘驱动器的大小和计算机的速率。
（2）为了缩短这一过程，可以用一种克隆软件（如 GHOST）工具，来备份或恢复系统，有时半天才能完成的工作，使用这个工具后，只要短短的十几分钟。
（3）现在市场上有一种克隆版的系统安装盘，这对于在兼容机中安装系统是十分方便的。

② 按"Enter"键以选择高亮度显示的分区（建议），并按照屏幕上的说明进行操作。系统将显示"Windows XP 安装程序"屏幕，操作系统开始复制文件并安装设备。计算机将自动重新启动多次。系统显示"区域和语言选项"屏幕时，选择适合的设置，并单击"下一步"按钮。

③ 在"自定义软件"屏幕中输入用户的姓名和组织（可选），并单击"下一步"按钮。在"计

算机名和系统管理员密码"窗口中输入计算机的名称（或接受提供的名称）和密码，然后单击"下一步"按钮。如果系统显示"调制解调器拨号信息"屏幕，输入所需的信息，并单击"下一步"按钮。在"日期和时间设置"窗口中输入日期、时间和时区，并单击"下一步"按钮。

④ 如果系统显示"网络设置"屏幕，选择"典型设置"单选钮，然后单击"下一步"按钮。

⑤ 如果重新安装的是 Windows XP 系统，并且系统提示提供有关网络配置的详细信息，输入选择；如果不清楚设置，则接受默认选择。

温馨提示　注意：系统显示以下信息时，请勿按任何键：Press any key to boot from the CD（按任意键从 CD 进行引导）。

⑥ 下面将安装 Windows XP 系统组件并对计算机进行配置，计算机将自动重新启动。系统显示"欢迎使用 Microsoft"屏幕时，单击"下一步"按钮。

⑦ 系统显示"这台计算机如何连接到 Internet？"信息时，单击"跳过"按钮。系统显示"向 Microsoft 注册吗？"屏幕时，选择"否，我现在不想注册"单选钮，并单击"下一步"按钮。系统显示"谁将使用这台计算机？"屏幕时，最多可以输入 5 个用户。

⑧ 单击"下一步"按钮。

⑨ 单击"完成"按钮以完成安装，并取出 CD。

做一做　如果有机会，可以亲手安装操作系统，熟悉安装过程。

2.1.3　台式计算机的日常维护

台式计算机在使用过程中损坏的原因有人为事故、工作环境灰尘太多、使用不当、机器本身的不稳定等。对台式计算机的日常维护包括清洁计算机、部件更换、系统硬件的日常维护等。

1．清洁计算机

计算机长时间使用后，会积聚大量的灰尘，它会影响机器的正常使用，严重时造成机器的硬件损坏。清洁计算机主要包括清洁键盘和显示器、清洁鼠标、清洁软盘驱动器、清洁 CD 和 DVD 等。

（1）清洁键盘和显示器：使用带刷子的真空吸尘器轻轻地清除计算机插槽和孔中的灰尘，以及键盘按键之间的灰尘。

（2）清洁显示器屏幕：用水蘸湿干净的软布进行擦拭。如果可能，应使用适用于显示器防静电涂层的专用屏幕清洁纸巾或溶液。用三份水和一份洗洁精兑成的混合溶液蘸湿干净的软布，擦拭键盘、计算机和显示器的塑料部分。请勿浸泡软布或将水滴入计算机及键盘内部。

（3）清洁鼠标：如果屏幕光标跳动或移动异常，请清洁鼠标。要清洁非光电鼠标，可以打开该鼠标下的滚珠盖（按提示方向转动），取出滚珠并清洁，同时可以看到内部滚珠两边的触杆上有异物缠绕，用镊子小心去除异物，并用酒精清洗触杆使其光滑，待酒精挥发后重新装回滚珠和盖。

① 逆时针旋转鼠标底部的环形定位护盖，然后取出小球。

② 用不起毛的干净软布擦拭小球。

③ 向小球固定框架内轻轻吹气，清除灰尘和毛絮。

④ 如果小球固定框架中的滚轮上有灰尘，使用蘸有异丙醇的棉签清洁滚轮。

⑤ 如果滚轮未对准，应将其重新对准滚轴中央。确保棉签上的毛絮没有遗留在滚轮上。

⑥ 装回小球和环形定位护盖，顺时针旋转环形定位护盖，直至将其卡入到位。

（4）清洁软盘驱动器：可以使用清洁套件清洁软盘驱动器。此类套件包括预处理过的软盘，用以清除正常操作过程中积聚的污物。

（5）清洁 CD 和 DVD：如果发现 CD 或 DVD 的播放质量出现问题（例如跳盘），应尝试清洁光盘。

① 使用压缩空气清洁 CD/DVD 驱动器中的透镜，并按照压缩空气附带的说明进行操作。切勿触摸驱动器中的透镜。

② 拿住光盘的外边缘，也可以触摸光盘中心孔的内边缘。

③ 使用不起毛的软布沿着光盘中心向外边缘的直线方向轻轻擦拭光盘底面（无标签的一面）。

④ 对于难以去除的污物，尝试使用水或用水稀释的中性皂液。也可以从市面上购买清洁光盘的产品，它们提供了某些保护来防止灰尘、指印和划伤。用于清洁 CD 的产品也可以用于清洁 DVD。

实训园地

（1）小华发现他使用计算机时移动鼠标很困难，请帮助他解决一下。

（2）光盘的清洁方法很多，有时利用一些特殊的清洁手段可以修复磨损严重的光盘。请收集一些清洁与修复一体的实用方法，并记录。

2. 部件更换

当计算机的部件损坏时，必须进行更换，主要包括电池、主板等。

（1）更换电池。

① 关闭计算机，并将计算机侧面朝下放置。向后滑动主机盖释放闩锁，并提起主机盖。拿住主机盖的两侧，并绕着铰接卡舌向上转动主机盖。从铰接卡舌中卸下主机盖，并将其放在旁边柔软、光滑的表面上，如图 2-10 所示。

温馨提示

（1）仅使用制造商建议的相同或同类的电池。

（2）如果尚未备份系统设置程序中的配置信息，应进行备份。

（3）如果使用钝物将电池从电池槽中撬出，应当心不要碰到系统板。尝试撬出电池之前，应确保将钝物插在电池和电池槽之间，否则可能会撬坏电池槽或破坏系统板上的电路，从而损坏系统板。

② 找到电池槽。稳固地向下按压连接器正极的一侧。支撑起电池连接器的同时，向远离连接器正极一侧的方向按下电池卡舌，然后从连接器负极一侧的固定卡舌中向上撬起电池，并将其取出，如图 2-11 所示。

③ 拿住电池，使"+"一面朝上，然后将其滑入连接器正极一侧的固定卡舌下。将电池竖直按入连接器直至其卡入到位。

④ 盖上盖板。

（2）更换主板。

① 关闭计算机，断开与计算机的各种连接，并将计算机侧面朝下放置，卸下盖板。

② 拆去与主板的各种连接，包括电源连接、驱动器连接、硬盘连接、扩展槽扩展卡等。

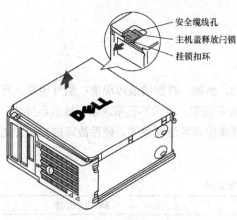

图 2-10 卸下盖板

图 2-11 取出电池

③ 拆去主板的固定螺钉，取下板子。

④ 按相反的顺序换上主板，连接好各种连接。

⑤ 盖上盖板。

（3）更换内存。

随着计算机的使用，内存容量需要增加，或当内存损坏时需要更换。

① 关闭计算机，打开计算机盖板。

② 找到内存，小心地向外按压内存模块连接器两端的固定夹，卸下内存模块，如图 2-12 所示。

温馨提示

（1）如果有两块以上的内存，应保证内存型号的一致性。

（2）为防止静电损害计算机内部组件，在触摸计算机的任何电子组件之前，应先导去身上的静电。可以通过触摸计算机机箱上未上漆的金属表面的方法导去身上的静电。

（3）为避免损坏内存模块，应在模块两端均匀用力将其竖直按入连接器。

③ 将模块底部的槽口与连接器中的横挡对齐。将模块插入连接器直到其卡入到位。如果正确地插入了模块，固定夹将卡入模块两端的凹口，如图 2-13 所示。

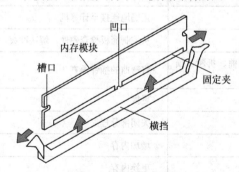

图 2-12 卸下内存模块

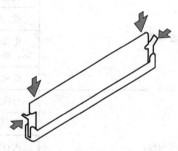

图 2-13 装回内存模块

④ 盖上盖板。

查一查

你的个人计算机采用什么型号的内存，容量多大？

2.1.4 台式计算机常见故障排除

计算机硬件部分出现故障机会较多，也非常复杂。例如，典型的故障现象：黑屏现象，开机无显示现象，频繁死机现象，IDE 端口或 USB 端口失灵现象，显示不正常现象，显示器抖动、花屏现象，硬盘无法读写现象，系统无法启动现象，硬盘出现坏道现象等。硬件故障的检测方法如表 2-2 所示。

表 2-2　　　　　　　　　　　　硬件故障的检测方法

故 障 现 象	原　　因	解 决 方 法
如启动都需要重设时间和日期信息，或显示的时间、日期不正确	电池失效	更换电池
光驱无法使用	原来的光盘有故障	插入另一张、CD 或 DVD
		插入可引导软盘并重新启动计算机
	光盘损坏或表面脏	清洁光盘
	电缆连接不正确	重新连接电缆线
	软、硬件冲突	从控制面板检查硬件，解决冲突
扬声器没有声音	音量调节不当	重新调节
	电缆线连接不当	重新连接电缆线
	音响音量调节不当	重新调节
	未通电	确保正确插入电源插座
	软、硬件冲突	从控制面板检查硬件，解决冲突
	驱动不正确	重新安装驱动
向 CD/DVD-RW 驱动器写入数据时出现问题	未关闭其他的程序	关闭所有的程序
	未禁用待机模式	禁用待机模式
键盘问题	键盘电缆未正确连接	正确地连接至计算机
	软、硬件冲突	从控制面板检查硬件，解决冲突
	电缆连接器的插针弯曲、折断、损坏、磨损	将弯曲的插针弄直
	原来的键盘有故障	更换
内存问题	一次运行较多程序	关闭部分程序
	内存过低	增加内存
	内存损坏	更换内存
	内存松动	重新安装内存
	灰尘积聚过多	清洁
鼠标问题	电缆连接器的插针弯曲、折断、损坏、磨损	弄直弯曲的插针
	连接不当	重新连接
	鼠标损坏	更换鼠标

故 障 现 象	原 因	解 决 方 法
鼠标问题	设置不当	重新设置
	软、硬件冲突	从控制面板检查硬件，解决冲突
	驱动错误	重新安装驱动
网络问题	连接问题	重新连接
	软、硬件冲突	从控制面板检查硬件，解决冲突
	偶然原因	重新驱动
电源问题	计算机处于等待模式	按键盘上的任意键或移动鼠标可以恢复正常运行状态
	计算机已关闭电源或未接通电源	连接电源，开启电源
	内存模块问题	更换或重新安装
	电源插座上插头过多	去除部分设备电源插头
打印机问题	驱动问题	重新安装驱动
	有多台打印机	正确选择打印机类型
	多端口问题	设置合适的端口
	打印机本身问题	检查打印机
屏幕为黑屏	显示器未正确连接	正确连接显示器
	电缆连接器的插针弯曲、折断、损坏、磨损	弄直弯曲的插针
	设置不当	重新设置
	显示器损坏	更换
屏幕显示不清楚	对比度和亮度调节不当	重新调节
	其他电气设备干扰	关闭这些设备
	显示设置不当	重新设置
程序不能使用	程序有错误	重新安装

2.2 笔记本电脑

　　笔记本电脑的硬件结构与普通的个人台式计算机硬件结构相似，包括主机系统、显示系统、输入系统、接口设备等；不同之处在于笔记本电脑的配件非常小巧，因此其性能参数也相对比较特殊。

　　笔记本电脑在结构上与普通计算机有较大的区别，但是在使用方法上有很多地方是相似的，在此只介绍与普通计算机不同的操作，与普通计算机一致或相似的，请参阅普通计算机部分，本书以联想昭阳 E290 笔记本电脑为例介绍其使用与维护方法。

查一查　目前市场上有哪些品牌的笔记本电脑？

2.2.1 笔记本电脑的外部结构

本节介绍联想笔记本电脑的各种组件，在使用之前应先熟悉它各部分的名称以及功能，具体情况如表 2-3 所示。

表 2-3   联想笔记本电脑的外形结构

部 位 名 称	结构示意图
正视图	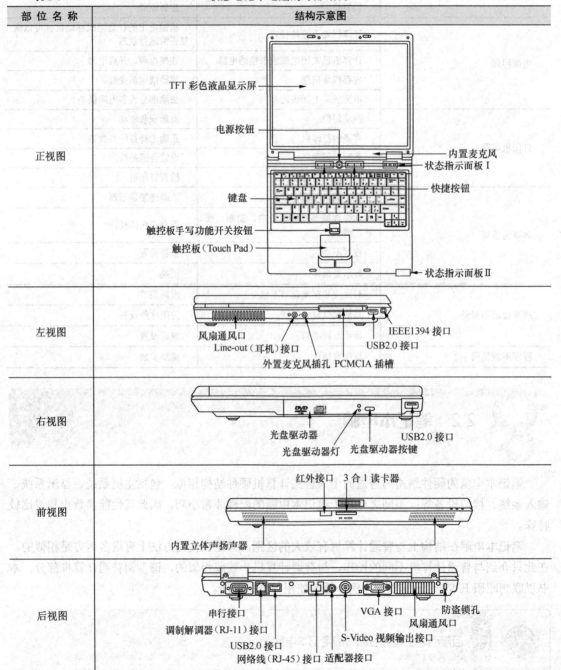
左视图	
右视图	
前视图	
后视图	

正视图标注：TFT 彩色液晶显示屏、电源按钮、内置麦克风、状态指示面板 I、键盘、快捷按钮、触控板手写功能开关按钮、触控板（Touch Pad）、状态指示面板 II

左视图标注：风扇通风口、Line-out（耳机）接口、外置麦克风插孔、PCMCIA 插槽、USB2.0 接口、IEEE1394 接口

右视图标注：光盘驱动器、光盘驱动器灯、光盘驱动器按键、USB2.0 接口

前视图标注：红外接口、3 合 1 读卡器、内置立体声扬声器

后视图标注：串行接口、调制解调器（RJ-11）接口、USB2.0 接口、网络线（RJ-45）接口、适配器接口、S-Video 视频输出接口、VGA 接口、风扇通风口、防盗锁孔

部 位 名 称	结构示意图
底视图	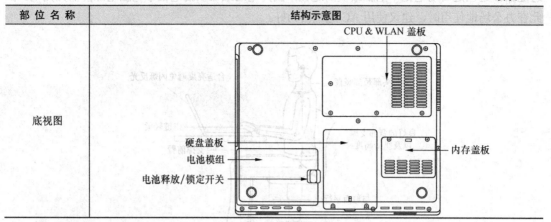

查一查 比较其他笔记本电脑的外形结构，各种按键、连接端口在什么部位。

实训园地 小明的笔记本电脑十分小巧，与台式计算机差别很大，你能告诉他常用的硬件和连接端口在什么地方吗？

2.2.2 笔记本电脑的基本使用

本节主要介绍笔记本电脑的基本使用，主要包括笔记本电脑的放置和坐姿、笔记本电脑的开关、使用系统恢复光盘复原预装软件，以及笔记本电脑的基本操作等。

1. 笔记本电脑的放置与坐姿

（1）笔记本电脑的放置。合理放置笔记本电脑及外围设备，以确保使用舒适和安全，这不是一件小事，对于长时间从事计算机工作的人员尤其重要。

① 将笔记本电脑置于一个高度和距离舒适的平面上，显示屏应不高于用户的视平线，以避免眼睛疲劳。

② 将笔记本电脑置于正前方，并确保自己有足够空间，可以方便地操作其他设备。

③ 在笔记本电脑后方应留有足够空间，方便调整显示屏。显示屏应调整角度，以减少反光或使可视范围最大化。

④ 如果使用托架，则应将之与笔记本电脑置于同样高度和距离处。

（2）坐姿。座椅除了可以支撑用户的身体外，其相对于笔记本电脑和键盘的高度也是减轻工作疲劳感的基本因素，如图 2-14 所示。

2. 笔记本电脑的开关

笔记本电脑的开关是使用中一项最常见的操作，不可忽视。

（1）连接电源适配器。当需要为电池充电或使用交流电源为笔记本电脑供电时，应使用 AC

适配器，这也是启动笔记本电脑最快的途径，因为电池组在供给笔记本电脑电源前需先充电。因此在办公场地使用时，建议使用 AC 适配器为好。

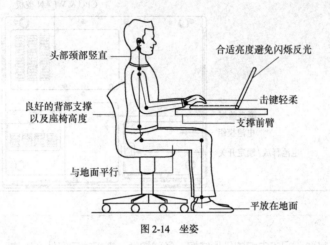

头部颈部竖直
合适亮度避免闪烁反光
良好的背部支撑
以及座椅高度
击键轻柔
支撑前臂
与地面平行
平放在地面

图 2-14　坐姿

在出厂时，所提供的电池模组没有充足电。若要对电池充电并开始使用电脑，插入电池模组并将电脑连接到电源插座。当电脑使用交流电源时，电池将自动充电。

① 将电源线与 AC 适配器相连。

② 将 AC 适配器的 DC 输出端插入笔记本电脑后部 DC-IN 输入端口。

③ 将电源线插入电源插座，这时，笔记本电脑前部的电池和 DC-IN 指示灯都会发亮，如图 2-15 所示。

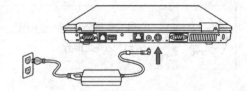

图 2-15　连接电源适配器

（2）打开显示屏。笔记本电脑的显示面板可以开启至一定的角度，以达到最佳视觉效果。

① 向右滑动笔记本电脑前端的显示屏门锁，可以松开这个门锁。

② 向上抬起显示面板，将之调整到一个最佳视角。

（3）开启笔记本电脑。

① 如果连接了外接软盘驱动器，确定软盘驱动器中无软盘，如果有软盘可以按"退出"按钮将之取出。

② 打开显示器面板。

③ 持续按住电源"⏻"按钮 2～3s 电源即开启。

（4）关闭笔记本电脑、待机模式和休眠。

① 关闭笔记本电脑。

● 选择"开始"→"关闭计算机"命令。在"关闭计算机"对话框中单击关闭按钮。

● 如果要设定自动关机，可以通过设置"控制面板"→"性能和维护"中"电源选项"栏的相应项目，来设定系统在闲置多长时间后自动关闭显示器或硬盘。

温馨提示

（1）如果主机系统运行中出现错误，无法按上述办法正常关机，也可以按电源开关按钮"⏻"键 4～5s，直接关机。

（2）如果使用的是 Windows 操作系统，最好通过软件选择关机，系统会自动做好关机前的准备工作后关机，可避免丢失信息。

② 待机模式。

待机模式即系统挂起到内存（Suspend to RAM）。在此模式下，如果计算机的空闲时间超过预定的时间（超时），将关闭硬盘驱动器和显示屏以节省能耗。按一下电源键，将计算机唤醒就可以继续正常操作，电脑将返回在进入待机模式之前的运行状态。

在 Wndows XP 下若要进入待机模式，执行下面操作。

- 单击"开始"→"关闭计算机"→"待机"。
- 单击"开始"→"控制面板"→"性能和维护"→"电源选项"→"高级"，选择所需的选项以设置计算机进入待机模式。

③ 休眠模式。

休眠模式即挂起到硬盘（Suspend to Disk）。在休眠模式下，会将系统数据复制到硬盘驱动器上并完全关闭笔记本电脑，从而节省能耗。按一下电源按钮后，就可以从此模式恢复正常操作。可以在"电源选项"属性窗口中启用休眠模式。如果启用此模式，当电池电量严重不足时，电脑将进入休眠模式。

如果只是短时间不使用电脑，可以让电脑进入休眠状态。当电脑处于休眠状态时，就可以跳过启动程序，快速唤醒电脑。

在 Wndows XP 下若要进入休眠模式，执行下面操作。

- 单击"开始"→"关闭计算机"→"休眠"。
- 单击"开始"→"控制面板"→"性能和维护"→"电源选项"→"高级"。
- 选择所需的选项以设置计算机进入休眠模式。

④ 唤醒电脑。

- 按电源按钮。
- 按键盘上的任意键。

温馨提示 如果休眠选项不可用，则说明没有启用休眠模式。在"电源选项"属性窗口的"休眠"选项卡中，选中"启用休眠"框，然后单击"应用"以启用休眠。

（5）设置电力不足保护。如果电池电力耗尽前，未能将资料存盘，且没有进行相关的保护设置，则资料将丢失。因此，可以设置电力不足保护来预防数据丢失。

- 当电池仅剩下 5%左右的电量时，笔记本电脑会发出报警音提示电量严重短缺，此时应立刻将资料存盘，然后接上电源适配器。
- 若一时无法取得电源适配器，就请关机或令电脑进入休眠状态。电脑的剩余操作时间将依电脑使用状况而定，如果正在使用音效功能、PC 卡或磁盘驱动器，电池电量可能会更快耗尽。

电力不足保护的设置方法如下。

① 首先进入"控制面板"→"性能维护"→"电源选项"→"休眠"，启用休眠支持。

② 在"控制面板"→"性能维护"→"电源选项"的"警报"栏，确认选中"当电量降低到 10%以下水平时，发出电池不足警报"。

③ 单击"警报"→"警报操作"，在弹出的窗口中，选择"在警报响起时，计算机将休眠"，单击"确定"关闭对话框，返回"电源管理属性"窗口。

④ 单击"确定"按钮，完成设置。

实训园地　小明希望他的笔记本电脑能够节电，延长电池的使用时间，你能帮助他实现吗？

3. 第一次开机设置预装的 Windows XP 操作系统

　　Windows XP 操作系统，会在第一次开启笔记本电脑的时候进行收集用户信息的工作以及最后的设置。参照下面的步骤设置笔记本电脑。

- 开机后会出现 Windows XP 操作系统的欢迎界面，如图 2-16 所示。

图 2-16　Windows XP 欢迎界面

- 单击"下一步"按钮，进入操作系统的设置。
- 进入 Windows XP 操作系统的"最终用户许可协议"，选择"接受"后才能完成 Windows XP 的最终安装，如图 2-17 所示。

图 2-17　用户许可协议界面

- 单击"下一步"按钮，进入设置界面，如图 2-18 所示。根据提示，给笔记本电脑起名字和对笔记本电脑进行描述，也可以选择跳过。
- 设置完毕后，单击"下一步"按钮。Windows XP 会自动检测笔记本电脑是否与因特网

第2章 计算机的使用与维护

（Internet）连接了。可以选择跳过，也可以等待测试完毕。

图 2-18　计算机名设置界面

- 检测完毕后，会出现"无法选择 Internet 连接"的界面，选择"下一步"，继续设置笔记本电脑。
- 操作系统会提示是否与 Microsoft（美国微软公司）进行注册。是否注册不会影响使用。

当选择"否，我现在不注册"时，进入下一步，系统提示"谁会使用这台计算机？"，在输入"您的姓名"后，即可完成 Windows XP 操作系统的设置，并开始使用笔记本电脑了。

图 2-19　触控板与触控板按钮

4. 基本使用

下面介绍笔记本电脑的基本操作方法，包括触控板、光盘驱动器等各组件的使用方法。

（1）使用触控板。触控板的结构如图 2-19 所示。触控板（Touch Pad）是一种触摸敏感的指示设备，它可以实现一般鼠标的所有功能。通过手指在 Touch Pad 上的移动，能够容易地完成光标的移动。通过按动 Touch Pad 下方的按键，可完成相应的单击动作（按动左、右键即相当单击鼠标的左、右键）。

① 轻敲即可代替单击。

在 Touch Pad 上轻敲如同单击鼠标左键。轻敲通常比单击左键更方便。轻敲两次如同双击左键。

② 不用按键而进行拖放。

经常需要按住鼠标按键来移动光标（例如在屏幕中移动图标或视窗），这个动作被称为拖放。当使用 Touch Pad 时，可在不使用按键的情况下而进行拖放。

若要进行拖放，轻敲两次，但注意第二次轻敲后应将手指停留在 Touch Pad 上（即：下-上-下，有人称这个动作为轻敲一次半），这样，就会一直处于拖放状态中（如同按住鼠标左按键），直到手指离开 Touch Pad，拖放才会停止。

③ 触控板的下方有两个按钮，相当于标准鼠标的左、右键功能。按左边的按钮可以选择菜单选项或操作由指针选定的文本或图形；按右边的按钮可以根据正在使用的软件显示一个快捷菜单或执行其他功能。

④ 还可以轻轻敲击触控板执行与按左边按钮相同的功能，敲击触控板的操作如表 2-4 所示。

表 2-4　　　　　　　　　　　　　　　　　敲击触控板的操作

方　　法	作　　用
轻轻敲击一下触控板	单击
轻轻敲击两下触控板	双击
滑动触控板选中要移动的对象，然后在触控板上敲击两次，注意敲击第二次时，将手指停在触控板上并滑动手指，便可以移动选定对象	拖放

练一练　对触控板的操作与使用鼠标一样，有一个熟练过程。使用一下触控板，掌握其使用方法。

⑤ 使用触控板的手写功能。

- 如果在电脑上安装了手写软件 QuickStroke 后，Touch Pad 的功能得到了进一步的加强，当启用手写软件 QuickStroke 后，Touch Pad 可作为手写板使用。具体使用方法请参照 QuickStroke 的帮助文件，并跟随教学软件进行熟悉。

- 当正确安装了触控板驱动程序和快捷按钮驱动程序，并安装了手写软件 QuickStroke 后，按下此快捷键，可立即调用手写软件 QuickStroke，此时，触控板成为手写板，可以在上面进行中文手写输入。如果要将触控板的功能切换为鼠标，可再次按下此快捷键。

温馨提示　（1）在使用 Touch Pad 进行手写输入时，建议不要过分关注手写框中的轨迹信息，因为试验表明，当过分关注手写框中的轨迹信息时，往往使得要写的字和显示出来的存在较大差距，这样会降低软件的识别率，影响输入速度。
（2）保持触控板表面和手指的干燥，避免任何液体泄漏到触控板表面，避免触控板在有磁性及辐射的物体附近暴露时间过长。

（2）使用光盘驱动器。要将光盘放入光盘驱动器中，执行下列步骤。

① 按一下驱动器前部的弹出按钮（该按钮位于光驱门上），稍等片刻，光盘托架即可弹出，用手拉托架，拉出托盘，如图 2-20 所示。

② 将光盘放在托盘中央，贴标签的面朝上。

③ 把光盘中心对准光驱托架中心圆形凸起，轻轻压下光盘中部圆心周边，听到"咔嗒"一声响，光盘能灵活转动即为放置好，如图 2-21 所示。

图 2-20　按"弹出"按钮

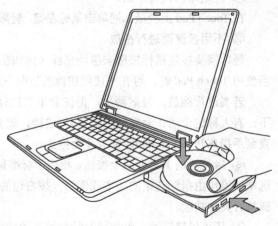

图 2-21　放入光盘

④ 轻轻地将托盘推回驱动器内。

⑤ 取出光盘的方法与插入光盘的过程基本类似。

（3）使用键盘。

① 键盘。

笔记本电脑配有 86 键的 Windows 键盘，如图 2-22 所示。

② 使用数字小键盘。

数字小键盘指的是键盘右侧印有数字符号的键，数字键盘上数字或计算符号印在右下部。要启用数字键盘，可以按"【Fn】+【Prt5cru/NumLK】键"启用小键盘功能键，"🔒"指示灯将点亮，可以直接输入密集的数字和字符。要禁用功能键盘功能，再按一次"【Fn】+【Prt5cru/NumLK】键"。

③ 使用键盘快捷方式。

因为笔记本电脑的键盘空间有限、按键较少，所以，增强型键盘中的有些功能必须用两个键仿

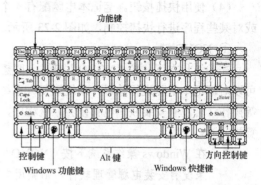

图 2-22 Windows 键盘

真表示，以替代大键盘中的某一按键。在某些软件中，也许还会需要使用一些键盘上并不实际存在的按键，这时，可以按住"Fn"键，同时按住其他键，以模拟某些增强型键盘功能。详细使用如表 2-5 所示。

表 2-5 Fn 组合键的使用

组 合 键	功 能
按住"Fn"+"F1"键	进入待机模式
按住"Fn"+"F2"键	打开/关闭 LCD 背光
按住"Fn"+"F3"键	在 LCD 与外界显示设备之间进行显示模式切换
按住"Fn"+"F4"键	打开/关闭无线网卡
按住"Fn"+"F6"键	媒体播放器播放与暂停
按"Fn"+"F7"键	媒体播放器停止
按"Fn"+"F8"键	媒体播放器下一章节
按"Fn"+"F9"键	媒体播放器上一章节
按"Fn"+"F10"键	静音
按"Fn"+"F12"键	暂停键
按"Fn"+"Prt5cru/NumLK"键	打开/关闭数字小键盘
按"Fn"+"SysRq"键	打开/关闭 Scroll Lock
按"Fn"+"【→】"【←】"键	增加/降低声音
按"Fn"+"【↑】"【↓】"键	增加/降低 LCD 亮度
按"🪟"+"E"键	打开 Windows 资源管理器
按"🪟"+"R"键	打开"运行"对话框
按"🪟"+"F"键	打开"搜索结果"对话框
按"🪟"+"Ctrl"+"F"键	打开"搜索结果-计算机"对话框（当计算机连接到网络时）
按"🪟"+"Fn"+"Pause/Break"键	打开"系统属性"对话框

 练一练 按表2-5中组合键的使用方法，在笔记本电脑上操作。这对于提高操作效率很有帮助。

（4）使用快捷按钮。笔记本电脑配有4个快捷按钮，这4个快捷按钮可以使您快速访问程序或对某些程序进行快捷控制，如图2-23所示。

① NOVO键。

在关机状态下，按"NOVO"键进入联想电脑拯救系统，可以对笔记本电脑进行杀毒、系统恢复、系统备份、备份卸载等操作（若没有安装联想电脑拯救系统程序，则按此键启动计算机）。

图2-23 快捷按钮

- 在Windows操作系统下按"NOVO"键默认为更改当前电源管理软件中的用电模式，如果没有安装电源管理软件，则调用电子档说明书，如果电子档说明书不存在，则调用Windows Media Player播放软件。也允许用户对"NOVO"键在Wndows下的功能进行自定义。在"配置你的按钮"框中选择"NOVO"键，如图2-24所示。
- 单击"NOVO"键，弹出如图2-25所示的对话框。

图2-24 键盘属性设置

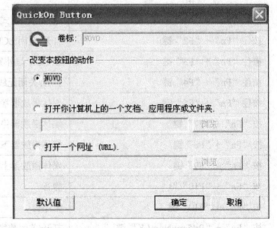

图2-25 NOVO键设置对话框

- 在"改变本按钮的动作"框中，用户可以选择打开计算机上的一个文档、应用程序或文件夹，也可以选择打开一个网址（URL）。
- 设置完成后，只要按一下快捷按钮就可以启动快捷按钮指向的程序，可以通过快捷按钮配置软件（QuickON Button）实现。

② 静音键。

在Wmdows操作系统下按"静音"键实现静音功能。也允许用户对此静音键在Wndows下的功能进行自定义，设置方式同"NOVO"键。

③ 无线网卡开关。

该开关用于打开或关闭无线设备的无线功能。在不使用无线功能时，关闭无线网络设备可以降低功耗，延长电池使用时间。也允许用户对此无线网卡开关在 Windows 下的功能进行自定义，设置方式同"NOVO"键。

（1）请勿在医院中或任何有电子医疗、医学设备的附近使用无线功能。无线网卡的无线电波可能会导致电子医疗设备发生故障而引发严重事故。

（2）不要在飞机上使用无线功能。无线网卡的无线电波可能会导致飞机的电子设备发生故障而引发严重的事故。

（3）在启用无线网功能时应注意不与周围的其他电子设备发生干涉。无线电波的干扰可能会引起其他电子设备的故障而引发事故。

④ 用户自定义按键。

默认情况下该快捷键没有定义功能，由用户对此键在 Windows 下的功能进行自定义，设置方式同"NOVO"键。

（5）使用外部设备。

① S-Video 视频输出接口。

可以使用此接口连接外部视频设备，如图 2-26 所示。在外接 S-Video 设备时可以使用"Fn + F3"（即"Fn + CRT/L CD"）组合键进行切换。

② VGA 接口。

可以使用此接口将外接显示器连接到此计算机，如图 2-27 所示。在外接显示器或投影仪时，可以使用"Fn + F3"（即"Fn + CRT/LCD"）组合键进行切换。

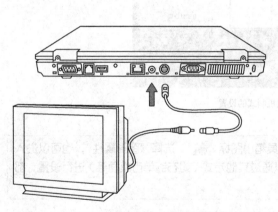

图 2-26　S－Video 视频输出接口与外部视频设备的连接

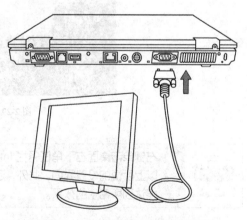

图 2-27　VGA 接口与外部视频设备的连接

通过 S-Video 接口或 VGA 接口对外接显示设备进行使用时，如果出现无法通过键盘快捷方式切换，请按照如下步骤进行操作。

- 依次单击"控制面板"→"显示"→"设置"→"高级"→"Intel（R）GMA Driver for Mobile"→"图形属性"，在"显示设备"中进行设置，即可进行 LCD 和外接显示设备间的切换，如图 2-28 所示。

- 通过 S-Video 接口对外接显示设备进行使用时，如果出现显示异常，请按照如下步骤进行操作。

图 2-28　图形属性设置对话框

依次单击"控制面板"→"显示"→"设置"→"高级"→"Intel（R）　GMA Driver for Mobile"→"图形属性"→"显示设备"→"电视机"，对"视频标准"中的制式进行选择，调整到适当的显示状态，如图 2-29 所示。

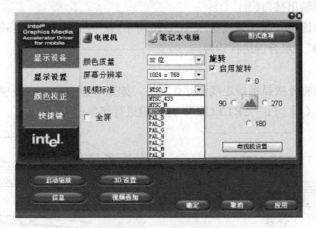

图 2-29　电视机制式的设置

 温馨提示　右键单击桌面右下角任务栏 Intel 工具箱小图标""，选择"图形属性"，也可以进入以上所说的设置界面。此外，还可以通过其他方式（如右键单击桌面等）进行设置，都能达到所希望的效果。

③ 使用 IEEE1394 设备。

IEEE 1394 是一种 Windows 系统支持的新式输入输出标准，可以保持稳定频率下高速传输数据及数字视频信息。可以连接外部硬盘、数码相机、摄像机等 IEEE 1394 设备。此技术广泛应用于数码相机等消费类产品中，如图 2-30 所示。

（6）使用 PC 卡。PC 卡是一种被广泛使用的笔记本电脑扩展设备，它提供了扩展笔记本性能而不牺牲其便携性的有效途径。常用的 PC 卡包括存储卡、调制解调器、硬盘、网络适配器等。

PC 卡可以热插拔，也就是说可以在计算机运行时安装和取出，卡将被自动检测出来。通常，PC 卡上会有一个标记或符号，经过专门设计以防止插入错误，指明将哪一端插入卡槽中。

① 插入 PC 卡。

要插入 PC 卡，执行下列步骤。

- 拿住卡，使其方向符号指向卡槽，并且卡的顶面朝上。插入卡之前，按钮插销应推到里面，如图 2-31 所示。

图 2-30　使用 IEEE 1394 设备

图 2-31　插入 PC 卡

- 将卡推入卡槽中，直到其完全插入连接器。
- 如果遇到很大阻力，切勿用力推卡，检查卡的方向，然后重试一次。

② 取出 PC 卡。

要取出 PC 卡，执行下列步骤。

- 按释放插销，使其弹出。
- 再次按插销以弹出卡。
- 取出卡。

 温馨提示　（1）取出 PC 卡之前，应从任务栏上的实用程序停止运行卡。否则，可能会丢失数据。如果卡上接有电缆，取出 PC 卡时切勿拉电缆。
（2）有些 PC 卡不支持热插拔，因此，在使用 PC 卡前，请参考 PC 卡附带的使用说明。

（7）使用读卡器。笔记本电脑配置了一个 3 合 1 的存储卡读卡器，能读写市面上流行的 Memory Stick，Secure Digital（SD）和 MMC Cards 3 种类型存储卡。很方便地在笔记本电脑和数码相机、数码摄像机、PDA、MP3 等设备之间进行数据传输。

（8）使用红外设备。可以使用此计算机上的红外线端口来快速地传输数据，将此作为使用电缆或磁盘传输数据之外的又一种方式。

确保在另一个设备上启用了红外线端口数据传输。将该设备对准此计算机，使两个红外线收发器互相面对，中间的距离不能超过 1 米。两个设备正确对准后，"🖳"图标会出现在任务栏上。单击此图标将显示一个菜单，以便开始传输数据或发送文件。

红外线端口还可以用于拨号连接或直接网络连接。

 温馨提示　在通过红外接口对外部配备有红外接口的设备进行数据传输时，如果出现无法正常连接时，可通过更改红外设备各个属性的值来实现正常连接。右键单击"我的电脑"，单击"属性"→"硬件"→"设备管理器"→"红外线设备"，双击"IRDA Fast Infrared Port"，单击"高级"，可更改各个属性的值。

（9）使用 USB 设备。联想昭阳 E290 笔记本电脑提供了 3 个 USB2.0 接口，可以使用此接口连接 USB 设备，如鼠标、全尺寸外接键盘或打印机等。

① USB 接口打印机与笔记本电脑连接的安装

在打印机和电脑都开机的状态下，将打印机 USB 接口数据线插入到计算机上的 USB 接口，一般情况下，只要打印机正常，已经正确安装连接到笔记本上，Windows XP 操作系统是可以检测到打印机设备的，如图 2-32 所示。

操作系统会提示找到新硬件，并准备安装打印机驱动程序，如图 2-33 所示。

图 2-32　电脑检测到打印机设备

图 2-33　找到新硬件并安装驱动程序

按照操作系统的提示，放入打印机驱动程序光盘，选择"自动安装软件"，单击"下一步"按钮。操作系统会自动搜索驱动程序，找到后会自动安装。安装完毕后系统会提示打印机可以使用，如图 2-34 所示。

② 添加打印机。

如果操作系统无法自动检测到打印机，可以采用如下方法检测打印机。

图 2-34　打印机可以使用提示

- 在打印机任务栏中单击"添加打印机"，进入添加打印机向导菜单，如图 2-35 所示。
- 单击"下一步"按钮，进入检测状态栏，如图 2-36 所示。

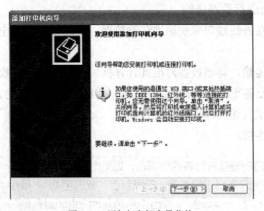

图 2-35　添加打印机向导菜单

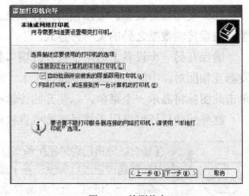

图 2-36　检测状态

- 选中"自动检测并安装我的即插即用打印机"项目，单击"下一步"按钮，操作系统会自动检测搜索是否连接了打印机，如图 2-37 所示。

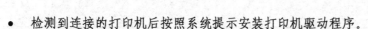
- 检测到连接的打印机后按照系统提示安装打印机驱动程序。
- 安装完打印机驱动后，系统会提示是否要打印测试页，建议选择打印测试页。
- 将打印纸放入打印机，选择"是"，单击"下一步"按钮，如图2-38所示。

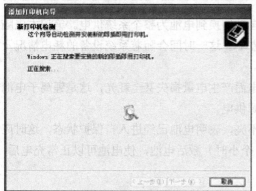

图2-37 搜索打印机

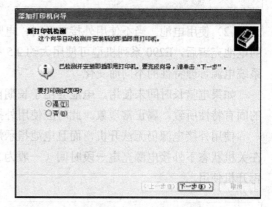

图2-38 选择打印测试页

- 操作系统会提示正在将测试页发送到打印机，并准备打印测试页，如图2-39所示。

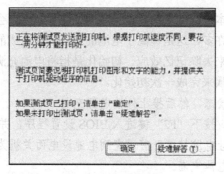

图2-39 准备打印测试页

- 测试打印正常后，单击"确定"按钮，完成"添加打印机"向导程序。

2.2.3 笔记本电脑的日常维护

对于使用者来讲，笔记本电脑的日常维护主要是维护电脑的基础硬件、系统恢复、外壳清洁等，对于内置的硬件必须请专业人员来维护。

1. 使用电池

（1）激活电池。随机所配的笔记本电池为高能锂离子电池，在第一次使用前按如下操作方法激活电池。

- 初次使用锂离子电池时，电池内可能只有很少的残余电量，需要先给电池充电。在关机状态下充电，充电时间要大于6小时；在开机状态下充电，充电时间要大于8小时。
- 前3次使用时应将电池的电量全部使用完再进行充电。并且，充电时间不能低于首次充电的时间，以保证电池最大限度的被激活，保证电池的有效使用时间。

（1）在充电过程中请不要断开外接电源。
（2）请勿随意使用非本机器专用的电池。

（2）使用电池。当不使用外接电源时，电脑将自动切换到电池为整个系统供电。笔记本电脑的电池充满后，E290 系列机型可使用大约 2.5 小时左右。这一时间会随着系统设备的耗电情况及系统电源管理特性的不同而变化。

如果电脑长时间未使用，电池会由于长期自放电而产生电量损失甚至耗光，这是锂离子电池的固有特性所致，属正常现象。此时应使用外接电源供电。

使用外接电源仍无法开机，而且电池指示灯也不亮，表明电池已经进入自保护状态，这时应在关机状态下外接电源充电一段时间（一般为 2～4 个小时）激活电池，使电池可以正常充电后，再开机使用。

如果电脑长时间不使用，建议拔下电池，将电池单独存放。

（3）电池初始化。笔记本电脑的电池经过长时间使用后，逐渐会发现使用电池的实际放电时间会比原先的放电时间减少许多，这是锂离子电池的记忆效应造成的。

可以对电池进行初始化来去除记忆效应。初始化是指将电池充满电后，把电放完，并再次充满的过程。可以按照以下步骤来完成一次初始化。

- 确定电脑处于关机状态，然后接上外接电源充电。
- 充满电之后再开机，按下"F2"键进入 BIOS 设置程序，并让电脑停在该处。
- 拔除电源适配器，让电脑持续开着，直到电池没电而关机为止。
- 接上电源适配器将电池充满。
- 使用充满电的电池，将电量耗光。
- 以上步骤反复 2～3 次，即可消除部分记忆效应，延长电池的使用时间。

由于锂离子电池有一定的使用寿命，可以使用外接电源时，尽量使用外接电源供电，减少电池的使用次数，可以有效的延长电池的使用寿命。

（4）检查电池的状态。当使用电池供电时，采用以下方法可以获知电池的状态和剩余的电量。

- 双击 Windows 任务栏右下角的电源计量器图标"📋"（只有没有外接电源的时候才会出现电池图标），弹出电源计量器窗口，可以查看电池的状态和剩余的电量。

图 2-40 显示电池剩余量

- 将鼠标悬停在桌面菜单条右下角的电池图标"📋"上，Windows 会自动显示电池剩余量，如图 2-40 所示。

- 当电池电量不足时，系统会发出声音提醒，右下角任务栏中的电池图标上会出现一个红色的"×"号，并且会出现提示窗口，建议立刻接到交流电源上以防止数据丢失。

温馨提示

如果任务栏右下角无电池或电源状态图标，可以通过调整 Windows XP 的设置来显示电源状态图标，操作如下：

单击"开始"→"控制面板"→"性能和维护"→"电源选项"→"高级"，选中"总是在任务栏上显示图标"项目，单击"确定"按钮即可。

2．使用联想电脑拯救系统

针对用户快速安装驱动、查杀病毒和快速恢复系统的需求，联想基于自己特有的 LEOS（联想嵌入式操作系统）开发了联想电脑拯救系统。可以在关机状态下通过按"NOVO"键进入该系统，并通过键盘"↑""↓"键选择对应功能，按"Enter"键确认，如图 2-41 所示。

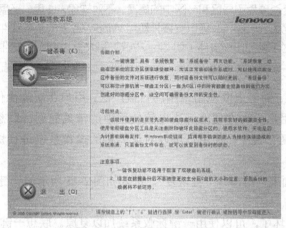

图 2-41　联想电脑拯救系统界面

（1）联想一键杀毒。联想一键杀毒与金山（联想 OEM 版）杀毒软件配合，可自动判断硬盘分区中是否存在最新杀毒引擎和病毒库，实现病毒库、杀毒引擎与金山（联想 OEM 版）的自动同步，方便地解决了病毒库升级的问题。

① 在联想电脑拯救系统主界面中选择【一键杀毒（K）】，按"Enter"键，进入联想一键杀毒启动界面。稍候将进入如图 2-42 所示的"一键杀毒"主界面。

在该界面下使用键盘上的"↑""↓"键或鼠标选择【查杀病毒】、【病毒库升级】或其他选项，此时选择【查杀病毒】功能，一键杀毒软件将自动搜索引导区和硬盘分区中的所有文件，具体的扫描时间与硬盘分区中的文件数量相关。

② 在"一键杀毒"主界面中，可以通过选择【查杀病毒】选项进入如图 2-43 所示的界面。

图 2-42　一键杀毒主界面

图 2-43　查杀病毒界面

③ 在杀毒过程中，可以按"Enter"键或通过鼠标单击【中止】按钮中止杀毒进程。否则直至查毒结束，此时会显示查毒的结果，可以将发现的病毒清除，如图 2-44 所示。

④ 通过单击"清除"键来清除病毒，或单击"返回"键返回图 2-42 所示界面。

⑤ 在图 2-42 界面上单击"病毒库升级"来实现病毒库的在线升级，以便能查杀最新的病毒。

图 2-44　查毒的结果界面

温馨提示 （1）只查杀硬盘引导区和分区中的病毒，不对软盘、U 盘、光盘中的病毒进行操作，如需要对此类介质操作，可以安装并使用 Windows 下的杀毒软件进行。
（2）不对加密的压缩文件（如 Zip，RAR）和大于 100M 的文件进行处理，需要对此类文件操作，可以在系统正常启动后使用 Windows 下的杀毒软件进行。

（2）联想一键恢复。随着电脑应用范围的日益广泛，用户在实际操作中可能遇到的问题也随之增多，为了帮助用户更为方便地解决电脑使用中的常见问题，联想推出了这一款方便、易于操作的"一键恢复"软件，使用户可以对计算机的操作系统进行快捷、方便的备份和恢复工作。

在图 2-41 所示界面上，单击"一键恢复"，进入如图 2-45 所示的一键恢复界面。

① 系统备份。

如果预装文件被损坏了，可以使用一键拯救系统加以复原。联想一键拯救系统是一个简单易用的应用程序，能帮助备份和恢复电脑的系统分区（C 分区）数据。可以在 Windows 操作系统中运行联想一键恢复系统，也可以在不进入主 Windows 操作系统的情况下运行联想一键拯救系统。操作步骤如下。

利用键盘上的"↑""↓"键选择"系统备份"，按"Enter"键确认后进入，弹出确认备份提示界面，按"E"键继续操作，如图 2-46 所示。

图 2-45　一键恢复界面

图 2-46　系统备份确认界面

② 恢复备份。

利用键盘上的"↑"或"↓"键选择"系统恢复"按钮，按"Enter"键确认，弹出如图 2-47 所示界面。按"E"键开始恢复，进入恢复进度界面，直到完成系统恢复操作。

图 2-47 系统恢复确认界面

（1）可以使用一键恢复功能恢复整个硬盘（或 C 盘）上的数据到出厂状态，包括出厂时的操作系统及为用户预装的各种软件。

（2）此项操作一旦执行，将无法重新回到执行本操作前的状态。运行完此项操作后，硬盘（或 C 盘）上原先所有数据将全部丢失。因此在此项操作执行前，请务必将有用的文件备份，比如备份到其他的硬盘或软盘、移动硬盘等。如果是只恢复 C 盘，也可以将 C: 盘上的有用数据备份到其他分区。

3. 安装系统硬件的驱动程序

当电脑重新安装了系统或者更换了操作系统，则相关硬件的驱动程序必须重新安装。

（1）芯片组驱动程序安装。

- 将驱动程序光盘放入光盘驱动器。
- 运行光盘下的 "WinXP\Chipset\Setup.exe"。
- 根据安装程序提示，单击 "下一步"，出现许可证协议，单击 "是"，出现自述文件，单击 "下一步"，系统自动复制文件。
- 出现 "是，我要现在就重新启动计算机。"，单击 "完成"，系统重新启动，完成安装。

（2）显卡驱动程序安装。

- 将驱动程序光盘放入光盘驱动器。
- 运行光盘下的 "WinXP\VGA\Setup.exe"。
- 根据安装程序提示，单击 "下一步"，出现许可证协议，单击 "是"，系统自动复制文件。
- 出现 "是，我要现在就重新启动计算机。"，单击 "完成"，系统重新启动，完成安装。

（3）声卡驱动程序的安装。

- 将驱动程序光盘放入光盘驱动器。
- 运行光盘下的 "WinXP\Audio\Setup.exe"。
- 出现 "设备驱动程序安装向导"，单击 "确定"，系统自动复制文件。
- 出现 "已完成设备驱动程序安装"，单击 "确定"，完成安装。
- 安装完毕后，系统会提示 "重新启动计算机"，单击 "是"，系统重新启动，完成安装。

（4）Modem 驱动程序安装。

- 将驱动程序光盘放入光盘驱动器。
- 运行光盘下的 "WinXP\Modemlsetup.exe"。
- 出现 "设备驱动程序安装向导"，单击 "确定"，系统自动复制文件。
- 出现 "已完成设备驱动程序安装"，单击 "确定"，完成安装。

（5）LAN（网卡）驱动程序的安装。

- 将驱动程序光盘放入光盘驱动器。
- 单击"开始"，鼠标右键单击"我的电脑"，单击"属性"，单击"硬件"，单击"设备管理器"。
- 鼠标右键单击"以太网控制器"，单击"更新驱动程序"。
- 选择"从列表或指定位置安装（高级）"，单击"下一步"，选择"在搜索中包括这个位置"，输入或浏览到光盘下的"WinXP\Lan"，单击"下一步"，安装程序复制文件，单击"完成"。

（6）Wireless LAN（无线网卡）驱动程序安装。

- 将驱动程序光盘放入光盘驱动器。
- 运行光盘下的"WinXP\Wireless\Intel\DPInst.exe"。
- 根据安装程序提示，单击"下一步"，系统自动复制文件。
- 出现"Device Driver Intstallation Wizard"，单击"完成"。

（7）Touch Pad 驱动程序的安装。

- 将驱动程序光盘放入光盘驱动器。
- 运行光盘下的"WinXP\Touch Pad\Setup.exe"。
- 出现"选择设置语言"，选择"中文（简体）"，单击"确定"。
- 出现"三能手写辨识安装"，单击"下一步"，出现许可证协议，单击"是"。
- 根据安装提示单击"下一步"，安装程序复制文件。
- 手写软件安装完毕，单击"确定"。开始安装 Touch Pad 驱动程序，根据安装提示单击"下一步"，出现"是，立即重新启动计算机。"，单击"完成"，系统重新启动，安装完成。

（8）读卡器驱动程序安装。

- 将驱动程序光盘放入光盘驱动器。
- 运行光盘下的"WinXP\Card ReadeASetup.exe"。
- 根据安装提示单击"下一步"，安装程序复制文件。
- 出现完成界面，单击"完成"。

 温馨提示 （1）按照驱动程序的安装顺序进行安装，否则可能造成系统不稳定、无声或显示错误，以至于重新安装操作系统。
（2）由于机型配置不同，因此驱动程序的安装也略有不同，请注意区分。

4. 清洁电脑

为了保障笔记本电脑长时间、无故障地运行，应保护笔记本电脑免受灰尘侵袭，而且在笔记本电脑周围不用液体。灰尘积聚过多以后必须定期清洁。清洁笔记本电脑时应注意以下事项。

（1）小心勿让液体溅入笔记本电脑。如果溅湿笔记本电脑，应立即切断电源，并完全吹干后，才可重新开机。

（2）使用一块用水微微蘸湿的布擦拭笔记本电脑。可以使用玻璃清洗剂擦拭显示屏，在一块干净的软布上蘸少量的清洗剂，然后轻轻地擦拭屏幕。

2.2.4 笔记本电脑常见故障排除

笔记本电脑与台式计算机不同，在分析故障和排除方法上也有所区别。在处理故障前先分析故障，然后再进行一些简单的排除。对于一些复杂的故障应请专业人员解决。有时，系统会提供一些提示，帮助判断发生故障的原因。记住提醒自己搞清以下情况，请专业人员维修时，可先将这些情况告知对方。

（1）系统哪个部分不能正确运行？是键盘、软盘驱动器、硬盘驱动器、打印机、显示屏？每个设备会产生不同的症状。

（2）是否正确设置操作系统？检查所有配置选项。

（3）显示屏上出现什么异样情况？有什么提示信息或乱码吗？如果笔记本电脑配有打印机，可以打印当前屏幕图片。在软件或操作系统说明文档中查询该信息。检查所有电缆是否正确并稳妥连接，电缆松脱会导致信号出错或中断。

（4）有什么图标亮着吗？是哪些？呈什么颜色？是静态的还是闪烁的？把所看到的这些情况记录下来。

（5）有没有听到"哔"声？多少声？长音还是短音？声调高还是低？笔记本电脑还发出其他不同寻常的杂音吗？把所听到的情况记录下来。

联想昭阳 E290 笔记本电脑常见故障与解决方法如表 2-6 所示。

表 2-6　　　　　　　　　　　　　联想昭阳 E290 笔记本电脑常见故障与解决方法

故 障 现 象	原因与解决方法
笔记本电脑无法开机，启动	检查笔记本的电源和适配器上的电线的所有插头是否牢固插入各自的插座
	检查笔记本电池的电量（某些电池上有电量自检按钮），检查电池的接口是否有污物，检查电源线插头是否有污物
	分别用笔记本的电池和外接电源线进行供电。开机，检验电源指示灯是否点亮
	如果仍无法开机，请与联想认证服务机构联系
笔记本可以开机，但无法正常启动	如果笔记本发出一系列"哔"声，则表示系统有错误。请与联想认证服务机构联系
	如果笔记本可以显示"lenovo"的画面，但无法进入系统或在操作系统启动过程中报错，请检查软驱中是否放置了软盘
	如果笔记本可以显示"lenovo"的画面，但无法进入系统或在操作系统启动过程中报错，请重新恢复操作系统
	进入 SIDS 程序，调用 SIDS 的默认设置，保存，重新开机
从光盘或其他存储设备安装一些软件或应用程序时突然死机，或报错	检查光盘表面或存储介质是否正常，其他笔记本电脑是否可正常读取
	阅读要安装的软件的说明书，确认该软件是否与本笔记本电脑的操作系统兼容
	确认笔记本电脑的硬件配置是否满足该软件对笔记本电脑硬件的要求
	确认在安装软件时关闭了其他正在运行的程序，如某些驻留内存的杀毒软件，网络实时监控程序
	确认笔记本电脑没有连接在 Intemet 网络上
	确认要安装的软件为正版软件
打印机无法正常安装和打印	检查打印机和笔记本电脑间的连线是否完全连接好
	检查打印机的电源是否已经正常开启，打印机处于正常工作状态
	阅读打印机的说明书，按说明书的要求设置打印机和笔记本电脑
	检查笔记本电脑与打印机连接的接口，是否在笔记本电脑系统中被关闭
	检查笔记本电脑的接口配置是否与打印机的要求一致，可分别在 BIOS 中和操作系统中检查。例如，某些红外接口打印机的红外传输速率是否与笔记本电脑的一致
	确认打印机是否可以与其他的笔记本电脑正常连接和打印
	确认笔记本电脑是否可以与其他型号的打印机正常连接和打印

故障现象	原因与解决方法
笔记本电脑连接某些计算机外围设备和可连接笔记本电脑的电子设备,无法正常使用	检查该设备和笔记本电脑间的连线是否完全连接好
	检查该设备的电源是否已经正常开启,并处于正常工作状态
	阅读该设备的说明书,按说明书的要求设置电子设备和笔记本电脑
	检查笔记本电脑与该电子设备连接的接口,是否在笔记本电脑系统中被关闭
	检查笔记本电脑的接口配置和接口的电气标准是否与该电子设备的要求一致,或者是兼容的
	确认电子设备是否可以与其他的笔记本电脑正常连接和使用
	确认笔记本电脑是否可以与其他型号的电子设备正常连接和使用
无法拨号上网	检查笔记本电脑与电话线路的连接是否正常
	检查电话和电话分机是否正常挂好,并确保没有处于通话状态。如果电话线路为 ISDN,请确认 ISDN 的设备连接是否正常,并可正常使用
	确认电话线路是否正常,并可正常拨打外线
	如果是在酒店、宾馆或其他地方的分机上网,请确认该场所的设备支持此项功能,并开通了这项服务
笔记本电脑在运行某些程序过程中报错,死机	确认该程序已经正常安装,没有误操作删除该程序的某些文件
	确认笔记本电脑的硬件配置是否满足该程序对笔记本电脑硬件配置的要求
	阅读软件的使用说明,并确认该程序运行的软件环境
	阅读软件的使用说明,确认该程序在运行过程中调用的其他笔记本电脑外围设备可正常使用
	关闭正在运行的其他软件,以排除软件之间的冲突
	如果仍无法运行该软件,建议将软件卸载。重新启动笔记本电脑后,再正常安装一遍
电池使用时间过短	检查电池的电量是否充满
	确认电池是否在充满电后长期放置未使用,请重新充电后再使用
	电池的接口是否有污物
	参照书中有关维护电池的内容
	由于电池的化学特性,经过多次充放电后,电池的使用时间可能会缩短,属于正常现象
LCD 黑屏	确认笔记本电脑是否处于休眠状态
	确认是否在操作系统中电源管理设置:一定时间后关闭 LCD 屏
	确认笔记本电脑是否外接了其他显示设备,并切换到该设备上显示

 习 题

1. 台式计算机主要由哪些部分组成?
2. 介绍计算机主板的组成部件。
3. 简述计算机启动与关闭的过程。
4. 如何使用计算机维护软件(内置)维护计算机?
5. 简述触控板的使用方法。
6. 笔记本电脑的显示屏维护中应注意什么?

第3章 存储设备

随着科学技术的日趋完善，异地办公已经非常普遍了。计算机除了有内部存储设备外，还有外部存储设备，方便的 U 盘、USB 移动硬盘存储设备能满足人们对资源存储的要求。在笔记本电脑价格比较高的时期，一些简便、小巧的外部存储设备给人们带来了诸多便利。

本章主要介绍 U 盘、移动硬盘、刻录光盘等外部存储设备的使用和维护。

 查一查　在目前的市场上有哪些主要类型的存储设备，各有什么特点？

3.1 U 盘

U 盘是一种小巧的存储器，目前随着技术的日益完善，其容量大大提高，1GB 以上存储容量的已经不是一种奢侈品。

 查一查　不同 U 盘的外形特点和结构上有哪些异同点？

3.1.1 U 盘的外部结构

U 盘的外形比较简单，如图 3-1 所示。

图 3-1　U 盘

3.1.2 U 盘的基本使用

1. 安装驱动程序

如果使用 Windows 2000 以上的操作系统，不需要驱动程序盘，可以直接安装，方法如下。

拔下 U 盘插头盖，将其插入计算机主机的 USB 端口上，系统会自行检测即插即用硬件，并自行安装驱动程序。安装结束后提示当前 U 盘可以使用。

温馨提示

如果是 Windows 98 操作系统，可以采用以下两种方法安装。

方法一：

① 执行光盘上相应文件夹下的 setup 文件，安装必要的驱动程序；

② 将 U 盘插入计算机，系统会提示找到新硬件并自动安装。

方法二：

① 将 U 盘插入计算机，系统会提示找到新硬件，之后按默认操作；

② 如果提示要求输入驱动文件的路径，在输入框中输入完整的路径，如果不清楚路径，可以单击"浏览"按钮找到驱动光盘上的驱动文件并安装。

温馨提示

（1）有一些 U 盘由于具有启动、加密等功能，在任何 Windows 系统的版本中可能都需要安装驱动程序，否则将无法正常使用。

（2）双启动 U 盘具有 USB FDD 和 USB HDD 启动功能，在 U 盘上有一个 FD 和 HD 的切换开关，那么就需要在不同的状态下安装不同的驱动程序。

2. U 盘使用

使用 U 盘与使用计算机内部的硬盘方法一致，可以在 U 盘上进行复制、删除、编辑、保存等一系列操作。

3. U 盘拔插

U 盘大都采用 USB 接口，可以进行热拔插。但在拔下后不要马上插入，应等待 5s 左右。

很多 U 盘上都有 LED 的指示灯，一般来说灯亮时都不能拔下 U 盘，因为这时 U 盘还在工作，强行拔出会造成损坏。

温馨提示

有的 U 盘在 Windows XP 操作系统下指示灯总是亮着的，这是因为 Windows XP 操作系统增加了对 USB 设备的检测功能，而只要有数据流量，指示灯就会闪烁，因此这时也要在停用该设备后再拔出。

在 Windows XP 操作系统中，添加 U 盘后会在任务栏中多出 USB 设备的图标，打开该图标就会在列表中显示 U 盘设备，选择将该设备停用，然后再拔出 U 盘，这样会比较安全。具体步骤如下。

（1）可以快速地移除设备，单击窗口右下方任务栏中的绿色箭头 ，显示移除设备提示，如图 3-2 所示，在提示上单击，显示如图 3-3 所示提示，即可将 U 盘从计算机上拔下。

图 3-2 移除设备提示

图 3-3 确定已经移除设备

（2）也可以双击窗口右下方任务栏中的绿色图标 ，弹出"安全删除硬件"对话框，单击"停止"按钮，如图 3-4 所示。

（3）在随后显示的"停用硬件设备"对话框中，单击"确定"按钮停止设备的使用，如图 3-5 所示。

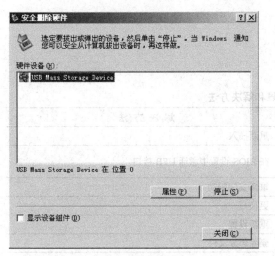

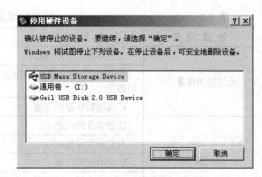

图 3-4 "安全删除硬件"对话框　　　　　图 3-5 "停用硬件设备"对话框

（4）然后拔下 U 盘。

4. 读写开关的选择

U 盘上一般都有读写开关，切换该开关可以控制 U 盘的只读和读写。对该开关直接在使用时进行切换是不正确的。这样不仅不能使设置生效，并且还有可能损害 U 盘。

正确的方法是，先拔下 U 盘，接着进行状态的切换，然后再插入 U 盘，这样才能正常使用。同样，有的 U 盘上还有其他的切换开关，也要遵循以上的步骤进行操作。

 想一想　（1）某人有一 U 盘，只能进行读操作，无法写入，这是什么原因？
（2）当通过正常的途径停用设备后，系统提示无法停用该设备，该怎么办？

3.1.3　U 盘的日常维护

U 盘的日常维护主要是在使用完毕以后，及时盖上插头盖，以免粉尘等进入连接端口，造成端口接触不良。

长期使用会使得磁盘产生碎片，要定期进行清理。其方法与计算机硬盘碎片整理方法一样。如果碎片整理不干净，可以将 U 盘格式化。

 小经验　在 Windows 2000/XP 操作系统下，可以用改写容量的软件 MpTool 对 U 盘格式化，使用方法如下。
插入 U 盘，执行 MpTool 中的 PDX8.exe，单击主界面右下角"OPTING"按钮，选择"FlashTest"选项卡，勾选"LowLevelFormat"复选框，再选择"CapacityAdjust"选项卡，在下拉列表框中选择磁盘容量，单击"OK"按钮回到主界面。单击"RUN"按钮，即可进行格式化。格式化完成后，显示一个绿色的 OK 图标及磁盘容量数值等字样，至此 U 盘恢复。

第 3 章 存储设备

39

3.1.4 U盘常见故障排除

U盘的常见故障和解决方法如表3-1所示。

表 3-1   U盘的常见故障和解决方法

故 障 现 象	原 因	解 决 方 法
无法找到设备	未正确插入USB接口	重新插入
	在BIOS设置中未将USB接口激活	在BIOS设置中激活USB接口
	U盘驱动程序的问题	重新安装驱动
读写时的故障	U盘本身的问题	更换
	只读开关设置问题	重新设置
	U盘的空间已满	删除部分文件
	出现掉电或者强行拔出都有可能造成U盘无法使用	重新格式化
"我的电脑"窗口中没有显示"移动存储器"盘符	设定问题	Windows 9x/Me操作系统下,依次选择"设备管理器"→"磁盘驱动器"→"可移动磁盘/属性"→"设置"→"可删除",然后检查"当前驱动器号分配"选项,如果没有为U盘分配驱动器盘符,将"保留的驱动器号"为U盘分配一个即可。单击"确定"按钮后回到"我的电脑"窗口,问题就解决了
		在Windows 2000/XP/2003操作系统下依次选择"控制面板"→"管理工具"→"计算机管理"→"存储"→"磁盘管理",用鼠标右键单击"闪存盘",在快捷菜单中选择更改(创建)驱动器名和路径"命令,分配一个尚未使用的盘符。重新打开"我的电脑"窗口就会看到闪存盘的盘符
存入U盘文件变成乱码或显示小圆点	U盘不正常退出引起	正常退出U盘
	有可能由计算机病毒引起	杀毒
将U盘插入计算机,提示"无法识别的设备"	U盘接口电路问题	检修

 说一说   把你有关U盘使用和故障处理的方法介绍给大家;同时把他人的方法记录下来,制作你的经验手册。

 ## 3.2 移动硬盘

移动硬盘与U盘相比,是一种容量更大的存储设备,它的使用方法与U盘有相同之处,也有其自身的独特性。

 查一查   在目前的市场上有哪些不同类型的移动硬盘?

3.2.1 移动硬盘的外部

移动硬盘的外部也比较简单，只是比 U 盘的外形大，如图 3-6 所示。

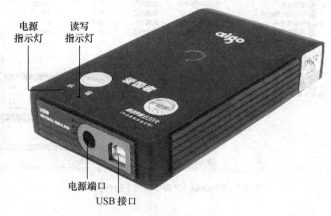

图 3-6 移动硬盘的外形

3.2.2 移动硬盘的基本使用

移动硬盘的使用方法与 U 盘相似，包括安装驱动、文件的编辑与复制等操作，可以参考 U 盘的相关内容。不同的是移动硬盘的存储空间比 U 盘大得多，在操作系统能够正确识别到移动硬盘的前提下，可以使用系统自带的分区和格式化程序对移动硬盘进行相应操作，也可以采用第三方软件（如 FDISK、DM、PQ Magic 等）对移动硬盘进行分区和格式化操作。在此介绍在 Windows XP 下对移动硬盘进行分区的方法。

温馨提示　（1）移动硬盘的分区数不要超过两个。
（2）用 Fdisk 工具分区时，盘上原有的文件会丢失。如果移动盘上有很多文件，备份可能花费大量的时间，可以用"硬盘魔术师"工具。

1. 在 Windows XP 操作系统下的分区操作

（1）将移动硬盘连接到计算机，等待一会儿，出现热插拔图标。

（2）选择"开始"→"设置"→"控制面板"→"管理工具"→"计算机管理"命令，出现"计算机管理"窗口，单击窗口左边的"磁盘管理"，所有连接到计算机上的磁盘出现在右边的列表中，磁盘的状态同时显示出来。

（3）找出移动硬盘，在其状态区单击鼠标右键，按照提示操作即可，如图 3-7 所示。

实训园地　小明手上有一移动硬盘，容量较大，为了便于管理，他想将移动硬盘分成几个区来使用，请帮助他完成这项工作。

2. 连接移动硬盘与计算机

只要将移动硬盘连接到计算机上，等一会，计算机中就会增加移动硬盘盘符。

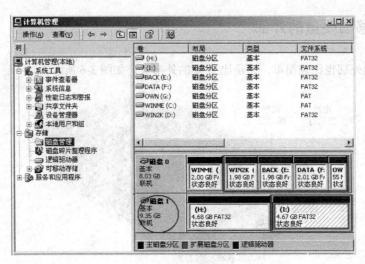

图3-7 Windows XP 操作系统下的分区操作

3. 断开移动硬盘到计算机的连接

（1）在 Windows XP 的操作系统中，双击计算机屏幕底部状态栏右端的热插拔图标，弹出"拔下或弹出硬件"对话框。

（2）单击"停止"按钮，在弹出的对话框中单击"确定"按钮。

（3）等待几秒，当系统出现提示"你可以安全地拔下设备"时，拔下移动硬盘即可。

 做一做　在 Windows 2000 以上操作系统中，用鼠标右键单击热插拔图标，弹出"安全删除……"工具条，单击显示"安全地移除硬件"提示后，拔下移动硬盘即可。

 温馨提示　在关闭移动硬盘正在编辑的文件后，不能马上进行"停用"设备的操作，因为断开连接需要一段时间，否则会显示无法停用设备，应该等待一会儿再"停用"设备。

4. 改变移动硬盘盘符

要改变移动硬盘的盘符，例如，将 D 盘符改为 E 盘符，操作如下。

（1）依次选择"控制面板"→"系统"→"设备管理"，双击"磁盘驱动器"，选中移动硬盘，单击"属性"按钮。

（2）单击"设置"按钮，选择"开始驱动器字母"和"结束驱动器字母"，单击"确定"按钮。

（3）重新启动计算机，新的盘符生效。

3.2.3　移动硬盘的日常维护

硬盘出故障的几率仍比较多，其中有相当一部分是使用者未根据硬盘特点采取切实可行的维护措施所致。因此硬盘在使用中必须加以正确维护，否则会出现故障或缩短使用寿命，甚至殃及

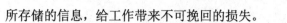

所存储的信息，给工作带来不可挽回的损失。

1. 硬盘读写时不能关掉电源

在硬盘进行读写时，硬盘处于高速旋转状态中，忽然关掉电源，将导致磁头与盘片猛烈摩擦，从而损坏硬盘，所以在关机时，一定要注意面板上的硬盘指示灯，确保硬盘完成读写之后再关机。

2. 保持使用环境的清洁卫生

环境中灰尘过多，会被吸附到印制电路板的表面及主轴电机的内部；硬盘在较潮湿的环境中工作，会使绝缘电阻下降。这两个现象轻则引起工作不稳定，重则使某些电子器件损坏，或某些对灰尘敏感的传感器不能正常工作。

3. 防止硬盘受到震动

硬盘是十分精密的设备，工作时磁头在盘片表面的浮动高度只有几微米。在不工作时，磁头与盘片是接触的；硬盘在进行读写操作时，一旦发生较大的震动，就可能造成磁头与数据区相撞击，导致盘片数据区损坏或划盘，甚至丢失硬盘内的文件信息。因此在工作时或关机后，主轴电机尚未停机之前，严禁搬运硬盘，以免磁头与盘片产生撞击而擦伤盘片表面的磁层。在硬盘的安装、拆卸过程中更要加倍小心，严禁摇晃、磕碰。

4. 防止潮湿、磁场的影响

硬盘的主轴电机、步进电机及其驱动电路工作时都要发热，在使用中要严格控制环境温度，微机操作室内最好利用空调，将温度调节在 20℃～25℃。在炎热的夏季，要注意监测硬盘周围的环境温度不要超出产品许可的最高温度，一般为 40℃，在潮湿的季节要注意使环境干燥或经常给系统加电，靠自身的发热将机内水汽蒸发掉。另外，尽可能使硬盘不要靠近强磁场，如音箱、喇叭、电机、电台等，以免硬盘里所记录的数据因磁化而受到破坏。

5. 硬盘的整理

硬盘的整理包括两方面的内容：一是根目录的整理；二是硬盘碎块的整理。

根目录一般存放系统文件和子目录文件，如 Command.com，Config.sys，Autoexec.bat 等个别文件，不要存放其他文件；DOS，Windows 等操作系统，文字处理系统及其他应用软件都应该分别建立一个子目录存放，一个清晰、整洁的目录结构会为工作带来方便，同时也避免了软件的重复放置及"垃圾文件"过多地浪费硬盘空间，还影响运行速度。硬盘在使用一段时间后，文件的反复存放、删除，往往会使许多文件，尤其是大文件在硬盘中占用的扇区不连续，看起来就像一个个碎块，硬盘上碎块过多会极大地影响硬盘的速度，甚至造成死机或程序不能正常运行，Windows 95 以后的操作系统也提供了"磁盘碎片整理程序"。

6. 防止病毒对硬盘的破坏

计算机病毒对硬盘中存储的信息是一个很大的威胁，所以应利用版本较新的防病毒软件对硬盘进行定期的病毒检测，发现病毒，应立即采取办法清除，尽量避免对硬盘进行格式化，因为硬盘格式化会丢失全部数据并减少硬盘的使用寿命。当从外来存储设备复制信息到硬盘时，先要对存储设备进行病毒检查，防止硬盘由此染上病毒。

想一想　如何防止硬盘或文件遭受病毒的破坏？

7. 插拔移动硬盘的注意事项

移动硬盘通常都使用 USB 端口与计算机直接相连，而许多人常常会将 USB 端口的热插拔功能误解为随意插拔功能，孰不知一旦移动硬盘经常地遭受到随意插拔，很容易出现无法被系统成功识别的故障现象，严重时还会导致移动硬盘损坏。所以在拔插移动硬盘时需要注意以下几个方面。

（1）由于移动硬盘刚插入计算机时，系统会花一定的时间对它进行识别并读盘，在该过程中如果强行对移动硬盘执行一些操作，会导致移动硬盘接口损坏或者整个硬盘报废，因此无论对移动硬盘执行什么操作，都必须等移动硬盘的工作信号灯稳定下来后才能进行，否则移动硬盘无法被系统识别将成为经常发生的事情。

（2）为了保证系统高效识别移动硬盘，一定要在插入移动硬盘之前，将正在运行的所有应用程序都关闭掉，另外尽量不要在系统启动的过程中将移动硬盘插入计算机中。

（3）在取下移动硬盘的时候，单击任务栏右下方的移动设备图标，会弹出一个提示窗口，单击"安全删除……"按钮之后，系统就会自动停止移动设备并提示可以安全地移除移动硬盘。注意，在安全删除移动硬盘之前，应停止对移动硬盘的读取，并记得关闭在移动硬盘上运行的程序和浏览窗口。

3.2.4 移动硬盘常见故障排除

移动硬盘的常见故障和解决方法如表 3-2 所示。

表 3-2　　　　　　　　　　移动硬盘的常见故障和解决方法

故障现象	原因	解决方法
移动硬盘在进行读写操作时频繁出错	主板 USB 接口的供电不足	更换 USB 接口供电方式，从＋5VSB 切换为主板＋5V
		某些 USB 移动硬盘也提供 PS/2 取电接口，可尝试使用
电源指示灯不亮	硬盘盒或硬盘问题	更换或维修
不能在"我的电脑"窗口中发现移动硬盘盘符	硬盘没有格式化	进行硬盘的格式化
	电源供电不足	缩短 USB 延长线
		用机箱后置的 USB 口工作
		把数据线上的两个 USB 插口全部插入了 USB 设备
		不要用不带电源的集线器（Hub）进行工作
	驱动兼容性问题	安装集成 SP1 或 SP2 补丁的 Windows XP 操作系统
		更新主板驱动程序
	在 BIOS 中没有为 USB 接口分配中断号，从而导致系统无法正常地识别和管理 USB 设备	重新启动计算机，进入 BIOS 设置窗口，在"PNP/PCI CONFIGURATION"中将"Assign IRQ For USB"一项设置为"Enable"，这样系统就可以给 USB 端口分配可用的中断地址
移动硬盘在 Windows 98/Me 操作系统下，驱动程序安装正确，但没有盘符	设置不当	确认在"设备管理器"中移动硬盘工作正常。如果正常，进入"设备管理器"里的"磁盘驱动器"，选中移动硬盘，单击"属性"按钮，选择"设置"中的"可删除"复选框，重新启动计算机
移动硬盘在进行数据读写时，经常出现"缓存错误"等提示	数据线质量不好或者连接处松动	更换一条新的数据线

3.3 刻录机

光盘刻录机是一种特殊的光盘驱动器，它不仅可以正常地读取光盘数据，还可以将一些硬盘上的文件烧制到一张或几张光盘上，以确保文件的保存与安全。如果把 U 盘和移动硬盘称为软存储，那么刻录成光盘就是硬存储。目前常用的刻录机有 CD-R、CD-RW、DVD-RAM、COMBO等，其工作原理有一定的区别，详细情况如表 3-3 所示。

表 3-3 各种刻录机的功能比较

类　　型	功　　　能
CD-R	通过大功率激光照射 CD-R 上的染料层，在染料层上形成一个个平面和凹坑，光驱在读取这些平面或凹坑时，将其转换为 0 和 1 数字信号。由于这些变化是一次性的，不能恢复到原来的状态，所以这种盘片只能写入一次（当然可以续写），不能重复写入
CD-RW	其工作原理与 CD-R 大致相同，只不过盘片上镀有一层 $200\sim500$ 埃（1 埃＝10^{-8}m）厚的薄膜，这层薄膜的材质主要是银、铟、硒和碲的结晶层，这种结晶层能够呈现结晶和非结晶两种状态，等同于 CD-R 上的平面和凹坑。通过激光的照射，可以在这两种状态之间转换，所以 CD-RW 可以重复写入
DVD-RAM	它采用 $0.74\mu m$ 道宽和 $0.41\mu m$/位高密度记录线等技术，因此 DVD 盘片与普通 CD 没什么两样，但是有更大的存储容量，单面单层容量为 4.7GB，单面双层容量为 9.4GB，双面双层容量为 17GB。DVD-RAM 可以重复写入
COMBO	它是将 CD-RW 刻录机和 DVD 光驱组合在一起的"复合型一体化"驱动器，具体地说，就是 CD-ROM，DVD-ROM 和 CD-RW 三位一体的一种光存储设备

本章以三星 CD-R 刻录机为例介绍刻录机的使用与维护。

（1）在目前的市场上有哪些主要类型的刻录机，各适合刻录什么类型的光盘？
（2）刻录机的主要技术参数有哪些？

3.3.1 刻录机的外部结构

刻录机有体积小、总量轻等特点，可以内置到计算机主机机箱中。因此其外形结构也相对比较简单，如表 3-4 所示。

表 3-4 刻录机的外形结构

部 位 名 称	结构示意图
前面板图	光盘托盘　紧急弹出控制 运转状态 打开/关闭按钮

部 位 名 称	结构示意图
背面板图	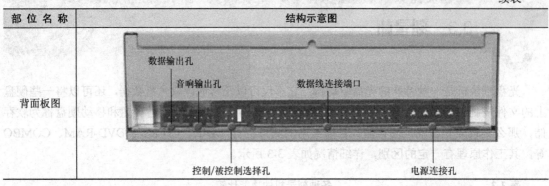

3.3.2 刻录机的基本使用

使用刻录机是一项简单的工作，它完全由刻录软件来完成。但是在使用之前，必须对刻录机有所了解。本节主要介绍刻录机的连接、光盘的插入与取出、刻录软件的安装与使用等。

1. 刻录机的连接

刻录机与计算机或其他硬件设备的连接主要包括电缆和电源连接、E-IDE 电缆设置、音响连接等。

（1）电缆连接方法。

① 将与硬件连接的 E-IDE 电缆（40 脚）插在界面插孔上，如图 3-8 所示。

② E-IDE 电缆连接。

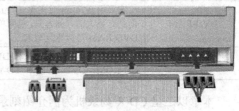

图 3-8 E-IDE 电缆的连接

 实训园地 小明的计算机中已经有了一个普通光驱，现在还想把新买的刻录机也装入计算机主机箱中，你能帮助装配一下吗？

- Optical 驱动器为一个时，设置为 MA（Master），如图 3-9 所示。
- CD-R/RW 驱动器为两个时，设置为 MA（Master）/SL（Slave），如图 3-10 所示。

图 3-9 设置为 MA（Master）

图 3-10 设置为 MA（Master）/SL（Slave）

- 在【选择/被选择】的选择插孔中连接跳线。跳线在 MA（Master）上连接时为控制（Master），在 SL（Slave）上连接时为被控制（Slave），在 CS（CSEL）上连接时使用主机界面信号 CSEL 对装置进行控制（一般来说，推荐连接到 MA 上），如图 3-11 所示。

图 3-11 选择/被选择

（2）电源线连接。将计算机内部电源中的电源电缆（4 脚）带有斜角的一头朝上插入 Optical

驱动器的电源连接孔，如图 3-12 所示。

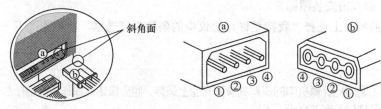

斜角面

图 3-12　电源电缆的连接

（3）音响电缆连接。使用音响电缆（4 脚）将音响输出插孔与声卡音响输入插孔连接，如图 3-11 所示图中左边第二个插孔，可以听到光驱播放的声音。如使用数码输出插孔进行连接可以听到更清晰的声音。

2. 光盘的放入与取出

取出与放置光盘是光盘驱动器最常用的操作，方法如下。

（1）取出与放置。

① 确认刻录机中的光盘已完全停止转动。

② 按开/闭键，打开光盘托盘，如图 3-13 所示。

③ 用食指插入光盘托的中央圆孔中，稍向手心用力使光盘翘起，用拇指与食指配合取出光盘，如图 3-14 所示。

图 3-13　打开光盘托盘

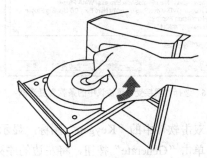

图 3-14　取出光盘

（2）不能取出光盘。按下开/闭键还不能打开托盘取出光盘时，可以使用附属的退盘针（也可以使用回形针）来退盘，方法如下。

① 关闭计算机电源。

② 将附属退盘针插入托盘紧急退盘孔即可慢慢退出，如图 3-15 所示。

③ 捏住托盘外部慢慢拖出并取出光盘。

3. 刻录软件的安装

刻录软件品种较多，Windows XP 操作系统也有自带的刻录程序，本书以 Nero Express 中文版为例介绍刻录软件的安装和使用方法。

图 3-15　使用紧急退盘孔

（1）安装 Nero Express。

① 将 Nero Express CD-ROM 插入 PC 的 CD/DVD 驱动器。

② 单击 CD/DVD 驱动器的驱动器盘符，然后再单击 setup.exe，进行安装。如果是网络上下载的安装软件，则双击安装图标 。

③ 在显示的界面上选择"我接受许可协议中的条款"复选框，并单击"下一步"按钮，如图 3-16 所示。

> 实训园地 小明想把计算机中的资料刻录到光盘上保存，他应该如何操作：选用什么光盘、什么刻录软件？请你介绍一下。

④ 之后按默认操作单击"下一步"按钮即可。

⑤ 单击"完成"按钮，结束安装。

（2）激活软件。如果软件提示需要激活，就必须输入激活序列号，否则不能使用，方法如下。

① 软件第一次使用要求输入序列号，如图 3-17 所示。

图 3-16　选择"我接受许可协议中的条款"复选框　　　　图 3-17　要求输入序列号

② 双击软件中的"Keygen"图标，显示如图 3-18 所示。

③ 单击"Generate"按钮，将左边的序列号复制到激活对话框的"序列号"文本框中，单击"确定"按钮，显示图 3-19 所示对话框表明序列号已经提供，单击"是"按钮即可。

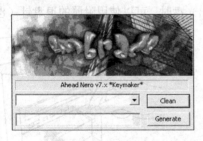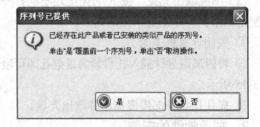

图 3-18　运行"Keygen"　　　　　　　　　图 3-19　序列号已经提供

（3）卸载 Nero Express。

① 选择"开始"→"控制面板"→"添加或删除程序"命令。

② 在"添加或删除程序"窗口中选择"Nero Express"，然后单击"删除"按钮。

③ 有时，在删除软件时会发现，操作系统会询问是否要删除其中的某一两个文件，因为

其他程序可能在共享这些文件。如果不能确定，应始终选择保留这些文件。

4. Nero Express 的使用

（1）启动、退出 Nero Express。启动 Nero Express 的方法有以下几种。

① 双击桌面上的 Nero Express 图标""启动。

② 选择"开始"→"程序"→"Nero"→"Nero StartSmart"命令启动。软件启动后界面如图 3-20 所示。

图 3-20 Nero Express 界面

| 实训园地 | 小明想用 Nero 刻录一份音频（CD）光盘，他该如何操作？请向他介绍一下 Nero 软件的特点，以及如何正确设置刻录属性。 |

③ 退出时，可以单击界面上 ⊠ 按钮。

（2）设置。启动 Nero Express 后，可以进行一些必要的设置。其设置方法和结果如表 3-5 所示。

表 3-5　　　　　　　　　　　　Nero Express 的设置

按 钮 选 择	可以进行的设置	按 钮 选 择	可以进行的设置
单击 ◉ 图标	改变画面的背景颜色风格	单击 ◉ 图标	更新升级软件
单击 ⊟ 图标	最小化窗口	单击 ? 图标	获得帮助
单击"CD/DVD"右边的下拉箭头	可以选择光盘的类型 ![CD/DVD 下拉菜单：CD/DVD、CD、DVD]	—	—
单击 ★ 图标	![收藏夹界面：制作音频光盘、制作VCD、制作自己的DVD视频、制作照片幻灯片(VCD)]	单击 ▤ 图标	![数据界面：制作数据光盘、复制DVD、制作数据DVD、制作可引导光盘、制作音频和数据光盘、制作可引导DVD、复制光盘、制作UDF光盘]
单击 ♪ 图标	![音频界面：制作音频光盘、将音频CD转换为音频文件、播放音频、创建JukeBox CD(MP3、MP4、WMA)、将Audio光盘转换成Nero Digital Audio、创建JukeBox DVD(MP3、MP4、WMA)、对音频文件进行编码、制作音频和数据光盘]	单击 ▦ 图标	![照片和视频界面：制作VCD、捕获视频、制作超级VCD、播放视频、制作照片幻灯片(VCD)、制作自己的DVD视频、制作照片幻灯片(SVCD)、制作或修改DVD视频(VR)]

按 钮 选 择	可以进行的设置	按 钮 选 择	可以进行的设置
单击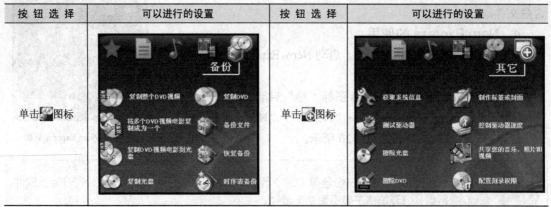图标		单击图标	

（3）刻录。

① 选择好刻录的格式后，单击相应的格式图标。在此以"数据"格式为例，如图 3-21 所示。

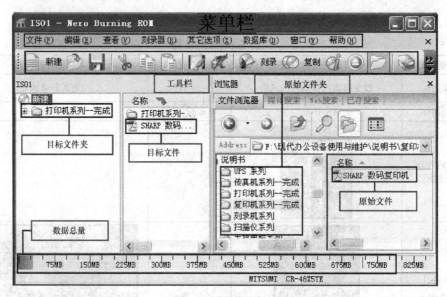

图 3-21 数据格式窗口

温馨提示

（1）如果某一刻录任务的量不大，可以选择"以后继续写入"。这样的结果是能够刻录的容量小于实际容量。

（2）刻录时的速度不要选择太高，对于一些配置较低的系统，容易产生刻录错误，使刻录任务无法完成。

② 要添加文件，可以将原始文件夹或原始文件拖动到目标文件夹，数据总量显示绿色矩形框的长度。

③ 单击 刻录 按钮，弹出"刻录编译"对话框，如图 3-22 所示。

④ 在此可以对刻录数据和光盘属性进行进一步设置，详细说明如表 3-6 所示。

图 3-22 "刻录编译"对话框

表 3-6	"刻录编译"对话框的使用
选项卡名称	设 置 内 容
刻录	
信息	
多重区段	

选项卡名称	设 置 内 容
ISO	信息　多重区段　ISO　标签　日期　其它　刻录 **数据** 数据模式[E]：　模式1 **文件** 文件系统[F]：　ISO 9660 + Joliet 文件名长度(ISO)[H]：　最多为11＝8＋3个字符(级别1) 字符集(ISO)[G]：　ISO 9660 (标准ISO CD-ROM) **放宽限制** ☑ 允许内含8层以上的文件夹[I] ☑ 允许路径多于255个字符[J] ☐ 不要添加";1"ISO文件版本扩展[K] ☑ 允许Joliet名称多于64个字符[L] **提示** 在DOS和Windows 9x下，该光盘不可读。为了完全兼容，可选择 ISO级别1、ISO 9660字符集和不放宽的ISO限制。
标签	信息　多重区段　ISO　标签　日期　其它　刻录 **自动** ◉ 自动[E] 光盘名称[H]：　新建 　　　　　　[添加日期[I]...]　[添加计数器[K]...] **手动** ○ 手动[E] 请分别为每个文件系统输入您的光盘首选名称。 ISO 9660[L]：　___ Joliet[J]：　新建 **高级** 　　　　　　　　　　　　[更多标签[G]]
日期	信息　多重区段　ISO　标签　日期　其它　刻录 **卷标日期** 　　　　　　　　日期　　　时间 卷创建[E]：　2007- 2-25　21:48:00 卷修改[G]：　2007- 2-25　21:48:00 卷生效[I]：　2007- 2-25　21:48:00 卷到期[K]：　2007- 2-25　21:48:00 ☑ 设置卷标的创建和修改[Q] ☑ 设置卷标的生效和到期[R] **文件日期** ○ 使用源文件的日期和时间[S] ○ 使用当前日期和时间[P] ◉ 使用该日期[M]：　2007- 2-25　21:48:30

选项卡名称	设置内容
其他	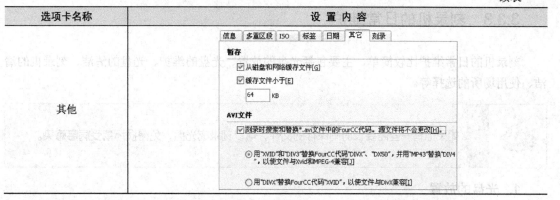

⑤ 完成相关设置后，在设置完"刻录"选项卡下的"写入"选项区后，单击"刻录"按钮，显示数据刻录过程，如图 3-23 所示。

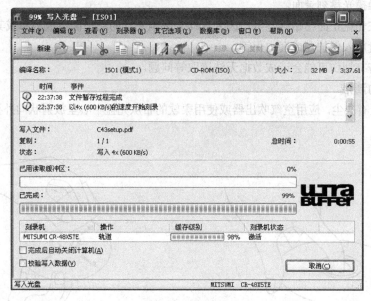

图 3-23　刻录过程

⑥ 刻录结束后，单击"确定"按钮，如图 3-24 所示。

⑦ 其他格式的刻录参见上述方法。

图 3-24　刻录结束

温馨提示　某一刻录任务在进行中，需要占用较大的系统资源，因此在刻录任务未完成之前，暂时不要进行其他操作，否则可能会引起刻录错误，造成刻录失败。

3.3.3 刻录机的日常维护

刻录机的日常维护比较简单，主要包括光盘的放置、光盘的维护、光盘的清洁、刻录机的清洁、使用场所的选择等。

 做一做 如果你有一些需要长时间保存的文件，可以刻录成光盘，免得损坏或受病毒感染。

1. 光盘的放置

（1）将手指插入光盘中央孔并用另外的手指夹住光盘外缘来移动光盘，如图 3-25 所示。

（2）不要将光盘从高处落下，重叠放置，在光盘上放置重物，使光盘遭受冲击。

（3）不要触摸光盘刻录面。

（4）不要在光盘正面粘贴标签等，因为这样会影响光盘的动平衡造成故障或其他问题。

（5）将光盘放入保护盒或套内保管。

（6）光盘若有划伤可能会造成数据无法读取等问题。

2. 光盘的清洁

如果光盘上有灰尘，应用空气吹出器或使用柔软的布从光盘中心呈放射状向外擦拭，如图 3-26 所示。

图 3-25　光盘的提取方法

图 3-26　光盘的清洁

 温馨提示 不论是哪种光盘，它的基础材料都类似于塑料等软性材质，容易受外力、高温、温差剧变的影响而弯曲变形，所以保存光盘的场所要避免强光、高温以及重物挤压。

3. 刻录机的清洁

如要清除灰尘应使用柔软清洁的布，同时要注意不要让水、清洗液等液体进入机体；不要使用混有香蕉水、酒精的溶剂来擦拭刻录机。

4. 使用场所

（1）应避免高湿环境。

（2）应避免低温或高温。

（3）驱动器应避免阳光直射。

（4）避免外部打击带来的损坏。

（5）勿使驱动器掉落，保护其免受剧烈震动。

（6）运行时不要移动驱动器，不要试图用力打开盘架。确保在打开盘架前，关闭所有运行程序，确保始终使用开/关键；运行时不要把销钉插入紧急开口。

（7）不要使用有裂纹、变形或损坏的光盘。

3.3.4 刻录机常见故障排除

刻录机是一种由光学系统、机械系统和电力系统组合而成的复杂设备，在使用中，只要有一处产生问题就会影响其正常使用，有关刻录机的常见故障与解决方法如表 3-7 所示。

表 3-7　　　　　　　　　　　刻录机的常见故障与解决方法

故 障 现 象	原　　因	解 决 方 法
刻录机不能被识别	IDE 线缆的接续不正确	重新接续 IDE 线缆
	接头的针凹陷、弯曲、损坏	更换
	BIOS 中的设定不正确	重新进行正确设置
	跳线器设定不正确	重新设定
	不通电	正确接续电源线
	没有使用附属的刻录软件	使用附属的刻录软件
不能刻录、刻录出错	没有使用附属的刻录软件	使用附属的刻录软件
	光盘规格不符合	使用合适的光盘
	光盘的正反面装错	将光盘正面向上装入
	硬盘容量不够	提高硬盘容量
	缓存欠载保护没起作用	将缓存欠载保护设定为有效
	光盘有划痕或质量有问题	更换光盘
	DMA 的设定没有进行	将 DMA 设为有效
	使用的是已封盘的光盘	更换光盘
读取时发生异常声音	光盘不良	使用其他光盘
	刻录面上贴有薄膜	撕去薄膜
对 DVD 不能进行规定速度的刻录	没有使用合适的光盘	使用合适的光盘
	光盘损伤或质量有问题	更换其他光盘
	发生缓存欠载	刻录时关闭其他软件并停止其他操作
	刻录机传送模式设为 PIO	将 UDMA 设为有效
	使用 40 针 40 芯线缆与主机板连接	使用 Ultra ATA/66（Ultra DMA Mode 4）对应的 40 针 80 芯线缆与主机板连接
DVD-Video 不能播放	没有安装 DVD 播放软件	安装 DVD 播放软件
	DirectX 的版本太旧	升级 Windows 为最新
	显卡驱动太旧	将显卡（VGA 卡）驱动更新为最新版本
DVD 发生读取出错	DVD-ROM 光盘品质不良	使用没有划伤及品质良好的其他光盘
	没有安装 DVD 播放软件	安装 DVD 播放软件
DVD-Video 播放时有干扰（杂音）	声卡不对应 DVD-Video 播放	将使用的声卡驱动更新为最新版本

故 障 现 象	原　　因	解 决 方 法
DVD-Video 播放时图像滞后断续	显卡不对应 DVD-Video 的播放	将显卡驱动升级为最新
	内存不足	增加内存
	光盘有划痕或是质量有问题	更换光盘
不读盘、不识盘、读取速度慢	光盘的正反面装错	将光盘正面向上装入
	光盘有划痕或是质量有问题	更换光盘
	光盘偏心	调整或更换光盘
	没有完成格式化	完成格式化后再使用
有声音但没有图像	分辨率过高	降低分辨率后再播放，或者安装显卡的最新驱动
对 CD-R 光盘不能进行规定速度的刻录	没有使用合适光盘	使用合适光盘
	光盘有损伤或质量有问题	更换其他光盘
	发生缓存欠载	刻录时关闭其他软件并停止其他操作
CD-RW 不能进行规定倍速的刻录	没有使用 Ultra Speed CD-RW 光盘	使用 Ultra Speed CD-RW 光盘
	光盘有损伤或质量有问题	更换其他光盘
	发生缓存欠载	刻录时关闭其他软件并停止其他操作
CD-RW 光盘的数据已消去但仍有刻痕	没关系，这不是问题	CD-RW 光盘只要刻录过，即使消去数据也会留有刻痕
光盘不能追记	刻录软件不同	使用相同的刻录软件
	其他刻录机刻录过的光盘	使用本机刻录过的光盘
	光盘的空余容量不够	使用新的光盘
	光盘刻录后已封盘	用 Disk At Once 或 Track At Once
	上次刻录时已将光盘设定为不能追记	使用新的光盘
	光盘有划痕或质量有问题	更换光盘
播放音乐 CD 时外部扬声器没有声音	扬声器与计算机没有正常连接	正确连接设备

习　　题

1. 如何安装 U 盘驱动程序？如何从计算机上拔去 U 盘？

2. 如何对移动硬盘进行分区操作？

3. 移动硬盘使用和维护中应注意哪些事项？

4. 比较各种不同的刻录机在性能上有什么差别。

5. 刻录软件 Nero 可以刻录哪些数据格式？

6. 如何维护和清洁光盘？

第4章 办公打印设备

打印设备是计算机最主要的外部硬件设备之一。随着计算机技术的发展和用户需求的增长，尤其是近年来，打印技术取得了重大突破，各种新型的打印机应运而生，一改以往针式打印机一统天下的局面。目前有针式打印机、喷墨打印机和激光打印机 3 种主流产品和专业图片打印机，各自发挥着其优点，满足各种不同用户的需要。

针式打印机是一种早期的打印设备，以其结构简单、操作方便、耗材低廉等优点，一度占据打印机市场。但是随着喷墨打印机、激光打印机的使用，针式打印机在很多方面已经无法满足需要，有逐渐退出市场的趋势，现在只是在一些对打印要求不高的场合使用，如银行、医疗、电信等。本章主要介绍喷墨打印机、激光打印机。

在本书中着重以喷墨打印机和激光打印机为例来介绍打印机的使用和维护。

（1）目前市场上主要有哪些类型的打印机，各有什么特点？
（2）早期的针式打印机主要有哪些品牌？了解其基本结构和打印操作方法。

4.1 喷墨打印机

打印机是把已经编辑修改好的文字、图片、图表、照片等打印到纸上，用来实现电子文件向纸质文件转换，是计算机的一种输出设备。本节以 EPSON C61 打印机为例介绍喷墨打印机的使用与维护。

目前市场上主要有哪些品牌的喷墨打印机？选择其中的 1～2 种，观察与本书中介绍的打印机有什么不同。了解打印机的工作原理。

4.1.1 喷墨打印机的外部结构

EPSON C61 打印机外部主要有前板控制按钮和指示灯，后面有连接端口，内部主要有墨盒、传感器等，如表 4-1 所示。

表 4-1   HP Deskjet 打印机的外形结构

部 位 名 称	结构示意图
前侧面	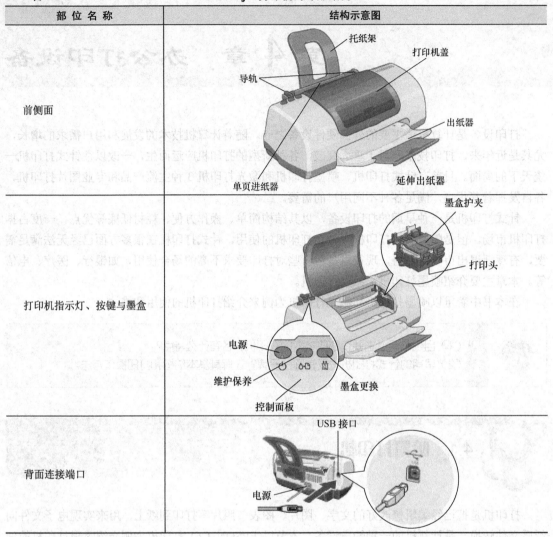
打印机指示灯、按键与墨盒	
背面连接端口	

4.1.2 喷墨打印机的基本使用

使用打印机是一项综合性的工作，它包括安装打印机部件、连接打印机、安装打印机驱动程序、设置打印机打印属性和使用打印机打印文档。

1. 安装打印机硬件和软件

 实训园地   小王的打印机在一次打印中出现空白页，检查发现墨盒没有墨水了，请帮助他安装新墨盒。

（1）安装打印机纸架。将打印机纸架装入打印机后侧的插槽中，如图 4-1 所示。

（2）安装墨盒。

① 按下电源开关，打开打印机电源，如图 4-2 所示。

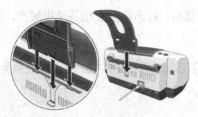

图 4-1　安装打印机纸架

图 4-2　按下电源开关

② 打开墨盒舱盖，然后按下 ◊·🗋 键后墨盒自动移动到舱口，如图 4-3 所示。
③ 打开墨盒盖，取出旧墨盒，如图 4-4 所示。

图 4-3　移动墨盒到舱口

图 4-4　打开墨盒盖

温馨提示

因为墨水具有流动性，容易渗漏，在墨水未用完之前，不要取出墨盒。

④ 除去墨盒上的封条，如图 4-5 所示。

图 4-5　除去墨盒封条

⑤ 将墨盒喷口朝下装入墨盒，如图 4-6 所示。
⑥ 盖上墨盒盖，如图 4-7 所示。

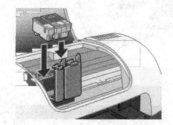

图 4-6　装入墨盒

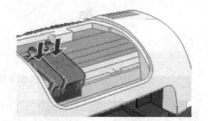

图 4-7　盖上墨盒盖

⑦ 关闭墨盒盖，按 ◊·🗋 键，墨盒自动复位。

打印机开始充墨。此过程大约花费 2.5min，充墨时，打印机会发出各种机械声，这是正常的。当绿灯停止闪烁时，充墨完成。

温馨提示

（1）首次充墨时，为了保证高质量的打印输出，打印机中的打印头将被完全充墨，这将会消耗一部分墨水。
（2）充墨时切勿关闭打印机电源。
（3）充墨未完成前，不要装入打印纸。

（3）连接打印机。部件安装完毕后，要将打印机连接到计算机并安装打印机驱动程序。

打印机与计算机的连接有两种方式：并行端口连接和 USB 接口连接。

- 使用并行端口连接。将并行端口连接线（见图 4-8）一端插入打印机并行连接端口，另一端插入计算机后面的并行打印输出端口（LPT1）。

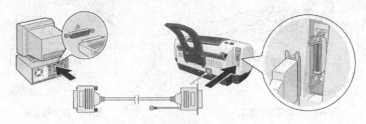

图 4-8　并行端口连接线

- 使用 USB 接口连接。将 USB 接口连接线（见图 4-9）方形一端插入打印机 USB 连接口，另一端插入计算机后面的 USB 输出接口。

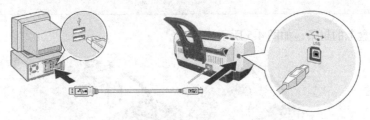

图 4-9　USB 接口连接线

- 将产品中提供的电源连接线或电源适配器一端连接打印机电源输入端，另一端插入电源插座，如图 4-10 所示。

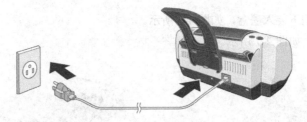

图 4-10　电源连接

做一做

小王将打印机与计算机连接好以后，系统提示需要安装驱动程序，请告诉他驱动程序应如何安装。

（4）安装驱动程序和应用软件。当完成安装打印机的部件和正确地连接打印机以后，使用打印机必须安装驱动程序和附带的应用软件。由于产品的不同，驱动程序的安装方法较多，有的打印机产品中提供安装光盘，有的只要使用操作系统内置的打印机驱动文件就可以了，不管使用哪种安装方法，过程相似。在此介绍 EPSON C61 驱动程序的安装方法，其安装步骤如下。

① 确保关闭打印机，将打印机软件光盘插入光驱中。出现"EPSON 安装程序"对话框，如图 4-11 所示，如果未出现安装程序对话框，则可双击光盘中的"SETUP.EXE"文件。

② 选择安装软件，然后单击 按钮，显示图 4-12 所示对话框。单击"安装"按钮，将安装"打印机驱动"、"EPSON STATUS MONITOR 3"、"EPSON 故障排除程序"等。建议安装所有的内容。

图 4-11 "EPSON 安装程序"对话框

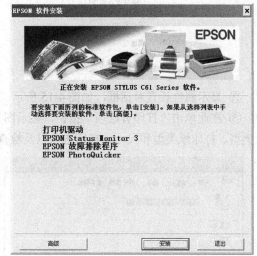

图 4-12 "EPSON 软件安装"对话框

温馨提示 完成硬件首次安装过程时，"发现新硬件"向导将自动启动安装程序，可以按向导的提示完成相关安装构成。

③ 接通打印机电源。

当打印机的驱动程序完成以后，按下打印机上的电源开关，接通打印机，系统检测到打印机并安装必要的文件，完成后就可以使用打印机。

（5）删除驱动程序。如果更换了其他型号的打印机或者打印机出现驱动程序上的问题，就要删除打印机驱动程序，操作方法如下。

通过"开始"菜单，打开"打印机和传真"窗口（或通过控制面板打开"打印机和传真"窗口），找到要删除的打印机型号，用鼠标右键单击该图标，弹出图 4-13 所示快捷菜单，选择"删除"命令，按默认操作删除打印机。

练一练 按照此处介绍的方法，练习驱动程序的安装过程，安装结束后再将它删除。

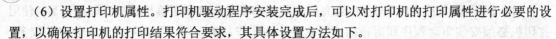

（6）设置打印机属性。打印机驱动程序安装完成后，可以对打印机的打印属性进行必要的设置，以确保打印机的打印结果符合要求，其具体设置方法如下。

① 在"打印机和传真"窗口中的打印机图标上单击鼠标右键，弹出图 4-14 所示快捷菜单，选择"属性"命令。

图 4-13　快捷菜单

图 4-14　快捷菜单

② 显示属性设置对话框，如图 4-15 所示。

③ 在此单击"打印首选项"按钮，显示图 4-16 所示对话框。通过"主窗口"选项卡设置质量类型、打印纸类型和尺寸、打印方向以及检查墨水余量等。

图 4-15　属性设置对话框

图 4-16　"主窗口"选项卡

温馨提示

（1）由于打印机型号不同，属性设置可能也不同。

（2）在练习中，只要做出项目的比较，一般不要去更改其属性项目，否则会影响实际的打印结果。

④ 选择"版面"选项卡，如图 4-17 所示，可以设置版面方式、打印份数、多合一打印、海报打印以及检查打印水印等。

练一练

练习在计算机中安装打印机，了解属性的相关设置，并与书中介绍进行比较。

图 4-17　"版面"选项卡

2. 打印

必要的设置工作完成以后，就可以进行打印任务的操作。

　小王手上有一些宣传资料要邮寄，需要书写大量的信封，他认为手工书写可能出错，你能用打印机来打印这些信封吗？

（1）安装打印纸。

① 调整左导轨，使之向左移动，装入打印纸，如图 4-18 所示。

② 按住锁定钮并滑动导轨至纸叠处，延伸出纸器，如图 4-19 所示。

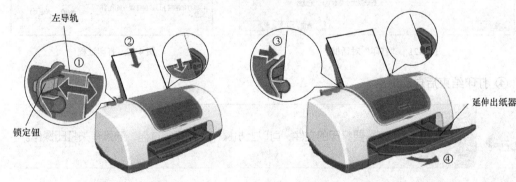

图 4-18　调整左导轨和装入打印纸　　　　图 4-19　滑动导轨和延伸出纸器

（2）从应用程序中打印文档。计算机应用程序都支持打印机的打印操作，下面以 Word 为例介绍如下。

① 如图 4-20 所示，在 Word 中选择"文件"→"打印"命令。

② 显示"打印"对话框，如图 4-21 所示。在此可以对打印机属性进行设置，以符合文档要求。

- 如果计算机上安装了多台打印机，则通过"名称"下拉列表框选择需要的打印机。
- 通过"页面范围"选项区可以选择需要打印的范围或选择特定的页码。
- 通过"份数"数据框可以选择需要打印文档的份数和打印次序。
- 通过"打印"下拉列表框可以选择需要打印的是整篇文档还是奇数页或偶数页。如果需

要双面打印，则首先打印奇数页，完成后再将打印纸翻转装入，选择打印偶数页。

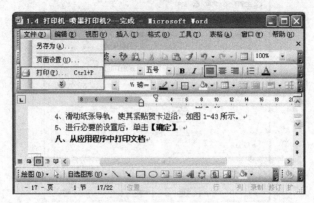

图 4-20　在应用程序中打印

③ 设置完成后，单击"确定"按钮显示图 4-22 所示打印过程并开始打印。

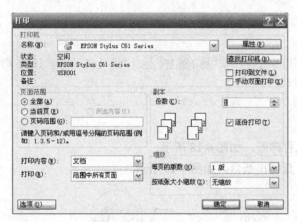

图 4-21　"打印"对话框

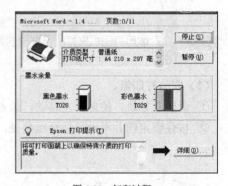

图 4-22　打印过程

④ 打印结束后自动退出。

练一练　如果你手上有需要打印的文件，可以上机操作具体打印过程，熟悉有关打印操作。

（3）特殊打印。如果有特殊的打印要求，可以在图 4-17 所示的"版面"选项卡中选择。

① 缩放打印：该功能可以将文档按指定的比例缩小或放大打印。

- 选择"输出打印纸尺寸"单选钮，可以将文档按输出打印纸大小缩放打印，如图 4-23 所示。
- 选择"百分比"单选钮，可以将文档按指定的比例缩放打印，如图 4-24 所示。

图 4-23　按打印纸尺寸缩放打印

图 4-24　按指定比例缩放打印

实训园地 打印机除常用的文本文档的打印外,还可以进行一些特殊要求的打印,如打印数码照片、海报、标签等,请上机操作进行特殊打印,了解完成这些打印时属性的设置。

② 多合一打印:该功能可以将文档按指定的每张纸打印页数进行打印,有"二合一"、"四合一"打印两种。

- 需要二合一打印时,指定页数为"2",如图 4-25 所示。
- 需要四合一打印时,指定页数为"4",如图 4-26 所示。

图 4-25　二合一打印　　　　　　　　图 4-26　四合一打印

- 需要"打印页边距"时,选择"打印页边距"复选框。
- 如果要变换打印的页序,单击"页顺序"按钮,弹出"打印版面"对话框,如图 4-27 所示,图 4-27(a)所示为"二合一"打印,图 4-27(b)所示为"四合一"打印。选择后单击"确定"按钮。

　　　　　　(a)　　　　　　　　　　　　(b)

图 4-27　页顺序选择

③ 打印海报:该功能可以将文档放大到海报的格式进行打印,有"2×2"、"3×3"和"4×4"3 种格式,如图 4-28 所示。

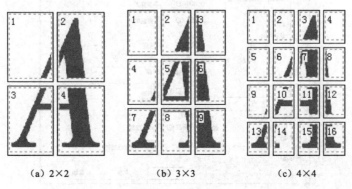

　　(a) 2×2　　　　　　(b) 3×3　　　　　　(c) 4×4

图 4-28　打印海报

④ 打印水印：该功能就是在打印文档的背景上附加一些特殊的文本或图片，以增强效果，如图 4-29 所示。

图 4-29　打印水印

- 单击"设置"按钮，弹出"水印"对话框，如图 4-30 所示，在此可以对水印的位置、浓度、尺寸、水印文本和颜色进行设置，设置完毕后单击"确定"按钮。

 实训园地　编辑一个自己认为有特色的水印，可以是文本或图片，并将它应用到自己的文档上。

- 如果要改变水印文本，单击"添加/删除"按钮，进入"用户自定义水印"对话框，如图 4-31 所示。

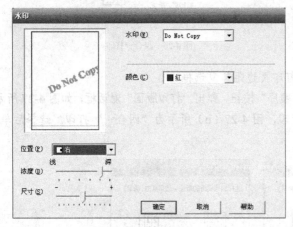

图 4-30　水印效果设置

图 4-31　"用户自定义水印"对话框

➢ 在"命名"文本框中输入文本，单击"保存"按钮，再单击"确定"按钮退出水印文本编辑，在"水印"下拉列表框中出现编辑后的水印文本，如图 4-32 所示。

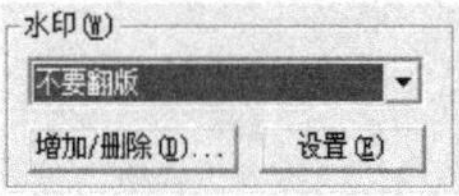

图 4-32　编辑后的水印

➢ 再次单击"设置"按钮，进入"水印"对话框，如图 4-33 所示。在此除了对水印的位置、浓度、尺寸、水印文本和颜色进行设置外，还可以对文本的字体、类型和方向进行设置，设置完毕后单击"确定"按钮。

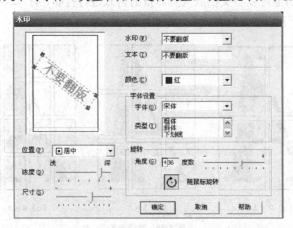

图 4-33　编辑水印

4.1.3 喷墨打印机的日常维护

打印机长时间使用后，会产生各种各样的问题，做好日常维护工作是保证打印机正常工作和延长打印机使用寿命的有效方法。打印机的日常维护包括更换墨盒、维护墨盒、打印机机身的维护和清除打印机卡纸。

 做一做 启用自动关闭功能可使打印机在闲置 30 分钟后切换到低耗、节能的模式下，方法是转至"打印机维护"→单击"配置打印机"按钮→单击"配置"按钮→选择"激活硬件自动关闭功能"→单击"应用"按钮→单击"确定"按钮。

1. 更换打印机墨盒

更换墨盒前首先要知道墨盒中的墨水是否用完，可以通过以下几个途径来了解打印机墨水余量。

（1）检查墨水余量。

① 在打印机驱动光盘上，一般还同时提供一个打印机工具软件，它可以用于检测墨水余量。

② 在打印机上，有一个墨盒状态指示灯，正常时该灯熄灭；当墨水不足时亮起；当墨水没有时闪烁。

③ 在打印文档过程中，一般会显示一个打印进度对话框，在该对话框上有墨水余量图标，如果在图标上出现⚠图标，表示该墨盒墨水不足，如图 4-34 所示；如果出现✖图标，表示该墨盒没有墨水，则必须更换墨盒。

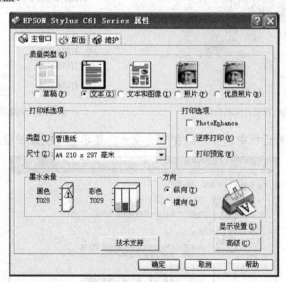

图 4-34 查看墨水余量

④ 打开"打印机和传真"窗口，用鼠标右键单击打印机图标，在弹出的快捷菜单中选择"属性"命令，显示打印机属性对话框，在对话框中单击"打印首选页"按钮，在此也可以查看墨水余量。

⑤ 如果打印机在正常的情况下无法完成打印操作，可能是墨盒中没有墨水。

（2）更换墨盒（方法与安装墨盒相同，请参见安装墨盒）。

2. 手动清洁打印机墨盒

如果在多尘环境中使用打印机，则可能会有少量尘屑堆积在打印机墨盒的触点上，可以手动清洁打印机墨盒。

① 按下电源按钮打开打印机电源，然后抬起打印机顶盖。

② 卸下打印机墨盒并将它们放在一张纸上，喷嘴底盘朝上。

③ 用蒸馏水稍微浸湿棉签，并从棉签挤出多余的水分。

④ 用棉签擦拭打印机墨盒的铜触点。

⑤ 装回打印机墨盒。

 温馨提示 （1）切勿将打印机墨盒放在打印机外超过30min。
（2）切勿触摸打印机墨盒的墨水喷嘴。触摸墨水喷嘴会导致墨水阻塞、不喷墨和电路接触不良。
（3）不要清洁打印机内部。

3. 清洁打印机内部

如果墨水泄漏到打印机内部，用一块干净的软布擦拭打印机内部，如图4-35所示。

4. 使用打印机维护软件

（1）自动清洗打印墨盒。如果打印质量下降，例如打印字迹不清晰、不完整，可能是由于打印头堵住，需要清洗。

① 进入打印机维护程序。

- 用鼠标右键单击屏幕右下角的 图标，显示图4-36所示快捷菜单，选择进行"喷嘴检查"、"打印头清洗"和"打印头校准"。

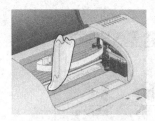

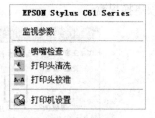

图4-35 擦拭打印机内部　　　　　　　　　图4-36 快捷菜单

- 在打印机属性对话框中选择"维护"选项卡，显示打印机维护程序，如图4-37所示。

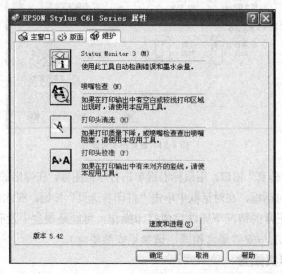

图4-37 打印机维护程序

② 单击第3项"打印头清洗"按钮，显示图4-38所示"打印头清洗"对话框。单击"开始"

按钮进入打印头清洗程序。

③ 完成后可以根据需要打印测试页。对照图 4-39 所示测试页决定是否需要再次清洗。

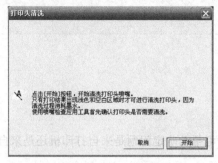

图 4-38 "打印头清洗"对话框

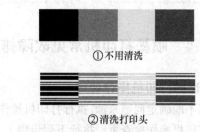

① 不用清洗

② 清洗打印头

图 4-39 打印测试页

 温馨提示
（1）清洗打印头会消耗一些墨水。
（2）也可以按下打印机上的维护保养按键 3s 进行清洗。
（3）更换墨盒后会自动清洗。

（2）打印头校准。当打印质量下降，例如字体不对齐、倾斜等时，需要校准打印头。

① 单击打印机属性对话框中的第 4 项"打印头校准"按钮，显示图 4-40 所示"打印头校准"对话框，单击"下一步"按钮。

② 打印测试页进行检查，如果出现图 4-41 所示图案则进行打印头校准。

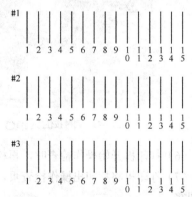

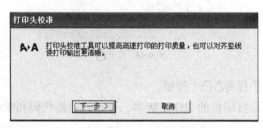

图 4-40 "打印头校准"对话框

图 4-41 测试页图案

③ 单击"打印头校准"按钮，在出现的"打印头校准"对话框中进行设置，如图 4-42 所示。

④ 单击"确定"按钮，打印测试页进行检查。

5. 维护打印机机身

用蘸水的柔软湿布除去打印机外部的污迹、污点和（或）已干的墨水，蘸水的柔软湿布要拧干，以免水滴入打印机中。

6. 清除卡纸

本打印机卡纸主要发生在进纸通道上，发生卡纸时，关闭打印机电源，小心清除卡纸，注意不要将任何纸屑残留在进纸通道上。

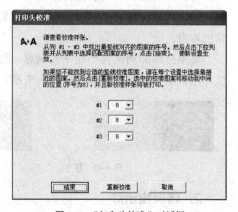

图 4-42 "打印头校准"对话框

做一做 如果在打印操作中产生卡纸现象，查看卡纸部位，并清除卡纸，同时将这一过程记录下来，以便积累第一手资料。

4.1.4 喷墨打印机常见故障排除

1. 运行打印机操作检查

如果不能确定问题来源，执行打印机操作检查可帮助确定问题是来自打印机还是来自计算机。要打印打印机操作检查页，执行下列步骤。

（1）如果使用并行接口，确保打印机和计算机关闭。如果使用 USB 接口，确保计算机打开并且打印机关闭。

（2）从打印机的接口连接器中断开电缆。

（3）确保进纸器中装有 A4 或 Letter 尺寸的打印纸。

（4）按住"维护保养▲·🖹"按键并按"电源🔘"按键打开打印机，如图 4-43 所示。

（5）然后仅松开"电源🔘"按钮，如图 4-44 所示。

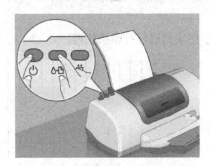

图 4-43　同时按住▲·🖹与🔘　　　　　　　　　　图 4-44　松开🔘

（6）打印机开始操作检查时，再松开"维护保养▲·🖹"按键。

（7）打印机将打印出操作检查页，其中包括打印机的 ROM 版本、墨量计数器代码和喷嘴检查图案。

将打印的测试页的质量与如图 4-45 所示的样本比较。如果没有打印质量问题，则打印机本身是好的，问题可能存在于打印机软件设置、应用程序设置、接口电缆（务必使用屏蔽电缆）或计算机本身。

如果打印的测试页不能令人满意，则打印机有问题。如果检查图案中出现如图 4-46 所示的条纹，则说明喷嘴可能堵塞或打印头失准。

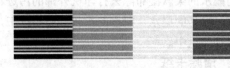

图 4-45　样本　　　　　　　　　　　　　　　图 4-46　问题图案

2. 错误指示灯

在打印机上，设有一些专门的指示灯，用于告知使用者打印机目前的状态。有关指示灯的错误显示及解决方法如表 4-2 所示。

表 4-2   指示灯的错误显示与解决办法

指 示 灯	问 题	具体问题及解决办法
● ◊·▯	缺纸	打印机中未装入打印纸
		在送纸器中装入打印纸,然后按下◊·▯维护按键,打印机恢复打印且指示灯灭
● ◊·▯	夹纸	打印纸夹在打印机中
	夹纸	按◊·▯维护按键,退出夹住的打印纸,如果不能消除错误,则打开打印机盖,取出其中所有的打印纸,包括所有碎纸片,然后在送纸器中重新装入打印纸,并按◊·▯维护按键恢复打印
☀ ◊·▯	少墨	黑色或彩色墨盒近空
		准备好更换的黑色(T038)或彩色(T039)墨盒。要确定哪个墨盒近空,可使用 EPSON Status Monitor 3
● ◊·▯	墨尽	黑色或彩色墨盒已空或未安装
		用新的墨盒更换此黑色(T038)或彩色(T039)墨盒
○ ⏻ ● ◊·▯	字车错误	打印头字车夹纸或其他异物阻塞,不能返回初始位置
		关闭打印机,打开打印机盖,用手从走纸通道中取出打印纸或其他阻塞物,然后再打开打印机
☀ ⏻ ☀ ◊·▯	未知的打印机错误	已发生未知的打印机错误

3. 故障排除

打印机的故障种类较多,包括打印机不打印、卡纸、纸张问题、打印质量不好、文档打印错误、照片未正确打印、无边界打印问题、条幅未正确打印、错误信息、打印机指示灯亮起或闪烁、打印机速度慢、自动双面打印问题。详细的故障现象和解决方法如表 4-3 所示。

  有一打印机打印结果字符变淡,字符的笔画变宽而且模糊,这是什么原因?

表 4-3   喷墨打印机故障现象和解决方法

故 障 现 象	原 因	解 决 方 法
缺纸信息	没有纸	纸盘中有足够的纸张(至少 10 张)
	纸过多	取出部分纸张
	放置不对	查看纸叠是否碰触纸盘的后部
写入 USB 接口时出错	USB 接口连接错误	正确连接到计算机 USB 接口
写入 LPT1 时出错	尚未连接电缆	连接电缆
打印机没有响应	USB 电缆过长	缩短 USB 电缆
打印机弹出纸张	因打印机放置在直射的阳光下,使自动纸张传感器受到影响	调整打印机位置
	选择"自动"	选择一种纸张类型
	正在进行颜色校准	安装三色和照片打印墨盒
	正在打印无边界文档,"继续指示"灯和"打印墨盒状态"指示灯不停闪烁	遵循无边界打印准则
条纹和丢失线条	墨水量不足或者需要清洁打印墨盒	更换墨盒,清洁打印机

故 障 现 象	原 因	解 决 方 法
打印变淡	未安装黑色打印墨盒	安装黑色打印墨盒
	墨水量不足	更换打印墨盒
	墨盒上的塑料保护带未撕下	撕下打印墨盒上的塑料保护带
	打印质量选择欠佳	选择更佳的打印质量
打印空白页	墨盒上的塑料保护带未撕下	撕下打印墨盒上的塑料保护带
	墨盒用完	更换打印墨盒
墨水太多或太少	墨水量和晾干时间不够或太长	调整墨水量和晾干时间
	墨水量淡、浓设置不合理	重新设置
文本和图像未对齐	打印机不准	校准打印机
偏离中心或倾斜	纸张放置位置错误	正确放入进纸盘或可选下层纸盘中
	纸张导轨没有紧贴纸张	重新调整
	偶然错误	重新打印文档
部分文档丢失、位置错误	打印机属性设置不正确	正确设置打印机属性
打印的信封倾斜	放置方式不对	先滑入信封内的封口，然后将它们放入打印机
	纸张导轨没有紧贴信封	重新调整
	偶然错误	重新打印信封
打印输出不反映新的打印设置	默认设置可能与应用软件的打印设置不同	在应用软件中选择适当的打印设置
照片未正确打印，颜色浅或不正确	原稿放置不对	将纸盘、照片纸打印面朝下放在进纸盘中
	打印机属性设置不正确	正确设置打印机属性
	打印机不准	校准打印头
打印输出的边沿颜色变淡	相纸卷曲	平整相纸
打印边沿旁边颜色变淡	未安装照片打印墨盒	安装照片打印墨盒
	打印机属性设置不正确	正确设置打印机属性
打印速度慢	打开多个软件应用程序	关闭其他应用程序
	资源不足	增加计算机资源
	文档太复杂	整理文档
	选择了最佳或最大分辨率打印质量	重新设置
	打印机驱动程序已过时	更新打印机驱动程序
	启用自动纸张类型选项	去除自动纸张类型选项
	正在打印双面文档	不是故障
水平条纹	装纸不正确	打印面朝上装入送纸器中
	介质类型不适合	装入合适的介质类型
	自定义设置不正确	重新设置
	墨盒墨水用完	更换相应的墨盒
	没有选择最小页边距设置	重新设置
	打印头不准	运行打印头校准应用工具
垂直失准或条纹	装纸不正确	打印面朝上装入送纸器中
	打印头不准	运行打印头校准应用工具
	选中"高速"复选框	清除高级对话框中的"高速"复选框
	喷嘴堵塞	运行打印头清洗应用工具清洁堵塞的喷嘴
	介质类型不适合	装入合适的介质类型

故障现象	原因	解决方法
色彩间隙	如果打印纸未损坏、未弄脏或不太陈旧，则是装纸不正确	更换打印纸或打印纸可打印面朝上装入送纸器中
	喷嘴堵塞	运行打印头清洗应用工具清洁堵塞的喷嘴
	墨盒墨水用完	更换相应的墨盒
	色彩设置不合理	在应用程序或打印机软件调整色彩设置
	未选择文本和图像设置	选择文本和图像设置
	介质类型不适合	装入合适的打印机中的介质类型
色彩错误或丢失	墨水设置不适合	将打印机软件中的墨水设置更改为彩色
	色彩设置不合理	在应用程序或打印机软件调整色彩设置
	打印头不准	运行打印头校准应用工具
	彩色墨盒、黑色墨盒不对	更换彩色墨盒、黑色墨盒
	使用过期墨盒	更换墨盒
打印输出模糊或污损	驱动程序不合适	使用适合此打印机的驱动程序
	打印机放置有问题	确保打印机放在平稳表面上
	如果打印纸未损坏、未弄脏或不太陈旧，则是装纸不正确	更换打印纸或将可打印面朝上装入送纸器中
	未选择文本和图像设置	选择文本和图像设置
	打印纸打印面卷曲	平整卷曲的打印纸
	喷嘴堵塞	运行打印头清洗应用工具清洁堵塞的喷嘴
	打印头不准	运行打印头校准应用工具
	可能是墨水泄漏到打印机内部	用一块干净的软布擦拭打印机内部

4.2 激光打印机

激光打印机结构比喷墨打印机要复杂，是一种光、电、机一体和高度自动化的计算机输出设备。其主要特点是打印噪音低、速度块、打印质量高。

本书以 Brother 激光打印机为例介绍激光打印机的使用与维护。

> **查一查** 到目前为止，市场上主要有哪些品牌的激光打印机，外形结构怎样？并了解它们的工作原理。

4.2.1 激光打印机的外部结构

激光打印机的外部结构如表 4-4 所示。

> **实训园地** 小王发现公司新配置的激光打印机与原有的喷墨打印机在外形、结构上有很大的区别，查看激光打印机的结构特点。

表 4-4 **Brother 激光打印机的外部结构**

部 位 名 称	结 构 示 意 图
右侧面	
后侧面	
状态指示灯	

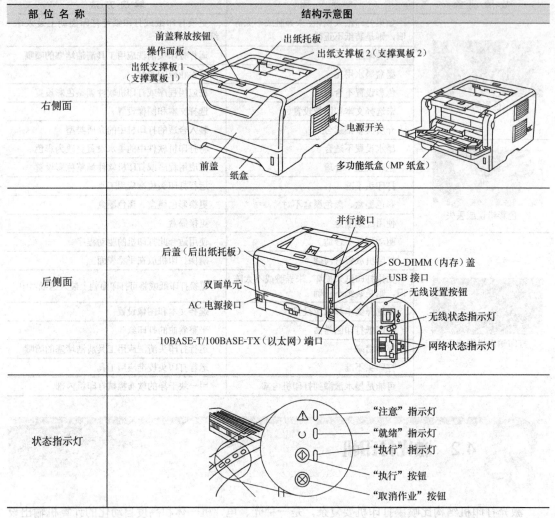

4.2.2 激光打印机的基本使用

激光打印机的使用与喷墨打印机的使用方法基本相同，包括打印机的连接、驱动程序的安装、打印操作等。同时激光打印机有其自身的特殊性，在使用中与喷墨打印机有不同的地方。

1. 驱动程序安装与卸载

（1）在随机附带的光盘中，有适用于不同操作系统的打印机驱动程序。

（2）卸载驱动程序。

① 单击"开始"按钮，单击"所有程序"→"Brother"，然后选择打印机名称。

② 单击"卸载"。

③ 随后按屏幕提示执行操作。

2. 安装和更换打印机墨盒

（1）打开前盖，如图 4-47 所示。

（2）取出硒鼓单元和墨粉盒组件，如图 4-48 所示。

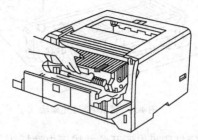

图 4-47 打开前盖   图 4-48 取出硒鼓单元和墨粉盒组件

（3）按下蓝色锁杆并将墨粉盒从硒鼓单元中取出，如图 4-49 所示。

（4）打开新墨粉盒的包装，双手握住墨粉盒并轻轻地晃动数次以使墨粉盒内部的墨粉均匀分布，如图 4-50 所示。

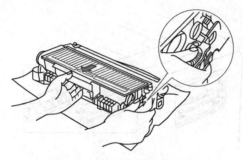

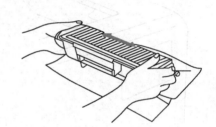

图 4-49 从硒鼓单元中取出墨粉盒   图 4-50 晃动墨粉盒

（5）拆下保护盖，如图 4-51 所示。

（6）将新墨粉盒牢固地装入硒鼓单元，直到卡入正确位置并发出声响。安装正确时，锁定杆会自动抬起，如图 4-52 所示。

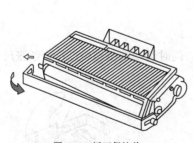

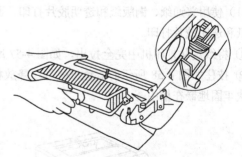

图 4-51 拆下保护盖   图 4-52 墨粉盒装入硒鼓

（7）左右轻轻滑动蓝色滑块数次，清洁硒鼓单元内部的主电晕丝，如图 4-53 所示。

（8）将硒鼓单元和墨粉盒组件装回打印机。合上前盖，如图 4-54 所示。

3. 安装扩展内存

HL-5344D 打印机有 16MB 标准内存和一个用于安装选配扩展内存的插槽。可以通过安装双重内嵌式内存模块（SO-D! MM）将内存扩展至 528MB，以便打印机在打印大文件格式时提高打印速度。安装扩展内存步骤如下。

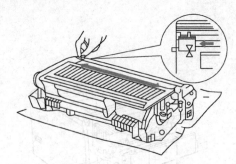

图 4-53　清洁硒鼓主电晕丝

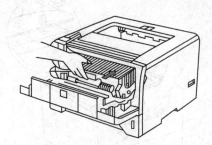

图 4-54　硒鼓和墨粉盒装回打印机

（1）关闭打印机电源开关并拔下电源插头。断开打印机的接口电缆。

（2）拆下内存盖，如图 4-55 所示。

（3）拆开内存的包装并握住它的边缘。

（4）握住内存的边缘并将内存的凹槽与插槽内的突出部位对齐。斜插入内存（1），然后朝接口板倾斜直到插入到位（2），如图 4-56 所示。

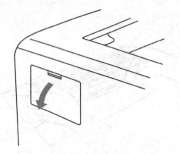

图 4-55　拆下内存盖

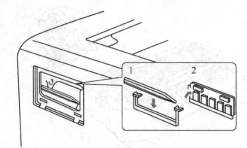

图 4-56　插入扩展内存

（5）装回内存盖。

（6）重新将接口电缆连接至打印机。将打印机重新插上电源并打开电源开关。

4. 使用打印机

（1）使用普通纸、铜版纸和透明胶片打印。通过纸盒 1、纸盒 2 或纸盒 3 进纸，使用普通纸、铜版纸和透明胶片打印。

① 将纸盒从打印机中完全拉出，如图 4-57 所示。

② 按住如图 4-58 所示的蓝色纸张导块释放杆（1），同时滑动纸张导块以符合纸张尺寸，确保导块牢固地嵌在槽中。

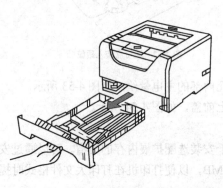

图 4-57　拉出纸盒

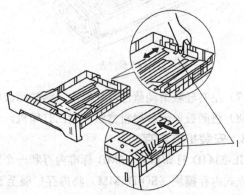

图 4-58　按住纸张导块释放杆

③ 在纸盒中放入纸张，并确保纸张位于纸盒中的最大纸张容量标记之下。纸张打印面必须朝下，如图 4-59 所示。

④ 将纸盒牢固地推入打印机，确保其完全装入打印机中。

⑤ 抬起支撑翼板以防止纸张从出纸托板中滑落，或者在打印后立即取出每张纸，如图 4-60 所示。

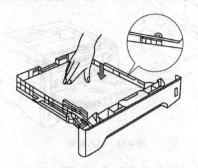
图 4-59　放入纸张

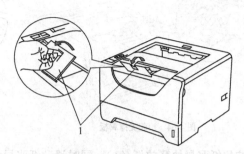
图 4-60　抬起支撑翼板

⑥ 在打印机驱动程序中设置纸张大小、介质类型、纸张来源等，如图 4-61 所示。

图 4-61　打印设置

通过多功能纸盒进纸，使用普通纸、铜版纸或透明胶片打印。

① 打开多功能纸盒并轻轻将其放下，如图 4-62 所示。

② 拉出多功能纸盒支撑翼板（1），如图 4-63 所示。

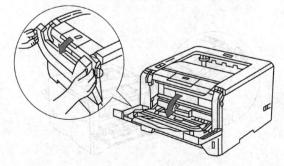
图 4-62　打开多功能纸盒

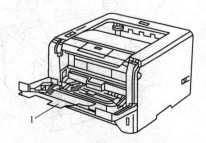
图 4-63　拉出多功能纸盒支撑翼板

③ 抬起支撑翼板以防止纸张从出纸托板中滑落，或者在打印后立即取出每张纸，如图 4-64 所示。

④ 将纸张装入多功能纸盒。确保纸张位于纸盒两侧的最大纸张容量标记之下。打印面必须朝上，且应先将前缘（纸张顶部）送入，如图 4-65 所示。

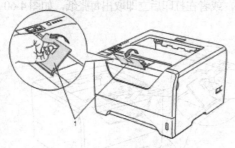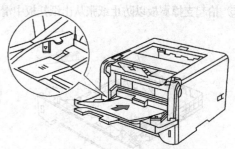

图 4-64　抬起支撑翼板　　　　　　　　　　　　　图 4-65　装入纸张

⑤ 按住纸张导块释放杆（1），同时滑动纸张导块以符合纸张尺寸，如图 4-66 所示。

⑥ 在打印机驱动程序中设置纸张大小、介质类型、纸张来源等，如图 4-61 所示。

以上步骤完成后，即可使用打印机进行打印操作。

（2）使用厚纸、标签和信封打印。若要使用厚纸、标签或信封打印时，拉下后出纸托板时，打印机内将形成一个从多功能纸盒通向打印机背面的直通式送纸通道。

① 打开后盖（后出纸托板），如图 4-67 所示。

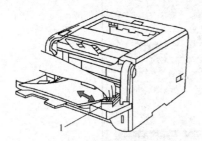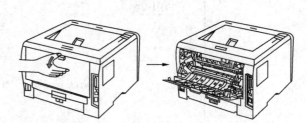

图 4-66　按住纸张导块释放杆　　　　　　　　　　图 4-67　打开后盖

② 拉下左右两侧的灰色锁定杆，如图 4-68 所示。

③ 打开多功能纸盒并轻轻将其放下，如图 4-69 所示。

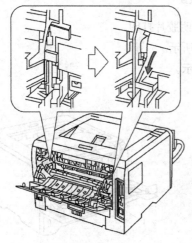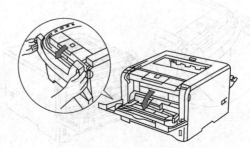

图 4-68　拉下锁定杆　　　　　　　　　　　　　　图 4-69　放下多功能纸盒

④ 拉出多功能纸盒支撑翼板，如图 4-70 所示。

⑤ 将纸张装入多功能纸盒，确保纸张位于纸盒中的最大纸张容量标记之下，如图 4-71 所示。

⑥ 按住纸张导块释放杆，同时滑动纸张导块以符合纸张尺寸，如图 4-72 所示。

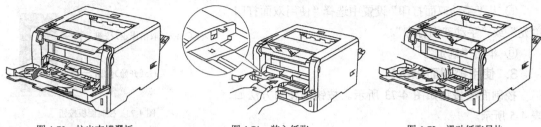

图 4-70 拉出支撑翼板 　　　　图 4-71 装入纸张 　　　　图 4-72 滑动纸张导块

⑦ 在打印机驱动程序中设置纸张大小、介质类型、纸张来源等，如图 4-61 所示。

4.2.3 激光打印机的特殊使用

1. 双面打印

（1）手动双面打印。使用纸盒进行手动双面打印。

① 在打印机驱动程序中选择基本选项卡，从"双面打印/小册子打印"设置中选择"双面打印"作为打印模式，然后从"基本"选项卡中"选择纸盒 1"作为纸张来源。

② 单击"双面打印设置…"按钮，双面打印设置界面将显示。

③ 从"双面打印模式"设置中选择"手动双面打印"，然后单击计算机屏幕上的"确定"。

④ 将打印数据发送到打印机。打印机首先将在纸张的一面自动打印所有的偶数页。

使用多功能纸盒进行手动双面打印

① 在打印机驱动程序中选择"基本"选项卡，从"双面打印/小册子"打印设置中选择"双面打印"作为打印模式，然后从"基本"选项卡中选择"多功能纸盒"作为纸张来源。

② 单击"双面打印设置…"按钮，"双面打印设置"界面将显示。

③ 从"双面打印"模式设置中选择"手动双面打印"，然后单击计算机屏幕上的"确定"。

④ 使要先打印的页面朝上，将纸张放入多功能纸盒。将打印数据发送到打印机。打印机首先将在纸张的一面自动打印所有的偶数页。

⑤ 将已打印的偶数页从出纸托板中取出，然后按同样的顺序，放回纸盒中，使要打印面（空白面）朝下。按照计算机屏幕上的提示执行操作。

⑥ 打印机将在纸张的另一面自动打印所有的奇数页。

（2）自动双面打印。

① 打开打印机驱动程序中的"属性"对话框。

② 在"普通"选项卡中单击"打印首选项"图标。

③ 从"基本"选项卡的"双面打印/小册子"打印设置中选择"双面打印"。

④ 单击"双面打印设置…"按钮，"双面打印设置"界面将显示。

⑤ 在"双面打印模式"设置中选择"使用双面打印单元"。

⑥ 单击"确定"，打印机将自动打印在纸张的两面。

2. 小册子打印

① 打开打印机驱动程序中的"属性"对话框。

② 从"普通"选项卡中单击"打印首选项"按钮。

③ 在"基本"选项卡的"双面打印/小册子"打印设置中选择"小册子打印"。

④ 单击"双面打印设置…"按钮,"双面打印设置"界面将显示。

⑤ 从"手动双面打印"设置中选择"使用双面打印单元"或"手动双面打印"。

⑥ 单击"确定"。

3. 使用控制面板按钮

控制面板按钮如图 4-73 所示。按钮的使用方法如表 4-5 所示。

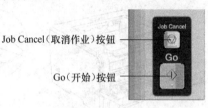

Job Cancel(取消作业)按钮

Go(开始)按钮

图 4-73 控制面板按钮

表 4-5　　　　　　　　　　　　　　　　**按钮的使用方法**

要　　求	按钮的使用方法
仅取消当前打印作业	在打印过程中按 "Jab Cancel(取消作业)"按钮,打印机会立即停止打印,然后弹出纸张
取消所有已接收的作业	若要取消所有作业,按"Jab Cancel (取消作业)"按钮大约 4s,Status(状态)指示灯将闪烁为绿色、红色和黄色,直到取消所有作业
激活	打印机处于休眠模式时,按下"Go(开始)"或"Jab Cancel (取消作业)"按钮激活打印机,使其进行打印准备就绪状态
错误恢复	发生错误时,打印机将自动从一些错误中恢复过来。如果错误没有被自动清除,按"Go(开始)"按钮清除错误,然后即可继续使用打印机
换页	如果黄色的 Status(状态)指示灯长时间闪烁,按"Go(开始)"按钮,打印机将打印内存中剩余的所有数据
重印	要重新打印最近一次打印过的文档,按下"Go(开始)"按钮大约 4s,所有指示灯亮起后松开按钮。2s 内按"Go(开始)"按钮,所按次数即为要重印的份数。如果 2s 钟内没有按下"Go(开始)"按钮,则仅打印一份
	如果想使用重印功能,打开驱动程序的"属性"对话框,转到"高级"选项卡,选择"其他打印选项…"图标,单击"使用重印",然后勾选"使用重印"复选框
打印测试页	1. 关闭打印机 2. 确保前盖已经合上且电源插头已经插好 3. 打开电源开关时按"Go(开始)"按钮,直到 Back Cover(后盖)、Toner(墨粉)、Drum(硒鼓)和 Paper(纸张)指示灯全部亮起 4. 松开"Go(开始)"按钮,确保 Back Cover(后盖)、Toner(墨粉)、Drum(硒鼓)和 Paper(纸张)指示灯全部熄灭 5. 再次按"Go(开始)"按钮,打印机将打印一张测试页
打印打印机设置页	1. 确保前盖已经合上且电源插头已经插好 2. 打开打印机电源开关,并等待打印机进行打印准备就绪状态 3. 在 2s 内按"Go(开始)"按钮 3 次,打印机将打印当前打印机设置页
打印字体	1. 关闭打印机 2. 确保前盖已经合上且电源插头已经插好 3. 打开电源开关时按"Go(开始)"按钮,直到 Back Cover(后盖)、Toner(墨粉)、Drum(硒鼓)和 Paper(纸张)指示灯全部亮起 4. 松开"Go(开始)"按钮,确保 Back Cover(后盖)、Toner(墨粉)、Drum(硒鼓)和 Paper(纸张)指示灯全部熄灭 5. 按"Go(开始)"按钮两次,打印机将打印一张测试页
恢复出厂默认设置	1. 关闭打印机 2. 确保前盖已经合上且电源插头已经插好 3. 打开电源开关时按"Go(开始)"按钮。按住"Go(开始)"按钮,直到指示灯全部亮起,然后 Status(状态)指示灯熄灭 4. 松开"Go(开始)"按钮,确保指示灯全部熄灭 5. 按"Go(开始)"按钮 8 次,确保指示灯全部亮起,表示打印服务器已经恢复为出厂默认设置,打印机将重启

4.2.4　激光打印机的日常维护

激光打印机的日常维护包括更换打印墨盒、清洁打印机、清除卡纸等。

1. 更换墨盒

当墨盒用完或其他部件损坏以后，就需要更换打印墨盒，其方法参见安装墨盒与硒鼓。

2. 清洁打印机

（1）清洁打印机外部。

① 关闭打印机电源开关并拔下电源插头。

② 将纸盒从打印机中完全拉出。

③ 使用干燥的无绒抹布擦拭打印机外部以清除污物。

④ 去除任何粘在纸盒内部的污物。

⑤ 使用干燥的无绒抹布擦拭纸盒内部以清除污物。

⑥ 用温水沾湿软布并擦拭纸盒中的分离垫，如图4-74所示。

⑦ 将纸盒装回打印机。

⑧ 重新插上打印机的电源插头并打开电源开关。

（2）清洁打印机内部。

① 关闭打印机电源开关并拔下电源插头。

② 按下前盖释放按钮，然后打开前盖。

③ 取出硒鼓单元和墨粉盒组件。

④ 使用干燥的无绒抹布擦拭激光器窗口，如图4-75所示。

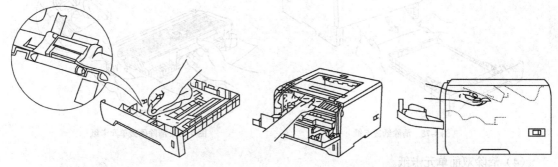

图4-74　擦拭分离垫　　　　　　　　　　图4-75　擦拭激光器窗口

⑤ 将硒鼓单元和墨粉盒组件装回打印机。

⑥ 合上前盖。

⑦ 重新插上打印机的电源插头并打开电源开关。

（3）清洁电晕丝。

① 关闭打印机电源开关并拔下电源插头。

② 按下前盖释放按钮，然后打开前盖。

③ 取出硒鼓单元和墨粉盒组件。

④ 左右轻轻滑动蓝色滑块数次，以清洁硒鼓单元

内部的主电晕丝，如图4-76所示。

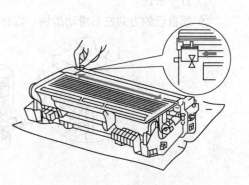

图4-76　清洁电晕丝

3. 清除卡纸

（1）清除墨粉盒卡纸。

① 打开前盖

② 慢慢取出硒鼓单元和墨粉盒组件，卡住的纸张将会随着硒鼓单元和墨粉盒组件一起被拉出，如图 4-77 所示。

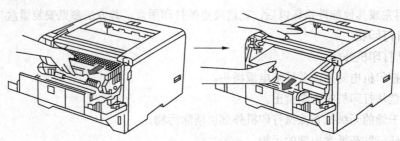

图 4-77 清除硒鼓单元的卡纸

（2）清除纸盆卡纸。

① 将纸盒从打印机中完全拉出。

② 将卡住的纸张向下从打印机里拉出，如图 4-78 所示。

（3）清除硒鼓单元卡纸。按下蓝色锁杆并从硒鼓单元中取出墨粉盒，如果硒鼓单元内有卡纸，请将其清除，如图 4-79 所示。

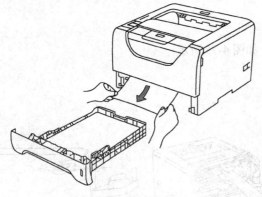

图 4-78 清除纸盆卡纸

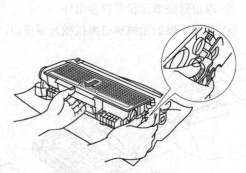

图 4-79 清除硒鼓单元卡纸

（4）清除双面单元卡纸。

① 打开后盖。

② 朝自己的方向左右滑动滑块，以打开定影单元盖，如图 4-80 所示。

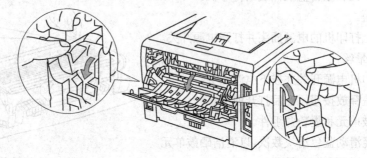

图 4-80 打开定影单元盖

③ 用双手轻轻地将卡住的纸张从定影单元中拉出，如图 4-81 所示。

④ 将双面单元从打印机中完全拉出。

⑤ 将卡住的纸张从打印机或双面单元中拉出，如图 4-82 所示。

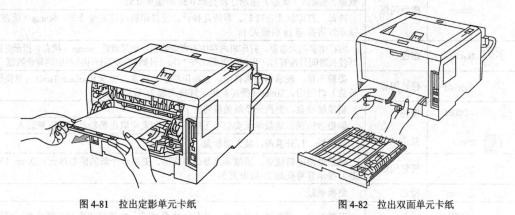

图 4-81　拉出定影单元卡纸　　　　　　　　　　图 4-82　拉出双面单元卡纸

4.2.5　激光打印机常见故障排除

1. 使用控制面板

激光打印机发生故障以后，根据控制面板状态指示灯可以了解故障的大致情况，控制面板指示灯与按钮如图 4-83 所示。指示灯与状态关系如表 4-6 所示。

图 4-83　控制面板指示灯与按钮

表 4-6　　　　　　　　　　　　　　　　指示灯与状态关系

指示灯状态	显示状态	打印机状况
Status	灰色	打印机处于休眠模式。按"Go（开始）"按钮将打印机由休眠模式激活为打印准备就绪模式
Status	绿色	打印机处于打印准备就绪模式
Status	绿色闪烁	打印机正在预热。Status（状态）指示灯将亮起 1s 后熄灭 1s
Status	红色	前盖打开。合上打印机前盖
		纸盒过多。最多可以选择两个可选纸盒。取出多余的纸盒
		缓冲存储器故障。检查计算机和打印机之间的电缆连接
		内存已满。打印机内存已满且打印机无法打印完整文档
		打印超时。发生打印超时，打印机无法打印完整文档
		下载已满。打印机的下载缓冲存储器已满。添加更多打印机内存
		字体已满。字体内存已满。删除字体或增加更多打印机内存

指示灯状态	显示状态	打印机状况
Status	橙色闪烁	打印机正在接收来自计算机的数据，或正在处理内存中的数据，或者正在打印数据。Status（状态）指示灯将亮起 0.5s 后熄灭 0.5s
		冷却，打印机正在冷却。等待几秒钟，使打印机内部完全冷却，Status（状态）指示灯将亮起 1s 后熄灭 1s
Status	橙色	内存中有剩余数据。打印机内存中有剩余数据。如果黄色 Status（状态）指示灯闪烁较长时间且没有打印出任何页面，按"Go（开始）"按钮打印内存中的剩余数据
Toner	橙色闪烁	墨粉不足。表示墨粉盒将空。更换墨粉盒，以备在提示 Replace Toner（更换墨粉盒）时使用。Toner（墨粉）指示灯将亮起 2s 后熄灭 3s
Toner	橙色	更换墨粉盒。更换一个新的墨粉盒
		墨粉盒错误。硒鼓单元安装不正确，从打印盒中取出墨粉盒后再重新装入
Status	红色	缺墨粉。打开前盖，装入墨粉盒
Drum	橙色闪烁	硒鼓寿命即将结束。硒鼓单元寿命将终结。更换一个新的硒鼓单元。Drum（硒鼓）指示灯将亮起 2s 后熄灭 3s
Drum	橙色	更换硒鼓
Drum / Status	橙色 / 红色	硒鼓故障。需要清洁电晕丝。清洁完电晕丝后，如果打印机指示灯仍显示同样故障，更换硒鼓单元
Paper / Status	橙色 / 红色	缺纸。将纸张装入纸盒。然后按"Go（开始）"按钮
		缺纸盒。未检测到纸盒，装入纸盒，或确认纸盒插入正确
Paper / Status	橙色闪烁 / 红色	卡纸。清除卡纸。按"Go（开始）"按钮打印。Paper（纸张）指示灯将亮起 0.5s 后熄灭 0.5s
		自动 DX 纸张尺寸错误。按"Go（开始）"或"Job Canoe（以取消作业）"按钮。设置正确纸张，或放入与当前驱动程序设置中选择的尺寸相同的纸张。对于自动双面打印，可以选择以下纸张尺寸为 A4。Paper（纸张）指示灯将亮起 0.5s 后熄灭 0.5s
		尺寸不匹配。在纸盒或 MP 纸盒中放入与打印机驱动程序中所选尺寸一样的纸张，然后按"Go（开始）"按钮
Back Cover / Status	橙色闪烁 / 红色	禁用双面。关上打印机后盖，放入双面单元
		定影单元盖打开。合上位于打印机后盖背面的定影单元盖。Back Cover（后盖）指示灯将亮起 0.5s 后熄灭 0.5s
Back Cover / Paper / Status	橙色闪烁 / 橙色闪烁 / 红色	后盖或双面单元卡纸。清除卡纸。按"Go（开始）"按钮"。Back Cover（后盖）指示灯将亮起 0.5s 后熄灭 0.5s。

2. 常见故障现象与解决方法

其他常见故障现象与解决方法如表 4-7 所示。

表 4-7　　　　　　　　　　　　　常见故障现象与解决方法

现　　象	解 决 方 法
识别问题	电源线是否连接正确、打印机电源开关是否已打开
	所有的保护零件是否已拆除
	墨粉盒和硒鼓单元是否已正确安装
	前后盖是否已完全合上
	纸张是否正确放入纸盒中
	接口电缆是否已正确连接打印机和计算机
	是否已选择并安装了正确的打印机驱动程序
	计算机是否已安装并连接到正确的打印机端口

现　象	解　决　方　法
打印机不打印	打印机指示灯闪烁。检查指示灯状态，按表 4-5 相关内容进行处理
	确认电缆已连接到打印机
	确认打印机已打开且控制面板上的错误指示灯没有亮起
	确认已选择正确的打印机驱动程序
打印机不能送纸	如果纸盒中有纸，确认纸张是否平整。如果纸张卷曲，在打印前将其抚平。有时取出纸张，将纸叠翻转后再放回纸盒即可解决问题
	减少纸盒中的纸张数量，然后再试一次
	确保没有选中打印机驱动程序中的手动送纸模式
	清洁送纸辊
打印机不能从多功能纸盒进纸	将纸张展开后堆叠并稳固地放回纸盒中
	确认已在打印机驱动程序的纸张来源中选择"多功能纸盒"
出现卡纸	按前述清除卡纸的方法
打印机异常打印或打印无用的数据	确保打印机电缆长度适中。建议使用不超过 2m（6.5 英寸）的并行线或 USB 电缆
	确保打印机电缆没有损坏
	如果使用了接口转换设备，请将其拆除。将计算机直接连接到打印机，然后再尝试
	确认已选择与"设为默认打印机"相匹配的正确的打印机驱动程序
	确保打印机没有同时连接到与存储设备或扫描仪的相同端口。移除所有其他设备并只将端口连接到打印机
	关闭状态监控器
打印机无法完整打印一份文档。出现 MEMORY FULL（内存已满）错误信息	按"Go（开始）"按钮打印打印机内存中的剩余数据。取消打印作业可删除打印机内存中剩余的数据
	简化文档或降低打印分辨率
	增加内存
打印机无法完整打印一份文档。出现 PRINT OVERRUN（打印超时）错误信息	按"Go（开始）"按钮打印打印机内存中的剩余数据。取消打印作业可删除打印机内存中剩余的数据
	简化文档或降低打印分辨率
	增加内存
	使用随机附带的 Windows 驱动程序将页面保护设为"自动"
	更改随机附带的 Windows 驱动程序中的以下设置，"图片模式"、"TrueType 模式"、"使用打印机 TrueType 字体"，然后重试。这些设置的最佳组合将根据文档的不同而变化
模糊	检查打印机的使用环境。过湿或高温等环境可能会导致打印故障
	如果整个页面颜色太浅，"节墨模式"可能打开，在打印机驱动程序的"属性"选项卡中关闭"节墨模式"
	装入一个新的墨粉盒
	装入一个新的硒鼓单元
	用软布擦拭激光器窗口也能解决这个问题
底灰	确保使用的纸张符合 Brother 公司推荐的规格
	检查打印机的使用环境。高温或高湿度等会增加背景阴影的量
	装入一个新的墨粉盒
	装入一个新的硒鼓单元
阴影	确保使用的纸张符合 Brother 公司推荐的规格。表面粗糙的纸张或厚的打印介质可能会引起此问题
	确保驱动程序中设置的介质类型与所用纸张类型匹配
	装入一个新的硒鼓单元
	定影单元可能被弄脏

现　象	解　决　方　法
黑墨斑点	确保使用的纸张符合 Brother 公司推荐的规格。表面粗糙的纸张可能会引起此问题
	硒鼓单元可能已损坏。装入一个新的硒鼓单元
	定影单元可能被弄脏
空心打印	确保使用的纸张符合 Brother 公司推荐的规格
	在打印机驱动程序中选择厚纸模式，或使用比当前所用的更薄的纸
	检查打印机的使用环境。过湿等环境可能导致空心打印
	硒鼓单元可能已损坏。装入一个新的硒鼓单元
全黑	通过滑动蓝色滑块清洁硒鼓单元内部的主电晕丝，确保将蓝色滑块返回原位
	硒鼓单元可能已损坏。装入一个新的硒鼓
	定影单元可能被弄脏
页面中横向白线	确保使用的纸张符合 Brother 公司推荐的规格
	确保在打印机驱动程序中选择了正确的介质类型
	此问题可能会自行消失。打印多页可以消除此问题，特别是当打印机闲置较长时间后再次使用时消除此问题
	硒鼓单元可能已损坏。装入一个新的硒鼓单元
页面中横线	清洁打印机内部和硒鼓单元中的主电晕丝
	硒鼓单元可能已损坏。装入一个新的硒鼓单元
页面中横向白色空白	检查打印机的使用环境。过湿或高温等环境可能会导致此打印质量问题
	如果打印几页后此问题仍没有解决，装入一个新的硒鼓单元
页面中横向黑色墨粉印记	硒鼓单元可能已损坏。装入一个新的硒鼓单元
	墨粉盒可能已损坏。装入一个新的墨粉盒
	确保使用的纸张符合 Brother 公司推荐的规格
	使用用于激光打印机的标签纸时，纸上的粘胶有时会粘在 OPC 硒鼓的表面
	清洁硒鼓单元
	请勿使用带有回形针或订书针的纸张，因为它们会刮伤硒鼓表面
	如果将未包装的硒鼓单元直接暴露在阳光或室内光线中，可能导致其损坏
黑色文本或图片上有白点 34mm (3.7in.) 34mm (3.7in.)	如果打印几页后此问题仍没有解决，按以下步骤操作。 1. 将打印样张放在硒鼓单元前面，然后找到打印质量较差部分的确切位置

现　　象	解　决　方　法

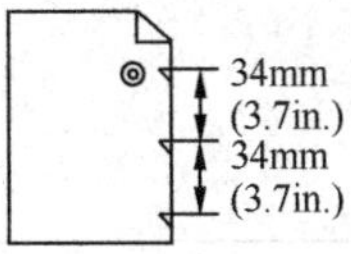

2. 查看 OPC 硒鼓表面，同时手动转动硒鼓单元的齿轮

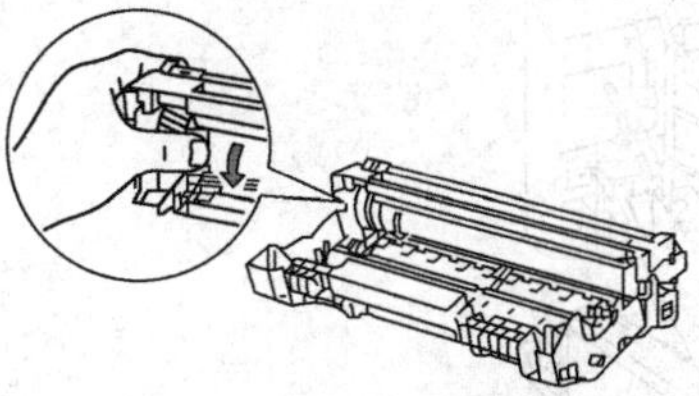

3. 在硒鼓上发现与打印样张匹配的印记时，用干燥的棉签擦拭 OPC 硒鼓的表面直到完全除去表面的灰尘或粘胶

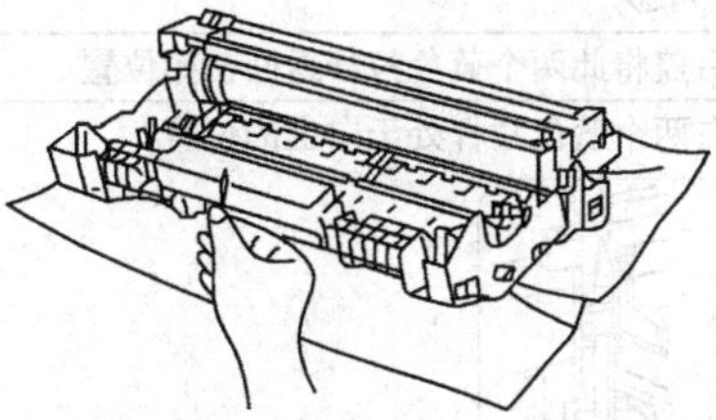

左侧标注：34mm (3.7in.) / 34mm (3.7in.)

4. 硒鼓单元可能已损坏，装入一个新的硒鼓单元

现　　象	解　决　方　法
页面中纵向黑线 	通过滑动蓝色滑块清洁硒鼓单元内部的主电晕丝
	确保主电晕丝清洁器处于初始位置
	硒鼓单元可能已损坏。装入一个新的硒鼓单元
	墨粉盒可能已损坏。装入一个新的墨粉盒
	定影单元可能被弄脏
页面中纵向白线 	确保打印机内部没有碎纸盖住激光器窗口
	用软布擦拭激光器窗口
	墨粉盒可能已损坏。装入一个新的墨粉盒
	硒鼓单元可能已损坏。装入一个新的硒鼓单元
页面歪斜 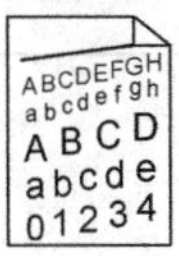	确保纸张或其他介质正确装入纸盒并且纸张导块与纸叠之间距离适当
	正确设置纸张导块
	纸盒可能过满
	检查纸张类型和质量
卷曲或波纹 	检查纸张类型和质量
	高温和高湿度会导致纸张卷曲
	如果打印机使用频率较低，则可能纸盒中的纸张放置时间太久。可以翻转纸盒中的纸叠。此外，也可以展开纸盒中的纸叠后再翻转纸张
起皱或折痕 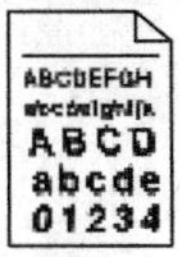	确保纸张正确装入
	检查纸张类型和质量
	翻转纸盒中的纸叠或者翻转进纸盒中的纸张

现　　象	解　决　方　法
信封折痕	当打印信封时，确保已拉下后盖中的信封拉杆
	打印完成后，打开后盖将此两个蓝色拉杆返回初始位置
定影不足	打开后盖，确保左右两个蓝色拉杆处于向上的位置
	在打印机驱动程序中选择"改进墨粉定影"模式
	抬起出纸托板的支撑板
向内卷曲	在打印机驱动程序中选择"减少纸张卷曲"模式 翻转纸盒中的纸叠并重新打印（信头纸除外）。 如果问题仍然存在，按以下步骤滑动防卷曲开关。 （1）打开后盖 （2）通过滑块，一手抬起送纸辊组件，一手根据箭头方向滑动防卷曲开关 （3）关闭后盖

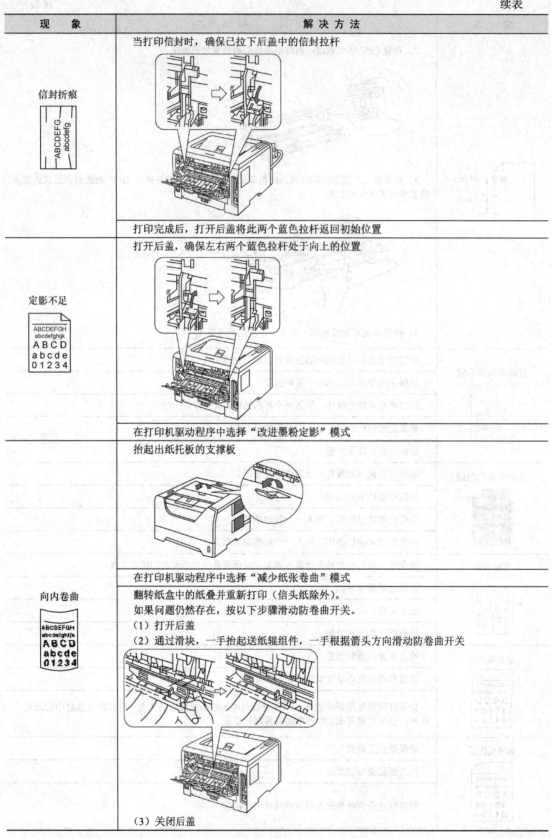

4.3 网络打印机

要在办公室中实现网络打印文章，使在网络上的每台计算机都能享用同一台打印机，必须具备这样一些先决条件：局域网、打印机、计算机。下面以实现打印机"打印共享"功能为例，介绍怎样才能实现网络打印。

1. 验证打印机的打印功能

实现本机打印先将打印机连接在某一台计算机上，安装好打印驱动程序，并测试"打印机测试页"使其打印功能正常。在这台计算机上利用打印机打印出一篇文章，证明这台计算机能实现本机打印功能。

2. 设置打印机"共享"

为了让网络的其他计算机也能使用这台打印机打印文章，将打印机设置为共享。操作步骤如下。

（1）在"开始"菜单中选择"打印机和传真"命令。

（2）看到安装好的打印机图标，右键单击此打印机图标，出现快捷菜单，如图 4-84 所示。

（3）在快捷菜单中选择"共享"命令。

（4）在"打印机属性"对话框中选择"共享"复选框。

（5）单击"确定"，完成打印机共享设置，如图 4-85 所示。

图 4-84　打印机快捷菜单　　　　图 4-85　打印机共享

3. 实现网络打印

（1）在网络中任选一台没有连接打印机的计算机，通过"网上邻居"，在网络中找到连接了打印机的计算机（这台计算机必须是启动好了的，打印机电源已打开，打印纸已装好），打开此计算机图标，会看见共享的打印机图标，如图 4-86 所示。

图 4-86　网络打印机图标

（2）在第一台打印机下面有一条网络线，第二台打印机图标为本地打印机图标，它下面没有网络线。单击有网络线的打印机图标，计算机将要求安装打印机驱动程序，如图 4-87 所示。

图 3-87　安装打印机提示

（3）单击"是"按钮，按提示一步一步进行安装，安装完成后，在"开始"菜单中选择"打印机和传真"文件夹中会看到一台带有网络线的打印机图标，实际上是对本地计算机远程安装了打印机驱动程序。查看此打印机的属性，如图 4-88 所示，在"详细资料"选项下的"打印到以下端口"列表框中看到"\\Cddf2\epson"，其中 Cddf2 表示连接有打印机的那台计算机的名称，"epson"是打印机。表明此打印机确实是网络打印机。

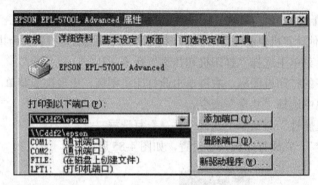

图 4-88　打印机的属性界面

（4）如果不能打印，还要更改打印机设置，方法如下：在 Word 文档中，选择"文件"菜单下的"打印"命令，在"打印"对话框中设置"名称"为网络打印机，如图 4-89 所示。其他设置与打印机的本地设置一样进行操作。

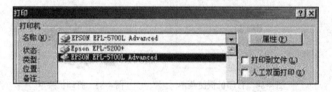

图 4-89　更改打印机设置

（5）单击"确定"，就能实现网络上计算机共享一台打印机了。

 # 习　题

1．打印机有哪些类型？各有什么特点？
2．Epson C61 喷墨打印机有哪些特殊的打印内容？
3．如何对 Epson C61 喷墨打印机进行维护？
4．对激光打印机如何进行维护？
5．将办公室打印机设置为网络打印。

第5章 办公复印设备

复印机是一种将已有的文件快捷产生多个备份的设备，现今的复印技术主要有传统的静电复印和数码复印两种。数码复印是近几年出现的较为先进的复印技术。

一体化速印机是在复印设备的基础上，应用了油墨印刷手段，使原有的手工印刷速度大大提高，尤其适用于批量印刷的办公场合。

本章主要介绍数码复印机和一体速印机。

目前市场上有哪些类型的复印、速印设备？

5.1 数码复印机

复印机是利用光学模拟成像直接在感光鼓上产生潜像，也就是说，曝光时投影在感光鼓上的影像是一个通过光学系统对原稿扫描所产生的光学模拟图像，因此复印机也叫做模拟式复印机。

数码复印机也叫数字式复印机，是20世纪80年代发展起来的新一代复印机，它应用了数字化图像处理技术，使复印机具有很多新的特殊功能。数码复印机是通过激光扫描成像的，既是一台独立的复印设备，又可以作为输入/输出设备与计算机及其他办公设备联机使用，或成为网络终端。数码复印机的出现是对传统复印概念的突破，为复印技术、复印机的发展开辟了新路。

目前市场上有哪些类型的数码复印设备？了解它的工作原理。

本节以 SHARP 1818/1820 数码复印机为例，介绍数码复印机使用与维护的知识。

5.1.1 数码复印机的外部结构

SHARP 1818/1820 数码复印机的主要功能如表 5-1 所示。

表 5-1   SHARP 1818/1820 数码复印机的主要功能

功 能 名 称	说 明
高速激光复印	（1）第一份复印的时间是 7.2s（除非在节电模式或电源刚接通时） （2）复印速度是 18 页/分

功能名称	说明
高质量数字图像	（1）可用 600dpi 进行高质量图片复印 （2）除自动曝光模式，可在 5 个步骤中调节至自动曝光模式 （3）照片模式复印功能允许清楚调复印半色调原始图像，如黑白照片与彩色照片。照片模式可在 5 个步骤中进行调节
基本复印功能	（1）按 1%增量进行 50%~200%缩放复印 （2）可连续复印 99 页 （3）提供特殊有用功能，如横竖自由变倍、黑白转换以及双页复印 （4）用户程序允许按照客户需要设置/更改功能。同时，用户程序还允许对内部计账器进行控制
一次扫描多次复印	复印机配有一页存储缓冲器。该存储器允许复印机只需进行一次扫描便可进行 99 次复印。该功能有助于提高工作效率，降低复印机发出的运行噪声和减少扫描装置的磨损，从而提供了更高的可靠性
有利环境设计	（1）出纸盘设置在复印机内部，有利于节省空间 （2）提供预热和断电功能，有利于在待机模式下减少功率消耗

SHARP 1818/1820 数码复印机的结构比较复杂，其主要外形结构如表 5-2 所示。

 实训园地 小李的公司购买了一台数码复印机，控制面板上的按键和指示灯有很多，你知道这些按键和指示灯的作用和含义吗？

表 5-2 　　　　　　　　　　SHARP 1818/1820 数码复印机的结构

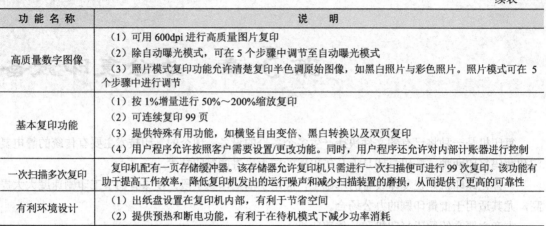

部位名称	结构示意图		名称
左前侧图		1	文件盖板
		2	原稿台
		3	把手
		4	电源开关
		5	控制面板
		6	出纸盒
		7	前盖
		8	纸盆
		9	侧盖
		10	侧盖把手
		11	旁路导板
		12	旁路纸盆
右前侧图		13	旁路外伸导板
		14	转印清除器
		15	墨粉盒解锁
		16	墨粉盒
		17	感光鼓
		18	滚筒旋转
		19	定影装置解锁杆
		20	纸张导板

第 5 章 办公复印设备

部位名称	结构示意图		名 称
控制面板	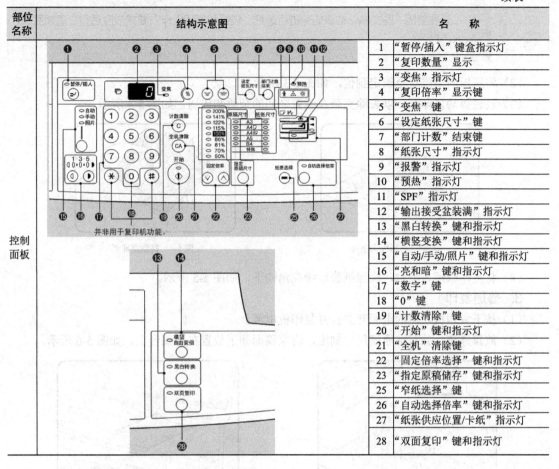 并非用于复印机功能	1	"暂停/插入"键盒指示灯
		2	"复印数量"显示
		3	"变焦"指示灯
		4	"复印倍率"显示键
		5	"变焦"键
		6	"设定纸张尺寸"键
		7	"部门计数"结束键
		8	"纸张尺寸"指示灯
		9	"报警"指示灯
		10	"预热"指示灯
		11	"SPF"指示灯
		12	"输出接受盆装满"指示灯
		13	"黑白转换"键和指示灯
		14	"横竖变换"键和指示灯
		15	"自动/手动/照片"键和指示灯
		16	"亮和暗"键和指示灯
		17	"数字"键
		18	"0"键
		19	"计数清除"键
		20	"开始"键和指示灯
		21	"全机"清除键
		22	"固定倍率选择"键和指示灯
		23	"指定原稿储存"键和指示灯
		25	"窄纸选择"键
		26	"自动选择倍率"键和指示灯
		27	"纸张供应位置/卡纸"指示灯
		28	"双面复印"键和指示灯

5.1.2 数码复印机的基本使用

数码复印机具有可以对图像进行任意处理的能力,数码复印机使用包括复印机开关、装入复印纸、普通复印、缩小与放大、双面复印、横竖自由变倍复印、黑白转换、双页复印、自动曝光调节等。

1. 复印机开关

复印机开关比较简单,按下复印机左侧的电源开关打开复印机电源,再次按下电源开关关闭复印机,如图 5-1 所示。

2. 装入复印纸

(1)轻轻提起并拉出纸盒直至停止,如图 5-2 所示。

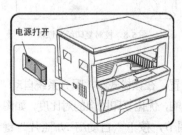

图 5-1 打开电源开关

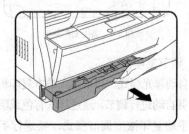

图 5-2 拉出纸盒

实训园地 小李要复印一些文稿，他该如何进行选纸、装纸和复印操作？要求浓度适宜、清晰度高、大小合适。

（2）将压板向下推直至锁定到位，如图5-3所示。

（3）轻轻抖动复印纸，以去除夹杂在纸张之间的杂质和碎屑，如图5-4所示。

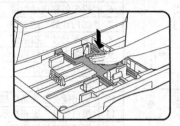
图5-3 将压板向下推

图5-4 抖动复印纸

（4）将复印纸插入纸盒，确保纸张边缘在角钩下，如图5-5所示。

3. 普通复印

（1）按下复印机左侧的电源开关打开复印机电源。

（2）放置原稿，并对准原稿尺寸刻度，将原稿面朝下放置在原稿台上，如图5-6所示。

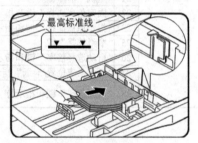
图5-5 将纸张插入纸盒

图5-6 放置原稿

（3）盖上文件盖板，如图5-7所示。

（4）校对纸盒中的复印纸和原稿相同大小，如图5-8所示。

图5-7 盖上文件盖板

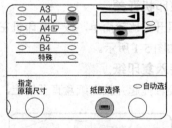
图5-8 校对复印纸和原稿

（5）调节复印浓度。

① 自动曝光模式。自动曝光是本复印机的标准初始设置。在该模式下，曝光系统自动"读取"原稿特点，并自动进行调节，通过降低有色或阴影背景区域影响，优化复印图像的对比度，如图5-9所示。

② 手动复印浓度调节模式。要进行手动复印浓度调节，按下"自动/手动/照片"键选择"手动"模式并利用"自动/手动/照片亮和暗"键进行调节，如图5-10所示。

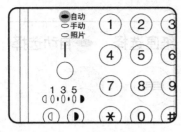

图 5-9 自动曝光选择

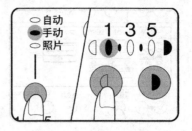

图 5-10 手动复印浓度调节

③ 照片模式。对于照片，选择"照片"模式进行复印，并利用【亮和暗】键进行调节，如图 5-11 所示。

（6）利用数字键设置复印数量，如图 5-12 所示。

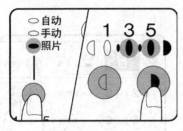

图 5-11 "照片"模式

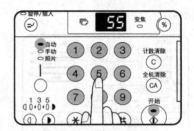

图 5-12 设置复印数量

（7）按"开始"键开始复印，如图 5-13 所示。

（8）在复印大型物品时可以卸下盖板，只需简单地直接提起盖板便能卸下文件盖板，如图 5-14 所示。

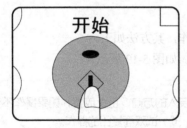

图 5-13 按"开始"键

图 5-14 卸下文件盖板

4. 缩小/放大

缩小/放大功能就是将原稿按比例放大或者缩小进行复印，有自动模式和手动模式，操作方法如下。

（1）自动。

① 将原稿放置在原稿台上并盖上文件盖板。

② 按下"指定原稿尺寸"键直至表示原稿台上原稿的指示灯亮起来，如图 5-15 所示。

③ 仅 AR-1820 利用"纸匣选择"键选择需要纸张尺寸的纸盒。

④ 按下"自动选择倍率"键，如图 5-16 所示。

⑤ 设置好复印的数量，按"开始"键开始复印。

温馨提示

（1）如果原稿的方位与所选纸盒的标准缩小/放大比不符，原稿尺寸指示灯将闪烁，此时需改变原稿的方位。

（2）要取消自动缩小/放大模式，再次按"自动选择倍率"键。

（3）使用该功能在选购件 SPF 中进行复印时，在复印完成后，自动缩小/放大模式将自动取消。

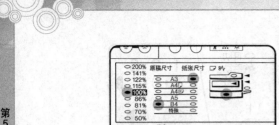
图 5-15 按下"指定原稿尺寸"键

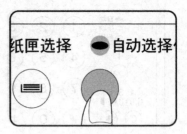
图 5-16 按下"自动选择倍率"键

（2）手动。

① 将原稿放置在原稿台上并盖上文件盖板。

② 利用"预热选择"键（【固定倍率】键）和"缩放"键选择希望的复印比，如图 5-17、图 5-18 所示。

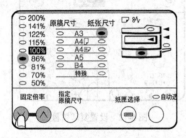
图 5-17 "预热选择"键（【固定倍率】键）

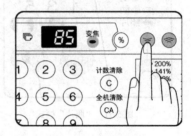
图 5-18 "缩放"键

③ 设置复印数量并按下"开始"键开始复印。

5. 双面复印

双面复印是在同一张复印纸的两面进行复印的操作，其方法如下。

（1）将第一原稿放置在原稿台上并进行一次复印，如图 5-19 所示。

实训园地 双面复印的关键是第二次复印时，复印纸装入的方向、正反放置，如果操作不当，复印结果会在同一面上重叠或者正反两页颠倒，试一试双面复印的操作。

（2）利用第二原稿更换第一原稿并盖上盖板，如图 5-20 所示。

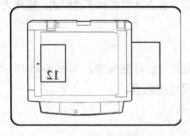
图 5-19 放置第一原稿

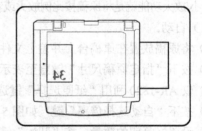
图 5-20 放置第二原稿

（3）将第一份复印纸从左边转向右边，并将其放入旁路纸盘，如图 5-21 所示。

（4）按下"纸匣选择"键以选择旁路纸盘。

（5）按下"开始"键开始复印。

6. 横竖自由变倍

横竖自由变倍就是变化横竖两个方向上的复印比例,该功能允许单独改变水平和垂直复印比,如图 5-22 所示,其操作方法如下。

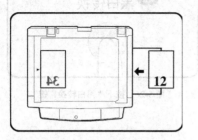

图 5-21　将第一份复印纸放入旁路纸盘

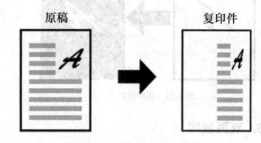

图 5-22　横竖自由变倍复印

(1) 将第一原稿放置在原稿台上,并盖上文件盖板。

(2) 按下"横竖自由变倍"键,如图 5-23 所示。

(3) 利用"固定倍率选择"键和"缩放"键改变垂直方向的复印比。

(4) 按下"复印比显示"键,如图 5-24 所示。

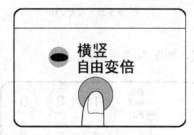

图 5-23　按下"横竖自由变倍"键

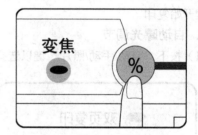

图 5-24　按下"复印比显示"键

(5) 利用"固定倍率选择"键和"缩放"键改变垂直方向的复印比,并用相同的方式改变水平方向的复印比。

(6) 按下"复印比显示"键。

(7) 确保纸盒中装入适当尺寸的复印纸。

(8) 设置复印数量。

(9) 按下"开始"键开始复印。

7. 黑白转换

黑白转换就是将原稿的黑白颠倒,如图 5-25 所示,操作方法如下。

温馨提示

当选择黑白转换功能时,曝光模式将自动设置成手动模式,其他曝光模式不能选中。即使取消这项功能手动模式也不会自动取消。

(1) 将第一原稿放置在原稿台上,并盖上文件盖板。

(2) 按下"黑白转换"键,如图 5-26 所示。

(3) 检查复印纸尺寸。

(4) 进行其他复印机设置并按下"开始"键开始复印。

原稿 复印件

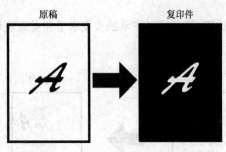

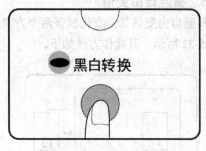

●黑白转换

图 5-25 黑白转换　　　　　　图 5-26 按下"黑白转换"键

8. 双页复印

双页复印功能可独立复印两份并排放置在原稿台上的原稿，如图 5-27 所示。

（1）将原稿放置在原稿台上，两页原稿的中线必须与纸张尺寸刻度线对齐，盖上盖板。

（2）按下"双页复印"键，如图 5-28 所示。

（3）检查复印纸尺寸，设置复印数量，按下"开始"键开始复印。

原稿 复印件

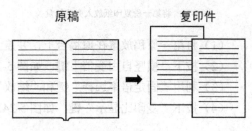

图 5-27 双页复印

9. 自动曝光调节

（1）按下"自动/手动/照片"键以选择"照片"模式，如图 5-29 所示。

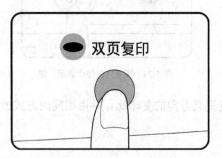

●双页复印

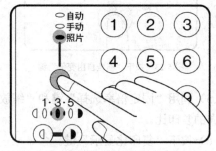

○自动
○手动
●照片

① ② ③
④ ⑤ ⑥

1·3·5

图 5-28 按下"双页复印"键　　　　图 5-29 按下"自动/手动/照片"键

（2）按下并压着"自动/手动/照片"键约 5s。

（3）按下"亮和暗"键以使自动曝光水平变亮或变暗，如图 5-30 所示。

（4）按下"自动/手动/照片"键。

10. 变换纸张尺寸

变换纸盒中的纸张尺寸后，要重新调整和选择纸张，操作步骤如下。

（1）调节前导板，变换纸盒中的纸张尺寸后，重新调节前导板的锁定杆并滑动前导板以符合纸张宽度，移动左导板至纸盒上标注的相应插口位置，如图 5-31 所示。

（2）将纸盒牢牢推入复印机。

（3）按住"设定纸张尺寸"键 3s 以上以设置选定的纸张尺寸，如图 5-32 所示。

（4）仅 AR-1820 使用"纸匣选择"键选择纸张。

（5）使用"指定原稿尺寸"键选择纸盒中设置的纸张尺寸，如图 5-33 所示。

（6）按下"开始"键，然后再按下"设定纸张尺寸"键，如图 5-34 所示。

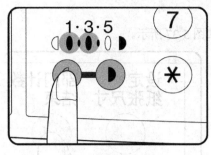

图 5-30　按下"亮和暗"键

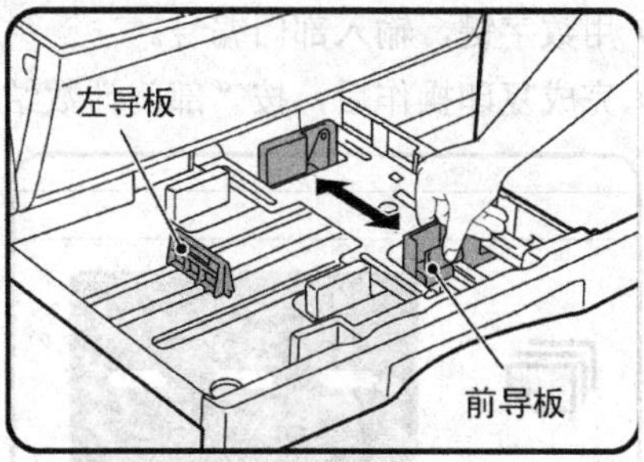

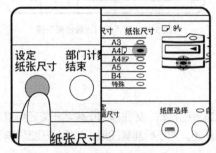

图 5-31　调节前导板

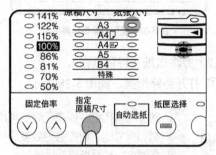

图 5-32　按住"设定纸张尺寸"键

图 5-33　使用"指定原稿尺寸"键

11. 暂停/插入复印操作

（1）按下"暂停/插入"键，如图 5-35 所示。

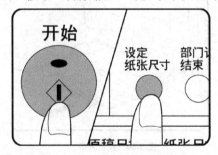

图 5-34　按下"开始"键再按下"设定纸张尺寸"键

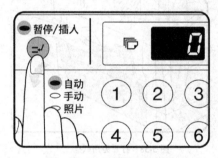

图 5-35　按下"暂停/插入"键

（2）复印机停止时，取出原稿并设置暂停/插入的原稿。

（3）选择需要的复印功能。

（4）设置复印数量。

（5）按下"开始"键开始复印。

（6）当完成所有暂停/插入复印后，再次按下"暂停/插入"键取消插印模式，并取出用于暂停/插入的原稿。

（7）更换原稿台或 SPF 中的暂停/插入原稿并按下"开始"键。

12. 其他操作

如果复印机已被编程为审计模式时，除非输入指定的 3 位数部门编号，否则将无法进行操作。操作方法如下。

（1）部门计数。

① 若复印机已被编程为审计模式时，在初始情况下，复印数量显示器中将出现"---"，如图 5-36 所示。

② 用数字键，输入部门编号。

③ 完成复印操作后，按"部门计数结束"键，如图 5-37 所示。

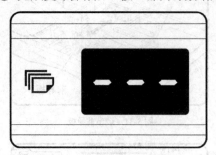

图 5-36　复印数量显示器

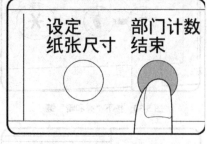

图 5-37　按"部门计数结束"键

（2）旁路送纸（特种纸张）。

① 打开旁路纸盘，如图 5-38 所示。

温馨提示 对于特殊用纸，原稿图像必须小于复印纸或复印材料。如果原稿图像超出复印纸或复印材料尺寸时，可能会导致复印件边缘出现污迹。对于标准复印纸，如果复印纸没有原稿图像大，也可能出现污迹。

② 在输 B4/A3 纸时，必须拉长旁路，如图 5-39 所示。

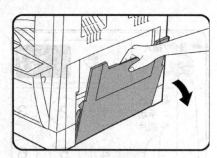

图 5-38　打开旁路纸盘

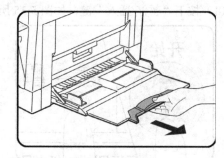

图 5-39　拉长旁路

③ 将纸张导板设置成复印纸宽度，如图 5-40 所示。

④ 将复印纸（复印面朝下）插入旁路纸盘，如图 5-41 所示。

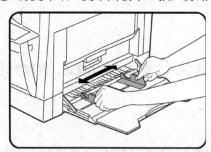

图 5-40　设置为复印纸宽度

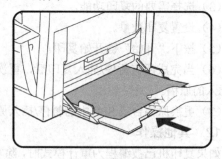

图 5-41　复印面朝下

⑤ 按下"纸匣选择"键以选择旁路纸盘。

⑥ 如果使用特殊用纸则将复印数量保持为 0；如果使用标准复印纸或信封则需设置复印数量。

⑦ 按下"开始"键，开始复印。

5.1.3 数码复印机的日常维护

复印机是一种精密办公设备，必须合理地使用，同时要定期对复印机进行日常维护，以保证它能正常可靠地使用并延长使用寿命。数码复印机的日常维护介绍如下。

1. 复印机的放置

（1）不要放置在潮湿、湿润或多尘的区域。

（2）不要放置在阳光直射的区域。

（3）不要放置在通风不良的区域。

（4）不要放置在空调或加热器等温度或湿度巨变的区域。

（5）在复印机周边留出必需的空间以便于检修和通风。

 温馨提示 如果复印机从阴凉场所移至温热场所，可能会在复印机内部形成冷凝，在这种情况下进行操作将导致复印质量不良和故障。在使用前，必须让复印机在室温下适应至少两小时再使用。

2. 组件更换

（1）墨粉余量。

① 持续按住"指示灯"键 5s 以上，直到所有的报警指示灯闪烁后在复印总数显示屏上出现"---"为止，如图 5-42 所示。

② 持续按住"复印倍率显示"键 5s 以上，此时复印总数显示屏上会以百分比的形式出现墨粉的大致余量。

③ 按住"指示灯"键，结束余量检查。

（2）更换墨粉。当"需要更换墨粉盒"指示灯亮起时，表明很快就需要更换墨粉盒了。当"需要更换墨粉盒"指示灯闪烁不停时，应更换墨粉盒才能重新开始复印，操作步骤如下。

① 轻轻扶住前盖两侧，打开盖子，如图 5-43 所示。

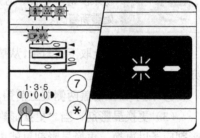

图 5-42 墨粉余量显示

 温馨提示 长时间复印浓度较深的原稿时，"需要更换墨粉盒"指示灯会闪烁，这时盒内即使仍有墨粉，复印机也会停止复印。需要两分钟等待复印机添加墨粉，按"开始"键重新开始复印。

② 轻按墨粉盒锁杆松扣，抽出墨粉盒，用左手在绿色标签位置托住墨粉盒将其拉出，如图 5-44 所示。

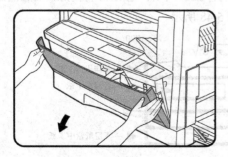

图 5-43 打开盖子

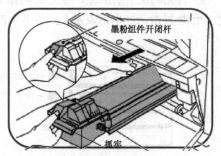

图 5-44 抽出墨粉盒

温馨提示 （1）墨粉盒取下后切勿摇晃或拍打，否则墨粉很容易从盒内漏出。废弃墨粉盒应立即放入新买的墨粉空盒内。
（2）抓住墨粉盒手柄，而不要抓住防护板，务必在晃动墨粉盒之后去除密封带。

③ 从包装盒中取出新的墨粉盒，抓住墨粉盒两边将其水平晃动5～6下之后，将密封带取下，如图5-45所示。

④ 将墨粉盒沿导轨轻轻插入，按住墨粉盒锁杆松扣，直到听到咔嗒声锁紧就位，如图5-46所示。

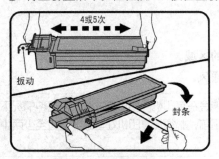

图5-45 取出新的墨粉盒

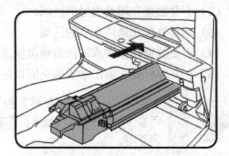

图5-46 将墨粉盒沿导轨轻轻插入

 温馨提示 有时即使新墨粉盒装上后，"开始键"指示灯还不会亮起，这表明复印还不能重新开始（墨粉未装满），因此，应先打开再合上前盖。复印机大约在2min后再次添加墨粉，然后开始重新复印。

⑤ 从防护板上取下密封带，从墨粉盒上取下防护板后丢弃，如图5-47所示。

⑥ 用手轻推前盖两侧关上前盖，指示灯熄灭。

（3）更换显影剂。当"更换显影剂"指示灯亮起时，显影剂应予以更换。更换显影剂只能由SHARP授权指定的维修人员进行。

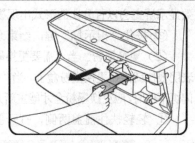

图5-47 取下防护板

3. 卡纸处理

 实训园地 小李单位的复印机出现了卡纸问题，他该如何处理卡纸的问题？

（1）首先确定卡纸部位。当发生卡纸时，复印机将停止。"卡纸"指示灯将闪烁，而且闪烁的红色卡纸位置指示灯也将表示大致的卡纸部位，如图5-48所示。

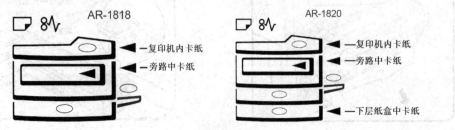

图5-48 确定卡纸部位

（2）旁路中卡纸。

① 轻轻地拉出卡纸，如图 5-49 所示。

② 轻抬侧盖，将侧盖外滑，直至其停止，推按侧盖上的把手，关闭侧盖，如图 5-50 所示。

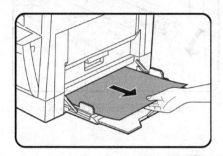

图 5-49　拉出卡纸

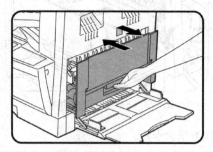

图 5-50　关闭侧盖

③ 正常后，"卡纸"指示灯将会熄灭。

（3）复印机内卡纸。

① 打开旁路轻抬侧盖，将盖子外滑，直至其停止，如图 5-51 所示。

② 检查卡纸部位。依照下列说明，清除卡纸。

● 送纸区内卡纸

轻按前盖两侧，打开盖子，小心地清除卡纸。依箭头所示，转动滚筒旋钮，以帮助清除，如图 5-52 所示。用双手推动两侧，关闭前盖，然后推按盖子上的把手，关闭侧盖。

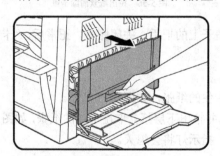

图 5-51　打开旁路

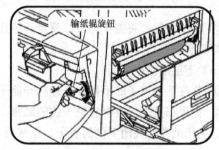

输纸辊旋钮

图 5-52　清除卡纸

温馨提示　（1）定影部温度很高，处理卡纸现象时，注意不要烫伤。

（2）清除卡纸时，切勿触摸感光鼓，鼓上如出现刮痕和污点会影响复印质量。

● 定影区内卡纸

轻按前盖两侧，打开盖子。依箭头所示，转动滚筒旋钮，如图 5-52 所示，小心地清除卡纸。按下定影组件解锁杆，使清除更容易，如图 5-53 所示。卡纸清除后便松开杆回到其操作原位。用双手推动两侧，关闭前盖，然后推按盖子上的把手，关闭侧盖。

● 输送区内卡纸

按下导板任一侧的凸柄，打开纸张导板，清除卡纸，如图 5-54 所示。若以上步骤不能清除卡纸，但能从出纸区看见时，应将其拉向出纸区而清除卡纸，如图 5-55 所示。按盖子上的把手，关闭侧盖。正常后，"卡纸"指示灯将会熄灭。

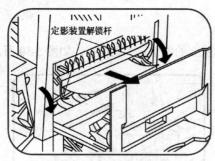

图 5-53　下按定影组件解锁杆

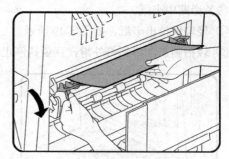

图 5-54　打开纸张导板清除卡纸

（4）纸盒卡纸。

① 轻抬并拉出纸盒清除卡纸，关闭纸盒，如图 5-56 所示。

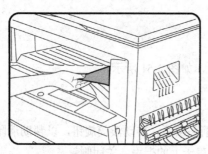

图 5-55　拉向出纸区而清除卡纸

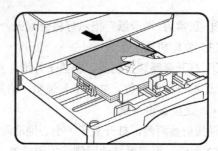

图 5-56　拉出纸盒清除卡纸

② 轻抬侧盖，将盖子外滑，直至其停止。推按盖子上的把手，关闭侧盖。正常后，"卡纸"指示灯将会熄灭。

（5）下层纸盒中卡纸。

① 抓住下侧盖子的手柄并轻轻打开盖子，取出卡住的纸张，如图 5-57 所示。

② 如果在第①步没有看见卡住的纸张，轻轻提起并拉出下层纸盒取出卡住的纸张，如图 5-58 所示。关闭纸盒，关闭下侧的盖子。正常后，"卡纸"指示灯将会熄灭。

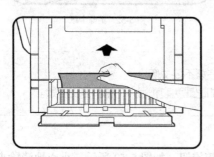

图 5-57　取出卡住的纸张

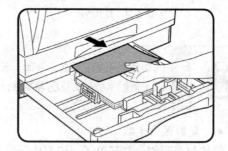

图 5-58　取出卡纸

4. 清洁

（1）清洁原稿台和盖板。

① 原稿台或者盖板上的污迹和灰尘同样也会被复印出来，用柔软干净的抹布擦拭原稿台和盖板，如图 5-59 所示。

② 如有必要，可用水浸湿抹布。不要使用稀释剂、苯或者类似的挥发性清洁剂，如图 5-60 所示。

③ 如果安装了可选的 SPF，应擦拭原稿台上的扫描窗。

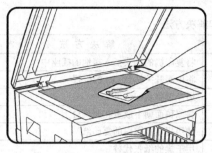

图 5-59　清洁原稿台

图 5-60　清洁盖板

（2）清洁旁路纸盘送纸辊。通过旁路输送明信片、信封、厚纸等特殊纸张时经常会出现卡纸情况，可用一块柔软的浸有酒精或者水的干净抹布擦拭旁路纸盘送纸插槽处的灰色送纸辊，如图 5-61 所示。

（3）清洁转印组件。

① 关闭电源开关，打开旁路纸盘，微微抬起侧盖，然后完全拉出盖子。

② 轻轻抬起纸盒然后拉出纸盒，抓住突出部位取出转印清洁器，如图 5-62 所示。将转印组件清洁器放置到转印充电器上然后按照箭头所指的方向轻轻地滑动清洁器 2～3 次。

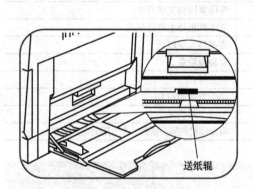

图 5-61　清洁旁路纸盘送纸辊

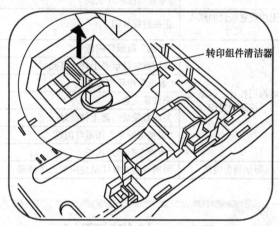

转印组件清洁器

图 5-62　取出转印清洁器

温馨提示

将转印组件清洁器沿着转印组件凹槽从一端滑动到另一端。如果清洁器滑动不畅，副本上就可能会出现条纹。

③ 将转印组件清洁器放回原来的位置，关上纸盘。按下盖子上的手柄，关闭侧盖，打开电源开关。

5.1.4　数码复印机常见故障排除

复印机经过长时间的使用后，会产生一些故障，有些故障使用人员可以自己来排除，有一些则只能由 SHARP 授权指定的维修人员进行。

如果"维修"指示灯亮起时，只能由 SHARP 授权指定的维修人员进行维修。

其他有关复印机的常见故障和排除方法如表 5-3 所示。

表 5-3　　　　　　　　　　　　　数码复印机常见故障和解决方法

问　题	原　因	解 决 方 法
复印机无法运行	复印机插头没有插入插座	将复印机的插头插入接地的插座中
	电源开关是否打开	将电源开关转到 ON 的位置
副本太深或太淡	复印浓度不当	适当调整复印浓度
空白副本	原稿放置不当	将原稿面朝下放置在原稿台上
摩擦后副本很容易被弄污	纸张太厚	使用规定范围内的复印纸
	纸张受潮	用干燥的纸张代替
副本出现条纹	转印组件不干净	清洁转印组件
经常出现卡纸的情况	使用非标准纸张	如果使用特殊纸张，通过旁路纸盘送纸
	纸张放置不正确	正确放置纸张
	复印机中有卡纸	取出所有的卡纸
	纸张卷曲或者受潮	一定要将复印纸平整地存储在干燥的地方
复印件上出现斑点或污迹	原稿台或者盖板变脏	定期清洁
	原稿台有污迹或者斑点	使用干净的原稿
	"添加显影剂"指示灯发亮	需要添加显影剂
	"维修"指示灯发亮	需要维修
无法设置纸盒的纸张尺寸	正在进行复印	等复印完成之后再设置纸张尺寸
电源已打开，但是无法进行复印	"预热"指示灯闪烁	等待复印机完成预热
	复印数量显示器上持续亮起	复印机正处于审计模式
	"缺纸"指示灯发亮	需要装入复印纸
	未安装墨盒	安装墨粉盒
	复印数量显示器上持续显示	侧盖打开
	"更换墨粉盒"指示灯闪烁	必须更换墨粉盒
	"卡纸"指示灯闪烁	出现卡纸情况
照明设备闪烁	照明设备和复印机使用同一个插座	将复印机的插头插到一个专用的电源插座上

5.2　一体化速印机

一体化速印机也叫高速数码速印机，它能够精确清晰地印刷各种文件资料和图纸，是一种新颖的现代办公设备，具有操作简单、印刷速度块，质量高、印刷成本低等优点。

本节以理想 GR 2700 一体化速印机为例介绍一体速印机的使用与维护。

5.2.1　一体化速印机的外部结构

理想 GR 2700 一体化速印机外形结构复杂，功能按钮与操作数量较多，具体的外形结构如表 5-4 所示。

实训园地　小李公司的一体化速印机控制面板上按键和指示灯很多,你知道这些按键和指示灯的作用和含义吗?

表 5-4   理想 GR 2700 一体化速印机外型结构

部 位 名 称	结构示意图
前侧面	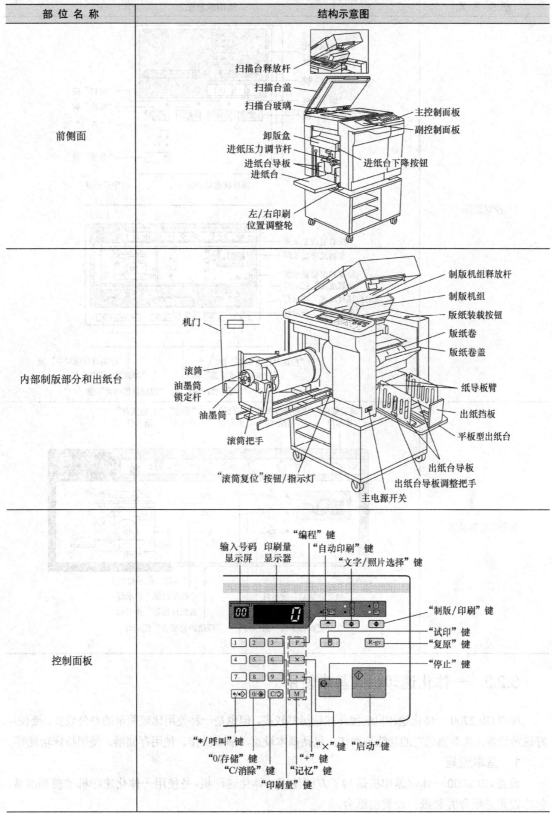
内部制版部分和出纸台	
控制面板	

部 位 名 称	结构示意图
控制面板	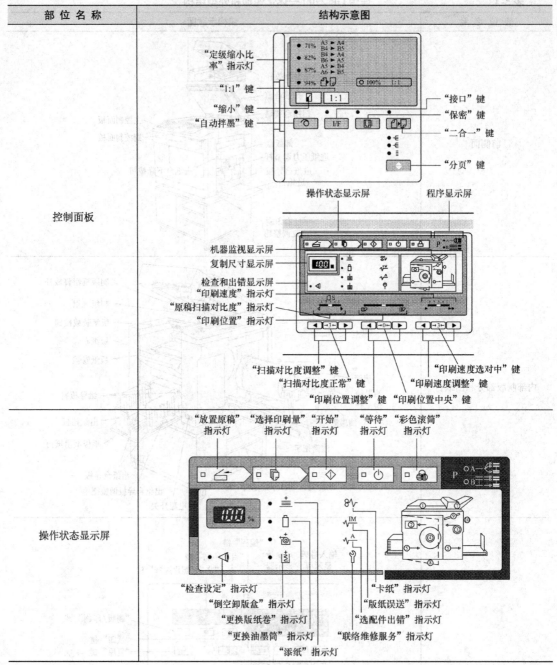
操作状态显示屏	

5.2.2　一体化速印机的基本使用

　　理想 GR 2700 一体化速印机的操作按钮虽然较多，但也是一种使用比较简单的办公设备。要使用好这种设备，需要熟悉它的功能与操作，包括基本设置、基本操作、使用存储器、使用特殊功能等。

1. 基本设置

　　设置 GR 2700 一体化速印机是为了方便使用一体化速印机，是使用一体化速印机的前期准备，包括设置进纸台并装纸、设置出纸台。

（1）设置进纸台并装纸。

① 打开进纸台，将进纸台台板从速印机上转下到水平位置，如图 5-63 所示。

② 装入纸张，首先调整进纸台导板以适应纸张宽度，如图 5-64 所示。

图 5-63　打开进纸台

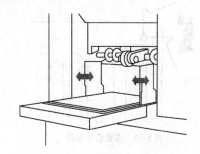

图 5-64　调整进纸台导板

③ 调整进纸压力，上下扳动纸张压力调节杆，使压力合适，如图 5-65 所示。

（2）添加或更换纸张。如果在印刷过程中需要加纸或换其他尺寸的纸张，按"进纸台下降"按钮降低进纸台，放入适当数量的纸张，如图 5-66 所示。

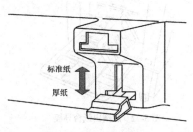

标准纸

厚纸

图 5-65　调整压力调节杆

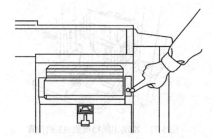

图 5-66　加纸或换其他尺寸的纸张

温馨提示

（1）不要在进纸台内将不同的纸张混用。

（2）不要使用极薄、极厚、极重、起皱、卷曲、折角、破损的纸张。

（3）设置出纸台。

① 打开出纸台，将进纸台台板从速印机上转下到水平位置，如图 5-67 所示。

② 竖起出纸台导板后，拿住出纸台导板调节把手，移动导板到纸张宽度位置，如图 5-68 所示。

图 5-67　打开出纸台

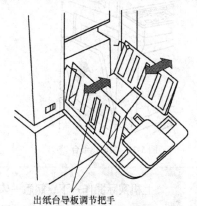

出纸台导板调节把手

图 5-68　移动导板到纸张宽度位置

③ 调整纸导板臂到合适的位置，有助于更好地出纸，如图 5-69 所示。

④ 按纸张的长度升起并滑动出纸挡板到合适位置，如图 5-70 所示。

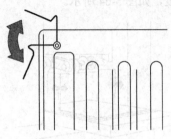

图 5-69　调整纸导板臂

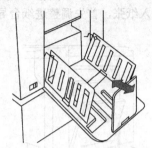

图 5-70　升起并滑动出纸挡板

（4）关闭出纸台。

① 关闭前滑动出纸挡板到 A3 的位置，放倒出纸挡板，如图 5-71 所示。

② 把出纸台导板向外拉到 A3 位置。

③ 向内放倒出纸台导板，如图 5-72 所示。

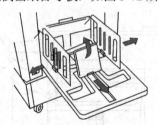

图 5-71　滑动出纸挡板到 A3 的位置

图 5-72　放倒出纸台导板

④ 关闭出纸台。将打开的进纸台台板从一体化速印机水平位置转起到复位于出纸口并关紧，如图 5-73 所示。

2. 了解一体化速印机的操作流程

使用一体化速印机前必须对一体化速印机的基本功能有所了解，主要包括开关机操作和操作流程。

（1）开关机操作。开机与关机。按下电源开关接通电源，打开一体化速印机。再次按下电源开关关闭速印机，如图 5-74 所示。

图 5-73　关闭出纸台

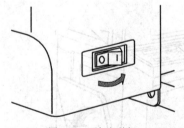

图 5-74　开机与关机

实训园地　上机实际操作一下，熟悉一体化速印机的操作流程，并了解指示灯与机器工作状态的关系。

（2）印刷操作流程。操作流程是指从开始使用一体化速印机到完成工作任务的一般程序，包括开机与关机、制版和印刷。

① 检查控制面板上的设定。通过控制面板检查一体化速印机的设定是否符合印刷的要求。如果确定设定无误后，可以放置原稿。控制面板设定如图 5-75 所示。

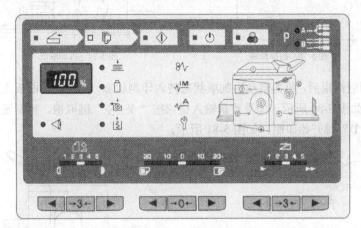

图 5-75　控制面板上的设定

② 制版。

- 放置原稿。向上转动打开玻璃台盖，将原稿需要印刷的一面向下放置在扫描玻璃上，如图 5-76 所示。
- 扫描原稿。原稿放置好后，盖上扫描玻璃台盖板，机器自动地由印刷状态进入制版状态。控制面板上的"制版"指示灯 M 亮起，如图 5-77 所示。按下"启动①"键，扫描原稿，开始制版，如图 5-78 所示。

图 5-76　放置原稿

图 5-77　"制版"指示灯

 温馨提示　（1）应保证原稿的平整但不要用力压原稿。在原稿的边缘应留有一定的空白，如果原稿尺寸较大，应缩小原稿。
（2）如果原稿上有修正液或胶水，应晒干后再放到扫描玻璃台上。

- 打印版纸。机器把版纸放在滚筒上并印一张试样，以检查印刷质量、位置、印刷浓度等结果是否符合需要，制版完成，如图 5-79 所示。

 温馨提示　如果在前一次制版后，开始印刷，完成指定的印刷数量后，这时打开原稿台盖板，自动进入制版，如果要继续前一次的印刷任务，必须手动更换为印刷状态。

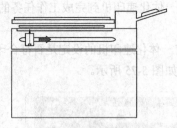
图 5-78 扫描原稿

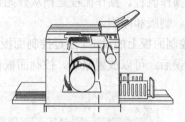
图 5-79 打印版纸

③ 印刷。制版结束后，机器自动由制版状态转入印刷状态。利用控制面板上的数字键输入所需的印刷张数，如图 5-80 所示。如果数量输入错误按"✳/↩"键取消，重新输入。数量确定无误后按下"启动①"键开始印刷，如图 5-81 所示。

图 5-80 数量输入

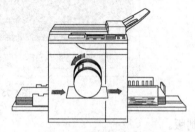
图 5-81 印刷

3. 一体化速印机的操作功能

以上介绍的是速印机的基本操作，理想 GR 2700 一体化速印机的功能很多，主要包括照片/加网图像处理、改变印刷色彩、试印、自动印刷、调整功能、并排印刷原稿、自动拌墨、使用存储器等。

（1）照片/加网图像处理。该功能主要是针对图片和图文内容的不同而做出选择。

① 照片（图像）：把具有灰度变化的照片或加网图像处理得更加鲜明。原稿内的线条和文字变得稍轻微些。这时按"▲"、"▼"按钮可以选择照片（图像）处理。

② 图文：把具有灰度变化的照片或加网图像处理鲜明，并且原稿内的线条和文字不会变得不清楚。具有细线条和文字的多彩原稿或照片原稿，推荐选用这一方式处理。这时按"▲"、"▼"按钮可以选择图文处理。

小经验 （1）淡浓度的原稿，选择"图文"处理时线条可能被破坏，应选择"文字"处理。
（2）带深色照片的原稿，选择"文字"处理时印刷件会看不清，选择"图文"或"照片"处理。

③ 恢复设定：按下"复原R·♈"键 1s 以上即可把图形处理恢复到初始设定。

（2）试印。该功能主要是为了检查印刷的质量如何。如果改变了印刷位置及其他设定，应试印检查印刷质量。按住"试印✐"键不放可以连续印刷。

（3）自动印刷。该功能主要是为了将制版和印刷一步完成，前提是必须保证良好的印刷质量，否则会造成损失与浪费。

① 按下"自动印刷▥+≡"键，"自动印刷"指示灯亮起。

② 放好原稿，并输入印刷张数，按"启动①"键开始自动印刷。

③ 按下"复原R·♈"键 1s 以上即把自动印刷恢复到初始设定。

（4）调整功能。该功能主要是为了改变一些印刷的效果，如尺寸大小、亮度、对比度等。

小李在印刷一份宣传稿时,希望印刷浓度高一些、印刷速度快一点,该如何调整机子。

① 缩小原稿。

- 按"缩小█"键选择所需的比率,原稿能按4种预置比率进行缩小,每按"缩小█"键一次,比例按94%→87%→82%→71%→94%的顺序改变。所选的"预置复制比率"指示灯点亮,如图5-82所示。

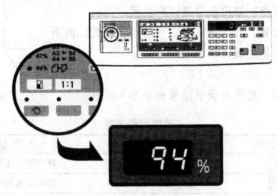

图5-82 比率显示

- 按"1:1"键时,返回原稿大小。
- 按下"复原R·3v"键1s以上即把缩小原稿恢复到初始设定。

② 改变印刷件上的扫描对比度。

- 扫描对比度有5挡,操作与调节结果如表5-5所示。

表5-5   调节扫描对比度

调 节 按 钮	调 节 结 果
◀	对比度减弱,适用于颜色较深或彩色的原稿,如报纸等
→3←	使扫描对比度回到初始设定
▶	对比度加深,适用于不好的复印件或铅笔书写的文件

- 按"扫描对比度调整"键改变对比度,如图5-83所示。

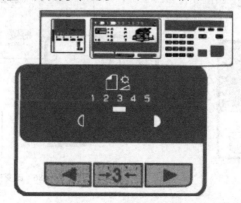

图5-83 扫描对比度调整

- 按下"复原R·3v"键1s以上即把扫描对比恢复到初始设定。

③ 调整印刷位置。

- 垂直印刷位置有 5 挡，操作与调节结果如表 5-6 所示。

表 5-6 调整印刷位置

调 节 按 钮	调 节 结 果
◀	移下印刷位置
▶	移上印刷位置
→0←	使印刷位置回到中央

- 按"印刷位置调整"键改变垂直印刷位置。
- 调整水平印刷位置。向上旋，向左移动印刷位置；向下旋，向右移动印刷位置，如图 5-84 所示。

④ 改变印刷速度。

- 印刷速度有 5 挡，操作与调节结果如表 5-7 所示。

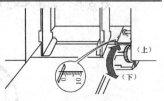

图 5-84 调整水平印刷位置

表 5-7 改变印刷速度

调 节 按 钮	调 节 结 果
◀	减小印刷速度
→3←	使印刷速度回到标准
▶	增大印刷速度

- 按下"印刷速度调整◀/▶"键可改变印刷速度，如图 5-85 所示。
- 按下"复原R·8\"键 1s 以上即把印刷速度恢复到初始设定。

（5）并排印刷原稿。两张原稿可以并排印刷在一张纸上，如有必要，各张原稿还可以有不同的设定，包括"复制尺寸"、"扫描对比度"及"处理方式（文字/图像/图文）"等。

① 二合一印刷原稿。

- 按下"二合一⬚⬚"键启动二合一功能。
- 将一张原稿面朝下放在扫描台玻璃上，按"启动◇"键开始印刷。

② 二合一印刷两张不同的原稿。

- 改变初始设定，使二合一功能增加 15s 的间隔，以便于放置第二张原稿，如图 5-86 所示。

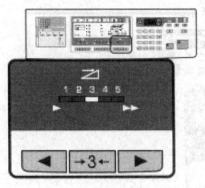

图 5-85 改变印刷速度

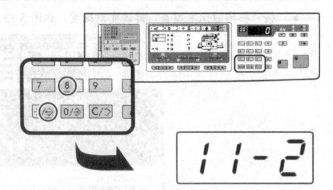

图 5-86 改变初始设定

- 按下"二合一⬚⬚"键启动二合一功能。
- 将一张原稿面朝下放在扫描台玻璃上。

- 按"启动◇"键。
- 在 15s 长的"嘟嘟"的叫声中，输入第二张原稿并把第二张原稿放到扫描台玻璃上，机器自动将第二张原稿印到前面一张的另一侧，完成二合一印刷。

③ 自动分页成组。将印刷任务自动分解成几组任务来完成，按照设置的不同，有两种程序的设定，分别是程序 A 设定和程序 B 设定。

- 程序 A 设定。
  ➢ 按"编程"键 P，如图 5-87 所示。
  ➢ 使用"印刷量"键 0～9 设定第一类的每一组印刷张数，如图 5-88 所示。

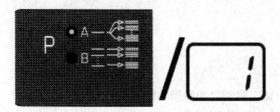

图 5-87　按"编程"键

图 5-88　使用"印刷量"键 0～9

  ➢ 按"×"键输入第一类的印刷数量，如图 5-89 所示。
  ➢ 按"＋"键设定第二类的印刷数量，如图 5-90 所示。

图 5-89　按"×"键

图 5-90　按"＋"键

  ➢ 使用"印刷量"键 0～9、"×"键和"＋"键输入任意现有类的印刷张数和组数。
  ➢ 按下"＊/↩"键，检查或修改已设定好的任何一类印刷张数和组数。
  ➢ 将原稿面朝下放在扫描台玻璃上。
  ➢ 按"启动◇"键。
- 程序 B 设定。
  ➢ 按"编程 P"键两次。
  ➢ 使用"印刷量"键 0～9 设定第一类的每一组印刷张数。
  ➢ 按"＋"键设定第二类的印刷数量。
  ➢ 使用"印刷量"键 0～9 和"＋"键输入其余原稿的印刷数量。
  ➢ 按"＊/↩"键检查或修改已设定好的任何一张原稿的印刷数量。
  ➢ 将原稿面朝下放在扫描台玻璃上。
  ➢ 按"启动◇"键。

（6）使用存储器。存储器用于存放一些常用的信息，使用存储器主要包括存储设定、调用存储的设定、删除存储的设定等。

① 存储设定。
- 按下"记忆 M"键，启动记忆功能。
- 选择空的程式号码以便输入设定组合"ᴇ"表示为空号。
- 按下"存储0/↩"键把要存储的设定放入选定的程式号码中。

② 调用存储的设定。

- 按下"记忆 M"键，启动记忆功能。
- 使用"＋"键或"×"键选择所需设定的程式编号。
- 按下"呼叫✳/↺"键。

③ 删除存储的设定。

- 按下"记忆 M"键。
- 使用"＋"键或"×"键选择所需清除的程式编号。
- 按下"C/↺"键，"E"表示该程式号是空的。
- 退出记忆功能，再按下"记忆 M"键一次。

（7）文件保密。

① 确认印刷工作已结束。

② 按"保密 ◻'"键。

③ 按"启动◇"键。

（8）自动拌墨。按下"自动拌墨◯"键，启动自动拌墨功能。

（9）设置初始设定。初始设定的详细内容如表 5-8 所示。

表 5-8　　　　　　　　　　　　　　　初始设定的详细内容

项目号码	项目名称	项目内容	选择设定
01	印刷速度选择	选择初始印刷速度（张/分钟）	1～60；2～80；3～100（默认）；4～120；5～130
02	自动印刷选择	选择自动印刷功能的初始状态	1～开（默认）；2～关
04	印刷量显示模式选择	选择印刷量显示器的初始显示数字	1～0 张（默认）；2～1 张
06	自动复位时间选择	设/撤自动复位的时间	1～关（默认）；2～5 分钟
07	最低印刷数量选择	选择一张版纸印刷的最少印刷张数	1～1 张（默认）；2～10 张；3～20 张；4～30 张
08	自动印墨时间选择	选择自动拌墨的自动启动周期	1～12 小时（默认）；2～6 小时；3～关
09	自动进稿制版	不启动自动印刷功能时用/不用"◇"（启动）键以送入自动进稿机组上的下一张原稿	1～关（默认）；2～开
10	原稿处理	选择初始原稿处理方式	1～文字（默认）；2～图文
11	2合1功能待稿时间选择	在二合一印刷时，更换原稿的等候时间有/无	1～0s（默认）；2～15s
12	2合1组合	在二合一印刷，选择此功能的组合	1～B5×2（默认）；2～A5×2
13	JS 分页机装置选择	对于选择的 JS 分页机打开/关闭数据线路，如果安装了 JS 分页机则选择"有"	1～无（默认）；2～有
15	扫描对比度	选择原稿扫描对比度的初始设定	1；2；3（默认）；4；5

 小经验　二合一功能只可以在 A4 或 B4 尺寸纸上进行印刷时才能够利用。在启动二合一功能之前，务必确认所选择的二合一组合是否适合于用纸的尺寸。这可以通过进入在设置操作中的初始设定项目 12 号进行；否则，二合一功能将不能正确启用。

① 按下"✳/↺"键的同时，按下"8"键。

② 输入要设置的项目号码。

③ 按"启动◇"键。

④ 按下"复原 R·𝄐"键。

（10）改变印刷色彩。要改变印刷的颜色，只要将黑色滚筒更换为彩色滚筒就可以进行彩色印刷。

① 将放置滚筒的机门打开，如图 5-91 所示。

② 确认"滚筒复位"指示灯亮着，如图 5-92 所示。

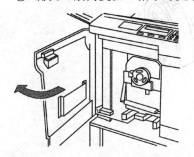

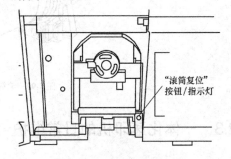

"滚筒复位"按钮/指示灯

图 5-91　打开机门

图 5-92　滚筒复位指示灯亮

温馨提示

（1）如果指示灯不亮，按下滚筒复位按钮，滚筒转回去停止在指定的复位上，指示灯点亮。

（2）如果指示灯不亮不能拉出滚筒。

③ 拉出滚筒。抬起滚筒把手，水平拉出滚筒，直到拉不动为止，如图 5-93 所示。

④ 从机器中取出滚筒，如图 5-94 所示。

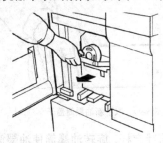

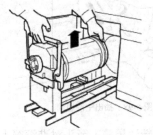

图 5-93　拉出滚筒

图 5-94　取出滚筒

⑤ 把彩色滚筒装在支架上，如图 5-95 所示。

⑥ 把滚筒推回机器内，如图 5-96 所示。

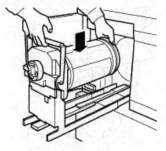

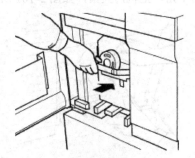

图 5-95　装入彩色滚筒

图 5-96　把滚筒推回机器内

温馨提示

滚筒包含高灵敏度的电子元件，为了避免因静电放电损坏这些元件，不要触摸滚筒连接装置，如图 5-97 所示。

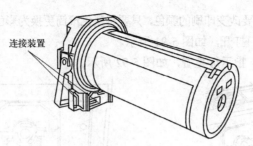

连接装置

图 5-97　滚筒连接装置

5.2.3　一体化速印机的日常维护

一体化速印机的日常维护包括更换部件、更换电池、清洁等。

1.　更换部件

（1）更换油墨筒。

① 打开机门，从滚筒中抽出空油墨筒。放松油墨筒锁定杆，抽出空油墨筒，如图 5-98 所示。

② 取下新油墨筒的盖子，如图 5-99 所示。

图 5-98　抽出空油墨筒

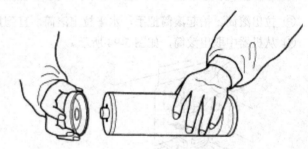

图 5-99　取下新油墨筒盖子

③ 将新油墨筒上箭头对准滚筒上箭头，再拉开油墨筒锁定杆，旋转油墨筒使油墨筒上箭头对着滚筒上箭头，如图 5-100 所示。

④ 锁好油墨筒至适当位置，关好机门。使油墨筒锁定杆回复原位，固定油墨筒。用力按一下机门的右下角，把机门关紧，如图 5-101 所示。

图 5-100　油墨筒上箭头对着滚筒上箭头

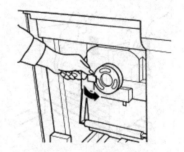

图 5-101　锁好油墨筒关好机门

温馨提示

确保新油墨筒与旧油墨筒颜色一致。如需改变印件颜色，应更换整个滚筒。

（2）更换版纸卷。

① 提起扫描台。按住扫描台释放杆，提起扫描台，直到提不动为止，如图 5-102 所示。

② 打开制版机组。压下制版机组右侧的释放杆，打开制版机组，如图 5-103 所示。

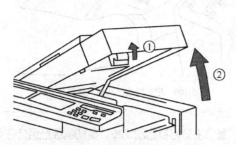

图 5-102　提起扫描台

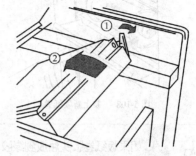

图 5-103　打开制版机组

③ 打开版纸卷盖，压下制版卷盖，如图 5-104 所示。

④ 取出空版纸卷。向右推版纸卷，向外拉，从支架上取出空版纸卷，如图 5-105 所示。

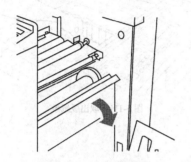

图 5-104　打开版纸卷盖

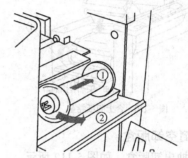

图 5-105　取出空版纸卷

⑤ 取下左右承轮。从空版纸卷上取下左右承轮，如图 5-106 所示。

⑥ 把取下的承轮装在新版纸卷上。把从空版纸卷上取下的左右承轮装在新版纸卷上，有色的装在右边，白色的装在左边，然后拆开新版纸卷，如图 5-107 所示。

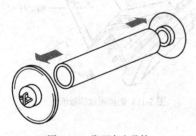

图 5-106　取下左右承轮

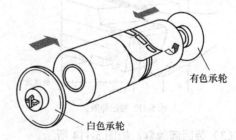

图 5-107　把取下的承轮装在新版纸卷上

⑦ 装上新版纸卷。把有色的承轮压入右承轮托架，把白色承轮滑入支架的槽中去，如图 5-108 所示。

⑧ 把版纸卷版头插入绿胶片下面。拉住版头，拉出版纸并把版纸卷版头插入绿胶片下面，如图 5-109 所示。

⑨ 轻轻合上版纸卷盖，并关上制版机组，如图 5-110 所示。

⑩ 关闭扫描台。

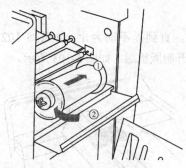

图 5-108　装上新版纸卷

图 5-109　把版纸卷版头插入绿胶片下面

 温馨提示　如果版纸卷版头沿放到绿胶片下太多，多余部分将被自动切掉。剪切的版纸条还在里面时，在主面板上将显示相应的信息，提示拿走版纸条，应把它取出，如图 5-111 所示。

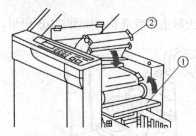

图 5-110　合上版纸卷盖

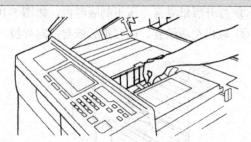

图 5-111　取出版纸条

2. 倒空卸版盒

（1）抽出卸版盒，如图 5-112 所示。

（2）倒掉用过的版纸，如图 5-113 所示。

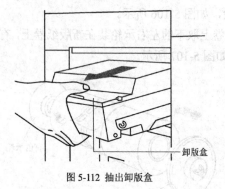

图 5-112　抽出卸版盒

锁定杆

图 5-113　倒掉用过的版纸

（3）装回卸版盒，如图 5-114 所示。

3. 更换锂电池

（1）电池用完时，"▯"指示灯闪烁，并且提示代码"▯▯"显示在印刷量显示器上，如图 5-115 所示。

（2）更换锂电池必须由受过训练并被授权的维修技术人员进行。

4. 清洁

（1）清洁热敏头。

① 每用完两卷版纸清扫一次热敏头。

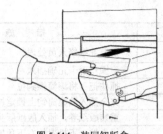

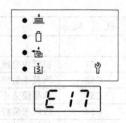

图 5-114　装回卸版盒　　　　　　　　　　　　图 5-115　指示灯闪烁

② 清扫时提起扫描台，打开制版机组，然后用软布或薄纸轻轻擦拭热敏头数次。

③ 要更有效地清洁，在擦拭热敏头前应先在软布或薄纸上沾少许酒精。

 因为热敏头非常精密，所以要避免硬物划碰，如图 5-116 所示。

（2）清洁扫描台玻璃和扫描台盖。用软布或薄纸轻轻擦拭扫描台玻璃，如图 5-117 所示。

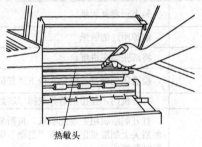

热敏头

图 5-116　热敏头　　　　　　　　图 5-117　清洁扫描台玻璃和扫描台盖

（3）清洁压力辊。

① 用沾有酒精的软布彻底擦拭压力辊，如图 5-118 所示。

② 用保密功能在装空白版纸的滚筒下过纸。

（4）清洁外壳。定期用软布擦拭机器外壳去掉灰尘，如图 5-119 所示。

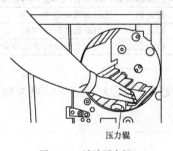

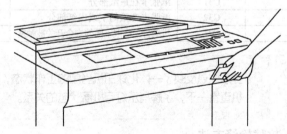

压力辊

图 5-118　清洁压力辊　　　　　　　　图 5-119　清洁外壳

5.2.4　一体化速印机常见故障排除

1．提示信息

当机器出错或出故障时，相应的指示灯会亮起或者闪烁，在显示器上显示错误代码。使用人员可以根据这些信息处理一些简单的故障。表 5-9 所示为一些提示信息。

表 5-9　　　　　　　　　　　　　　　　　　提示信息

指 示 灯	代 码	原 因	措 施
🔧			请专业维修人员处理
◁	C51	机器内有操作磁卡	将操作磁卡正确插入
	C52	滚筒未装好	抓住把手将滚筒推到位
	C53	油墨筒未正确装好	完全插入油墨筒钩上锁定杆
	C54	版纸未装好	重装版纸卷，插入版纸头到绿色胶片下面
	C55	机门未关紧	用力按一下机器的右下角把机门关紧
	C56	扫描台不到位	放下并关紧扫描台
	C57	卸版盒没装好	抓住卸版盒把手将它完全插入
	C58	制版机组未关上	打开扫描台并关好制版机组
	C61	本机不能使用这种尺寸的滚筒	安装合适尺寸的滚筒
	C62	本机不能使用这种型号的滚筒	安装合适型号的滚筒
	C63	本机不能使用这种型号的油墨筒	安装合适型号的油墨筒
	C24	切下的版纸条留在制版机组	打开扫描台和制版机组，拿掉版纸条
	C27	滚筒上没有版纸	按下"复原"键消除此信息，然后在扫描台玻璃上或自动进稿台上放一张原稿，并按下"启动"键
🍶	C41	油墨筒空	更换新油墨筒
🎞	C42	版纸卷已完	装上一卷新版纸
⅃	C43	卸版盒满	倒掉用过的版纸
☰	C44	纸张用完或未装在进纸台上	将纸张装在进纸台上
8∿	C33	不进纸或进纸不当	检查印刷纸及进纸台并按下"复位"键
	C34	印刷纸张沾在滚筒上	打开机门，拉出滚筒并取掉印刷纸张
∿IM	C21	版纸未正确地装在滚筒上	打开制版机组并卷起版纸，重新装好版纸，然后关上制版机组，按下"启动"键，重新开始制版操作
	C22	版纸误送	打开制版机组并卷起版纸，重新装好版纸
	C23	版纸裁切不当	打开机门，拉出滚筒，检查版纸是否装到滚筒，如果没装好，取下版纸后将滚筒装回机器，然后按"启动"键从制版开始重新印刷
∿IM	C25	用过的版纸留在滚筒上	打开机门，拉出滚筒，取出残留的版纸
	C26	用过的版纸卡在卸板盒口上	拉出卸版盒，如果版纸存在，将它取出
	C31	纸张卡在进纸部分	打开机门，拉出滚筒并取出卡纸
	C32	纸张卡在滚筒下或出纸部分	打开机门，拉出滚筒并取出卡纸
	C71	进纸台上面或下面的安全开关被触发	检查进纸台，发现有障碍时去除障碍

实训园地　提示信息反映了一体化速印机当前的工作状态，如"🍶"指示灯亮起表示油墨没有了。上机查看一下，了解指示灯与机器状态的关系。

2. 故障检修方法

一体化速印机常见故障与检修方法详细如表 5-10 所示。

表 5-10　　　　　　　　　一体化速印机常见故障与检修方法

现　　象	原　　因	措　　施
即使按了电源开关，机器也不启动	机器没有接通电源	检查电源线是否牢固地接在电源插座上
		检查电源线是否接在机器上
		检查电闸是否接通了

现　象	原　因	措　施
机门关着，但是"检查设定"指示灯闪烁，并且3点亮在机器监视显示屏上	在机门的右下面有一块金属板，如果金属板不与机器右下面的磁铁直接接触，"检查设定"指示灯持续闪烁在检查和出错显示屏上	用力按一下机门的右下角，把门关好
印刷件上没有图像	检查原稿是否放好	确保原稿面朝下放置
	检查版纸是否放好	确认版纸版头从版纸卷下面拉出放置
原稿背景显现在印刷件上	如果把报纸或有色纸用做原稿，背景就会显现在印刷件上	按"扫描对比度调整"键使对比度变淡，然后重新放上原稿并按下"启动"键
部分图像残缺或不清晰	扫描台玻璃上沾有修改液或胶水	打开扫描台盖，用软布或薄纸清洁扫描台玻璃
	滚筒上的版纸上下有异物	拉出滚筒取出异物
	在扫描时，扫描台盖被打开	在扫描时，确保扫描台盖关上
印刷图像相当模糊不清	如果机器长期未使用，滚筒表面上的油墨可能干掉。滚筒上的干油墨会使印刷件变得模糊不清	按"试印"键数次，直到印刷图像变清晰为止。为避免长期不用图像不清，操作前要将"自动拌墨"功能启动
	淡原稿造成淡图像	按"扫描对比度调整"键使对比度变浓，然后重放原稿并按"启动"键
	如果温度低（低于15℃）或油墨筒存放于寒冷处，油墨可能流动不畅	在操作机器之前，使房间或油墨筒热起来
印刷件上出现空白纵线	热敏印刷头上可能沾有版纸上掉下来的纸屑	打开制版机组，用软布或薄纸清洁热敏印刷头
	扫描台玻璃上沾有灰尘或修改液	打开扫描台盖，用软布或薄纸清洁扫描台玻璃
印好的印刷件背面沾有油墨	在印刷中把印刷纸压在滚筒上的橡胶压力辊上可能沾有油墨	拉出滚筒，用软布或薄纸轻轻清洁橡胶辊
	进纸台导板被设置成最大宽度	调节进纸台导板至合适的宽度
纸张粘在滚筒表面	纸张不符合要求	使用推荐的印刷纸
	位置不合理	按"印刷位置调整"键，放低垂直印刷位置
	稿子放置不当	掉转原稿并从制版开始重新印刷
进纸时纸张打滑	印刷纸误送可能导致卡纸	把进纸压力调节杆置于"厚纸"位置

习　题

1. 叙述复印机的下述功能：缩小/放大；双面复印；横竖变换；黑白颠倒；双页复印。
2. 复印机的日常维护包括哪些方面？
3. 复印机的卡纸主要发生在哪些部位？
4. 一体速印机的工作流程是什么？
5. 如何调节一体速印机的对比度、印刷位置和印刷速度？
6. 一体速印机的日常维护包括哪些方面？

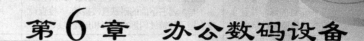

第 6 章　办公数码设备

数码设备是一种新型的现代办公设备,有关数码产品的种类、应用实际上是无法严格区分的,前面几章中介绍的很多办公设备,如计算机、数码复印机,都是数码产品。在本章中介绍的数码设备,是相对于传统意义上而言的。数码照相机是相对于传统的机械式相机而言,数码摄像机是相对于传统的模拟摄像机而言。它们的摄影、成像系统仍旧采用原有的光学系统,只是存储单元不再是胶卷或磁带,而采用数码存储器、记忆卡等数码存储介质。

本章以数码照相机和数码摄像机两种数码产品为例,介绍其使用和维护方法。

查
一
查
（1）数码是一个什么概念?它与传统设备的主要区别是什么?
（2）目前市场上有哪些设备属于数码产品?

6.1　数码照相机

数码照相机最早出现于 20 世纪 80 年代,当时由于技术上的问题,没有得到广泛的使用,在 20 世纪 90 年代初也只是在新闻界和部分专业图片制作领域小范围内使用。随着技术的不断成熟,关键元件的制作技术终于有了较大的突破,数码照相机的价格也随之降低。而且数码照相机的品质、拍摄质量也大幅度提高,越来越受到人们的青睐,到目前为止,已经成为相机市场的主导产品。

随着技术的不断完善和发展,不同技术特点、不同功能需求的数码照相机不断涌现,其产品种类也发展到几十种。数码照相机如果按照图像传感技术来分,可以分为 CCD 数码照相机和 CMOS 数码照相机;如果按照外形可以分为时尚照相机、数码单反、数码长焦、普及型照相机、卡片机等几种。

本章以 Sony(索尼)T9 数码照相机为例介绍数码照相机的使用与维护。

查
一
查
数码照相机主要有哪些品牌?了解它们的工作原理。

6.1.1　数码照相机的外部结构

数码照相机按照观看角度的不同,从外形上看可以有前侧面、后侧面、上侧面等几部分,详细介绍如表 6-1 所示。

部 位 名 称	结构示意图

表 6-1　　　　　　　　　　　　Sony（索尼）T9 数码照相机的外形结构

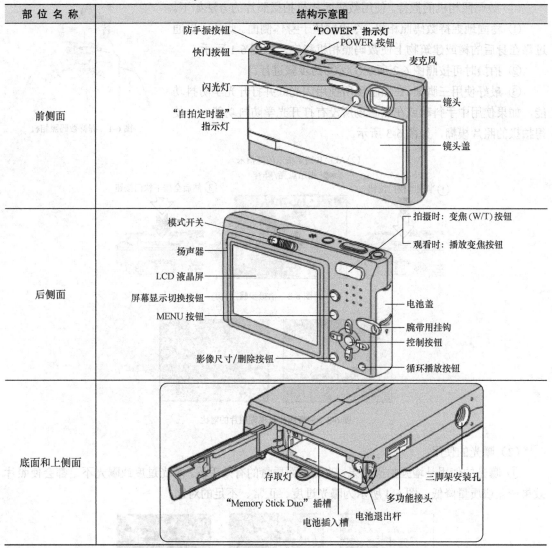

部 位 名 称	结构示意图
前侧面	防手振按钮　　"POWER"指示灯　POWER 按钮　快门按钮　麦克风　闪光灯　镜头　"自拍定时器"指示灯　镜头盖
后侧面	模式开关　拍摄时：变焦(W/T)按钮　观看时：播放变焦按钮　扬声器　LCD 液晶屏　电池盖　屏幕显示切换按钮　腕带用挂钩　MENU 按钮　控制按钮　影像尺寸/删除按钮　循环播放按钮
底面和上侧面	存取灯　三脚架安装孔　"Memory Stick Duo"插槽　多功能接头　电池插入槽　电池退出杆

实训园地 数码照相机已经是一种普及型的办公设备，如果你也有数码照相机，不妨观察一下，它的外形、按键连接端口在哪里，作用是什么？

6.1.2　数码照相机的基本使用

数码照相机种类很多，它们的使用方法大同小异。使用数码照相机拍摄照片是一项简单的工作，但是要拍摄出一张高质量的照片就不是那么简单了，为此必须对数码照相机的使用有一个全面而系统的了解。本小节着重介绍有关数码照相机的使用方法，包括使用数码照相机拍摄照片，认识画面上的指示，菜单的使用，数码照相机与计算机的连接与使用，数码照相机与电视机的连接与使用等。

1. 使用数码照相机拍摄照片

（1）数码照相机的握持。使用数码照相机拍摄照片的方法如下。

① 稳固地握持数码照相机，令手臂位于身体侧面。此外可以通过靠在身后的树或建筑物上使数码照相机稳定，如图6-1所示。

② 拍摄时可按照图6-2所示①②③的步骤进行。

③ 最好使用三脚架，在黑暗场所使用闪光灯并打开光学防抖功能，如果使用中手抖动或在黑暗场所没有打开光学防抖功能，会使得拍摄的照片模糊，如图6-3所示。

图6-1 握持数码照相机

图6-2 拍摄步骤

图6-3 清晰照片与模糊照片的对比

（2）曝光的使用。

① 曝光的使用是增强拍摄效果，改变画面质量的有效手段，曝光过度或曝光不足都会使照片效果变差或质量降低，图6-4所示为曝光过度、正常、不足的对比。

曝光过度　　　　　　正确曝光　　　　　　曝光不足

图6-4 曝光过度、正常、不足的对比

② 自动调节模式下会自动设定恰当的曝光值。也可以使用以下功能手动调节曝光。

- 使用EV，可以调节相机决定的曝光。
- 使用测光模式，改变决定曝光时测量的被摄体的部分。

（3）照明条件。被摄体的外观色彩会受到照明条件的影响。受光源影响的影像的色彩如表6-2所示。

表6-2　　　　　　　　　　受光源影响的影像的色彩

天气/照明	日光	多云	荧光灯	白炽灯
光线的特征	白（标准）	偏蓝	蓝色	偏红

（4）"影像质量"和"影像尺寸"的关系

① 影像质量受影像尺寸的影响很大，一般影像尺寸越大像素越高，影像质量就越好，如图6-5所示。

② 影像尺寸越大，所需的存储空间也越大，因此影像尺寸大小的选择取决于相机存储卡的大小。

像素数多　　　像素数少

图6-5　像素多少与影像质量的关系比较

说一说　像素是一个什么概念？它与图像质量之间是什么关系？

2. 认识画面上的指示

熟悉画面上显示的信息，也有助于拍摄出优质的照片。在此着重介绍画面显示的改变，通过模式开关改变拍摄或播放模式，了解画面上显示的相关信息的意义等。

（1）改变画面显示。每按一次"屏幕显示切换▢"按钮，屏幕显示模式按图6-6所示循环变化。

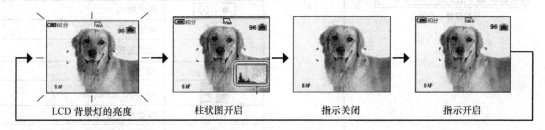

LCD 背景灯的亮度　　　柱状图开启　　　指示关闭　　　指示开启

图6-6　屏幕显示切换

（2）使用模式开关。拨动模式开关，使模式开关处于想要的功能，如图6-7所示。

（3）了解画面上的显示信息。熟悉画面上显示的信息，也有助于拍摄出优质的照片。在拍摄、播放时的情景不同，显示的信息也不同，详细介绍如表6-3、表6-4所示。

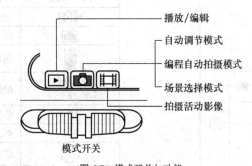

播放/编辑
自动调节模式
编程自动拍摄模式
场景选择模式
拍摄活动影像

模式开关

图6-7　模式开关与功能

表6-3　　　拍摄静止、活动影像时画面上显示的信息和信息意义

显 示 图 示	画 面 区 域	符　　号	含　　义
	1	▭ 60分	剩余电池电量指示
		●	AE/AF 锁定
		BRK	拍摄模式
		♦WB ☀	白平衡
		待机摄像	待机/拍摄活动影像

第6章
办公数码设备

显 示 图 示	画面区域	符 号	含 义
当拍摄静止影像时	2	（相机模式场景图示）	相机模式（场景选择）
		P	相机模式（编程）
		⚡ ⚡SL 🚫	闪光模式
		⚡●	闪光灯充电
		W━━T ×1.3 / S Q P Q	变焦模式
		👁	红眼减弱
		▯	清晰度
		◑	色度
		◐	对比度
		ON	AF照明器
		● ◉	测光模式
		P⁺	特殊效果
		🌷	微距拍摄
		S AF MAF	AF模式
		▦	AF域取景框指示
		1.0m	预设对焦距离
		OFF	防手动关闭/打开
当拍摄活动影像时	3	6M 3:2 3M / 1M VGA 16:9 / FINE840 810840 160	影像尺寸
		FINE STD	影像质量
		▶101	记录文件夹
		▣	剩余内部存储器容量
		▯	剩余"Memory Stick"容量
		00:00:00 [00:28:05]	拍摄时间（最长可拍摄时间）
		1/30	多段间隔
		400	剩余可拍摄像素
		⏲	直拍定时器
		C:32:00	自检显示
		DATE	日期/时间
		ISO400	ISO值
		±0.7EV	阶段步级值
	4	⚠	抖动警告
		▭	电池电量低下警告
		✛	定点测光十字框
		⸬	AF域取景框

显 示 图 示	画面区域	符 号	含 义
	5	(柱状图)	柱状图
		NR	NR 低速快门
		125	快门速度
		F3.5	光圈值
		+2.0EV	曝光值
		(菜单图示)	菜单/指南项目单

表 6-4　播放静止、活动影像时画面上显示信息和信息意义（相同的部分参见表6-3）

显 示 图 示	画面区域	符 号	含 义
当播放静止影像时	1	O-π	保护
		(打印图示)	打印命令
		(变更文件夹图示)	变更文件夹
		逐次播放 12/16	逐帧播放
		►	播放
		音量 ▌▌▌▌▌▌	音量
	2	101-0012	文件夹-文件夹编号
		(播放进度条)	播放进度
当播放活动影像时	3	(PictBridge图示)	PictBridae 连接
		101 ►	播放文件夹
		8/8　12/12	影像编号/记录于选定文件夹中的影像数目
		00:00:12	计数器
	4	(禁止图示)	请勿卸除多用途端子用电缆
		(空框)	播放影像
	5	2005 1 1 9:30 AM	播放影像的记录时间/日期
		●PAUSE ●PLAY	连续播放多段影像
		◄►BACK/NEXT	选择影像
		◆ VOLUME	调节音量

 想一想　要记住这么多的图标和功能是困难的，你有什么快速的记忆、理解方法？

3. 菜单的使用

（1）菜单的调用。菜单包含了数码照相机中全部的功能和选项，菜单的使用也是一项复杂而系统的操作，合理地使用菜单是增强拍摄效果、提高拍摄质量的前提，菜单的操作如图 6-8 所示。菜单的操作方法如下。

① 接通电源并设置模式开关。根据模式开关位置和"相机"菜单█设置的不同，可利用的

项目不同。

② 按"MENU"按钮显示菜单。用"◀/▶"按钮选择想要的菜单项目。如果在"播放/编辑"模式▶下，选择项目之后按"●"按钮。

③ 用"▲/▼"按钮选择设置。选取的设置会被放大并被设定，如图6-9所示。

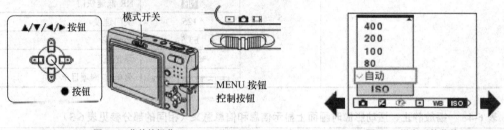

图 6-8　菜单的操作　　　　　　　　　　　　　　　图 6-9　设定后的菜单

（2）菜单的内容。可以利用的菜单项目会根据模式开关的位置而不同，画面上只显示可以利用的项目。菜单的使用可以在实际操作中不断熟练，在此只介绍相关菜单的内容。

① 拍摄用菜单有：手动调节曝光（EV）🔲、对焦🔲、测光模式🔲、白平衡WB、光照感光度ISO、图像质量🔲、拍摄模式Mode、阶段步级BRK、间隔🔲、闪光灯亮度🔲、特殊效果PFX、色度🔲、对比度🔲、清晰度🔲、设置🔲等。

② 播放用菜单有：文件夹🔲、保护🔲、DPOF、打印🔲、循环播放🔲、调整尺寸🔲、转动🔲、划分🔲、设置🔲、修整等。

> **温馨提示**　菜单可以帮助我们对数码照相机进行最佳化设置，产生最好的拍摄效果。不过实际使用中，不必对每一项都进行繁琐的设置，数码照相机在出厂时，已经设置为最佳状态，在使用时只要对一些特定的项目如闪光、变焦等进行设置就可以了。

4．设置项目

（1）调用设置。设置项目的调用操作方法如下。

① 接通电源。

② 按"MENU"按钮显示菜单。

③ 按下控制按钮上的"▶"按钮之后，进入"设置🔲"，然后再次按"▶"按钮。

④ 按控制按钮上的"▲/▼/◀/▶"按钮选择想要设定的项目。

（2）设置操作。设置的项目有 AF 模式、日期/时间、红眼减弱、AF 照明器、自动检视、放大图标、STEADY SHOT、格式化、建立记录文件夹、改变记录文件夹、复制、下载音乐、格式化音乐、哔音、语言、初始化、文件序号、USB 连接、视频输出等。不同的数码照相机设置内容会有所区别，具体可以参见相关的说明书，使用时可以根据需要进行设置，这里限于篇幅不再展开。

5．数码照相机与计算机的连接与使用

将数码照相机与计算机连接，可以在计算机上观看影像、将影像保存在计算机上等。

（1）安装 USB 驱动程序与连接。

① 安装 USB 驱动程序。对于安装 Windows XP 操作系统用户，可以免去这一步操作；对于其他用户在安装驱动程序之前，先不要将数码照相机连接到计算机上。驱动程序安装方法如下。

- 关闭所有使用中的应用程序软件。

- 将 CO-ROM 插入计算机，然后在安装画面出现时单击"USB Driver"，出现"InstallShield

Wizard（InstallShield 向导）"。

- 单击 "Next" 按钮。
- USB 驱动程序安装开始。当安装结束时，画面显示完成。
- 选择 "Yes, I want to restart my computer now（是，我想现在重新启动计算机）" 单选钮，然后单击 "Finish" 按钮。

② 准备计算机与数码照相机。

- 将记录有影像的 "Memory Stick Duo（记忆卡或存储卡）" 插入数码照相机。
- 在数码照相机内插入充足电的电池，或用交流适配器将数码照相机连接到电源插座，电池按图 6-10 所示装入。

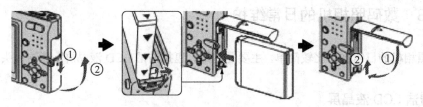

图 6-10　装入电池

- 将模式开关设为 "播放/编辑▶"，然后接通数码照相机和计算机的电源。

因首次电池充电不足，使用后会导致记忆容量，以后即使每次电池电量充足，也会产生记忆而显示电量不足。因此刚开始的时候，应该将电池充 12 小时以上，前 3 次应该完全用完再充。

③ 连接数码照相机与计算机。

- 将数码照相机与计算机按图 6-11 所示的线路进行连接。

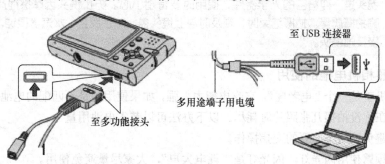

至 USB 连接器

多用途端子用电缆

至多功能接头

图 6-11　数码照相机与计算机的连接

- 连接成功后会在数码照相机的界面上出现一个如图 6-12 所示的画面。

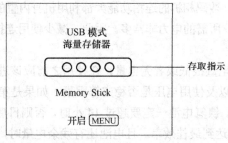

USB 模式
海量存储器

○○○○ ──── 存取指示

Memory Stick

开启 MENU

图 6-12　数码照相机上出现的画面

④ 复制、观看影像。下面以 Windows XP 操作系统为例，介绍影像的复制与播放。

- 当通过 USB 接口连接后，复制向导界面自动出现在屏幕上，先选中数码照相机选项，再单击 "OK" 按钮。
- 在随后出现的画面上按照默认操作单击 "Next" 按钮。在出现的界面中输入影像的名称和目的地，单击 "Next" 按钮开始复制影像。
- 影像复制完成后，单击 "Finish" 按钮。
- 要观看复制后的影像，在相应文件夹的文件上双击即可。
- 断开数码照相机连接的方法与断开计算机上其他硬件的方法相同，在此不再重述。

6.1.3 数码照相机的日常维护

数码照相机的日常维护比较简单，主要是清洁，包括清洁 LCD 液晶屏、清洁镜头、清洁相机表面等。

1. 清洁 LCD 液晶屏

使用 LCD 清洁布擦拭液晶屏表面，以清除指纹、灰尘等。

2. 清洁镜头

使用软布擦拭镜头以清除指纹、灰尘等。

3. 清洁数码照相机表面

用蘸少许水的软布清洁数码照相机表面，然后用干布擦拭表面；不要使用化学产品如稀释剂、汽油、酒精、驱虫剂、防晒霜或杀虫剂等，这可能会伤害表层的漆或外壳，也不要让数码照相机与橡胶或乙烯基长期接触。

温馨提示 镜头是一种精密的光学器件，使用时要特别小心。防止镜头因摩擦而产生划痕，影响拍摄质量。拍摄结束时，要及时盖上镜头盖，防止灰尘、水汽等侵蚀。不要用手直接接触镜头。

4. 数码照相机电池的使用

数码照相机就是一个"电老虎"，它吃电能力很强，如果使用的是不匹配的电池或是不注意节省，电池就会在你没拍摄几张照片时耗尽。以下办法可以节省电池用量。

（1）尽量避免使用不必要的变焦操作。

（2）避免频繁使用闪光灯，闪光灯是"耗电大户"，大家尽量避免使用。

（3）在调整画面构图时最好使用取景器，而不要使用 LCD。因为大部分数码相机都会因开启液晶显示屏取景而消耗更多电力，将它关闭可使电池备用时间增长两三倍。

（4）尽量少用连拍功能。数码相机的连拍功能大都利用机身内置的缓存来暂时保存数码相片。如果经常使用这些缓存的话，所需的电力非常多。因此，减少使用连拍和动态影像短片拍摄功能，对节电有很大帮助。

（5）新的充电电池一般电量很低或者无电量，在使用之前应该进行充电。对于充电时间，则取决于所用充电器和电池，以及使用电压是否稳定等因素。如果是第一次使用的电池，锂电池的充电时间一定要超过 6 小时，镍氢电池一定要超过 14 小时，否则日后电池寿命会较短。一般需经过数次充电/放电过程，才能达到最佳效率。且电池还有残余电量时，尽量不要重复充电，以确保电池寿命。充满电后的电池很热，应该待冷却后再装入相机。

5. 电池的维护

为了避免电量流失的问题发生，对电池的清洁是很有必要的。

（1）保持电池两端的接触点和电池盖子的内部干净，必要时使用柔软、清洁的干布轻擦，绝不能使用清洁性或是化学性等具有溶解性的东西清洁数码照相机、电池，或是充电器。

（2）如果长时间不使用数码照相机时，必须将电池从数码照相机中取出，将其完全放电后（有些充电器带有此功能，如没有可用小电阻短接尽量把电放掉）存放在干燥、阴凉的环境，而且不要将电池与一般的金属物品存放在一起。

（3）存放已充饱电的电池时，一定不要放在皮包、衣袋、手提袋或其他装有金属物品的容器中，以防止短路。

温馨提示

家庭选购数码照相机首先确定一个前提：是否有最终输出设备。因为数码照相机拍摄出来的照片虽然可以在电视或计算机上观看和修改，但是如果没有输出设备，则失去了照片很重要的特性——与别人分享。

（1）对于家庭而言，方便实用才是选购的主题。

（2）现在的数码相机越来越多的具有录像功能，这个功能很适合家用，如果自己对现场拍摄照片的经验不足，不如就把场景全部都录下来。

6.1.4 数码照相机常见故障排除

实训园地

有一数码照相机，拍摄效果总是模糊不清，这是什么原因造成的?

数码照相机的故障范围很广，常见的故障包括电池和电源故障、拍摄静止和活动影像时的故障、观看影像时的故障、删除和编辑影像时的故障、连接计算机和使用时的故障、存储卡上的故障、内部存储器上的故障等，详细介绍如表6-5所示。

表6-5　　　　　　　　　数码照相机的常见故障和解决方法

故 障 现 象	原 因	解 决 方 法
无法安装电池	未按退出杆	插入电池时,在顶端向镜头方向按电池退出杆
	电池未正确安装	正确安装电池
电池剩余电量指示出错或剩余电量指示显示电量充足,但很快电量耗尽	在极热或极冷的地方使用数码照相机会发生该现象	这不是故障
	电池已经放完电	安装已充电的电池
	剩余电量的时间显示发生了偏差	将电池完全放电后重新充电,使显示恢复正常
	电池寿命已尽	更换为新的电池
电池放电太快	电池没电	给电池完全充电
	正在极冷的地方使用数码照相机	更换使用环境
	电池端点脏了	用棉花棒等清洁电池端点,然后给电池充电
	电池寿命已尽	更换为新的电池

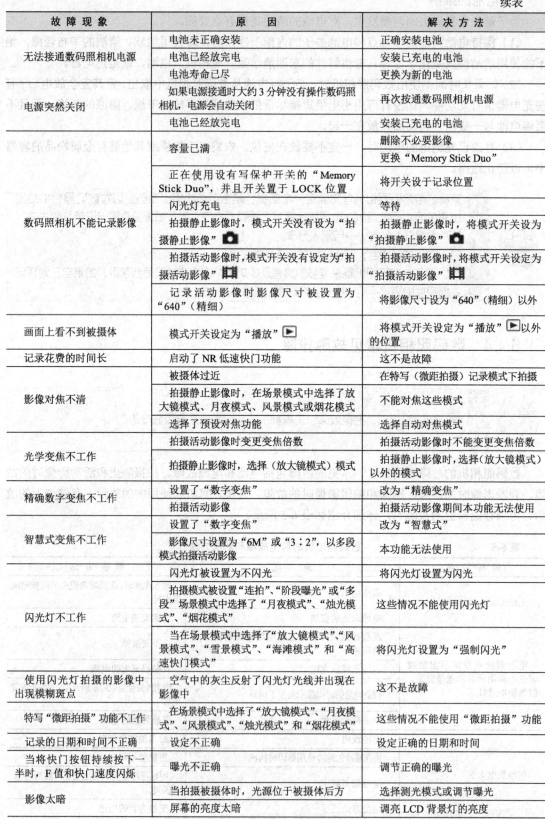

故障现象	原因	解决方法
无法接通数码照相机电源	电池未正确安装	正确安装电池
	电池已经放完电	安装已充电的电池
	电池寿命已尽	更换为新的电池
电源突然关闭	如果电源接通时大约3分钟没有操作数码照相机，电源会自动关闭	再次按通数码照相机电源
	电池已经放完电	安装已充电的电池
数码照相机不能记录影像	容量已满	删除不必要影像
		更换"Memory Stick Duo"
	正在使用设有写保护开关的"Memory Stick Duo"，并且开关置于LOCK位置	将开关设于记录位置
	闪光灯充电	等待
	拍摄静止影像时，模式开关没有设为"拍摄静止影像"	拍摄静止影像时，将模式开关设为"拍摄静止影像"
	拍摄活动影像时，模式开关没有设定为"拍摄活动影像"	拍摄活动影像时，将模式开关设定为"拍摄活动影像"
	记录活动影像时影像尺寸被设置为"640"（精细）	将影像尺寸设为"640"（精细）以外
画面上看不到被摄体	模式开关设定为"播放"	将模式开关设定为"播放" 以外的位置
记录花费的时间长	启动了NR低速快门功能	这不是故障
影像对焦不清	被摄体过近	在特写（微距拍摄）记录模式下拍摄
	拍摄静止影像时，在场景模式中选择了放大镜模式、月夜模式、风景模式或烟花模式	不能对焦这些模式
	选择了预设对焦功能	选择自动对焦模式
光学变焦不工作	拍摄活动影像时变更变焦倍数	拍摄活动影像时不能变更变焦倍数
	拍摄静止影像时，选择（放大镜模式）模式	拍摄静止影像时，选择（放大镜模式）以外的模式
精确数字变焦不工作	设置了"数字变焦"	改为"精确变焦"
	拍摄活动影像	拍摄活动影像期间本功能无法使用
智慧式变焦不工作	设置了"数字变焦"	改为"智慧式"
	影像尺寸设置为"6M"或"3:2"，以多段模式拍摄活动影像	本功能无法使用
闪光灯不工作	闪光灯被设置为不闪光	将闪光灯设置为闪光
	拍摄模式被设置"连拍"、"阶段曝光"或"多段"场景模式中选择了"月夜模式"、"烛光模式"、"烟花模式"	这些情况不能使用闪光灯
	当在场景模式中选择了"放大镜模式"、"风景模式"、"雪景模式"、"海滩模式"和"高速快门模式"	将闪光灯设置为"强制闪光"
使用闪光灯拍摄的影像中出现模糊斑点	空气中的灰尘反射了闪光灯光线并出现在影像中	这不是故障
特写"微距拍摄"功能不工作	在场景模式中选择了"放大镜模式"、"月夜模式"、"风景模式"、"烛光模式"和"烟花模式"	这些情况不能使用"微距拍摄"功能
记录的日期和时间不正确	设定不正确	设定正确的日期和时间
当将快门按钮持续按下一半时，F值和快门速度闪烁	曝光不正确	调节正确的曝光
影像太暗	当拍摄被摄体时，光源位于被摄体后方	选择测光模式或调节曝光
	屏幕的亮度太暗	调亮LCD背景灯的亮度

故障现象	原因	解决方法
影像太亮	正在黑暗的场所拍摄由聚光灯照亮的被摄体	调节曝光
	屏幕的亮度太亮	调节 LCD 背景灯的亮度，选择 "up" 以外的设置
影像的颜色不正确	启动了特殊效果功能	取消特殊效果功能
在拍摄很亮的被摄体时，出现垂直条纹	发生了曝光过度现象，造成局部溢出	这个现象并非故障
在黑暗的地方观看画面时影像会出现噪点	数码照相机在光量少的环境中会暂时调亮影像，以增加画面的可见度	对于所记录的影像没有影响
被摄体的眼睛发红	将菜单中的 "红眼减弱" 设为 "关"	将菜单中的 "红眼减弱" 设为 "开"
	使用闪光灯在比建议的拍摄距离离物体稍近的位置拍摄	缩小距离
	室内亮度太暗	增加室内亮度并拍摄被摄体
画面上持续显示小点	不会记录这些小点	这不是故障
不能连续拍摄影像	内部存储器或 "Memory Stick Duo" 已满	删除不需要的影像
	电池电量低下	安装已充电的电池
数码照相机不能播放影像	没有将模式开关设为 "播放" ▶	将模式开关设为 "播放" ▶
	在计算机上变更过文件夹/文件名称	变更文件夹/文件名称为原来的名称
	影像文件被计算机处理过，或者用来记录影像文件的数码照相机机型与用户的不同	不能保证在用户的数码照相机上的播放
	数码照相机处于 USB 模式	解除 USB 连接
播放刚开始时影像粗糙	由于影像处理的关系，刚开始播放时影像可能会显得粗糙	这不是故障
数码照相机不能删除影像	文件受保护	取消保护
	正在使用设有写保护开关的 "Memory Stick Duo"，并且开关设于 LOCK 位置	将开关设于记录位置
调整尺寸功能不工作	调整活动影像和多段影像的尺寸	不能调整活动影像和多段影像的尺寸
不能剪切活动影像	活动影像太短	影像不够剪切
	被保护	取消保护
	剪切静止影像	静止影像不能剪切
进行 USB 连接时，数码照相机画面上不出现任何显示	多用途端子用电缆上的开关被设为 "TV"	将其设为 "CAMERA"
计算机不识别数码照相机	未接通数码照相机电源	接通相机电源
	电池电量低下	安装充了电的电池或使用交流适配器
	未安装 USB 驱动程序	安装 USB 驱动程序
	将多用途端子用电缆从计算机和数码照相机双方卸除，然后重新牢靠地接回去	确认显示 "USB 模式海量存储器"
	未使用多用途端子用电缆	使用多用途端子用电缆
	菜单上设置不正确	在设置菜单上，将 USB 连接设为海量存储器
	多个设备连接到计算机	将除了数码照相机、键盘和鼠标以外的所有设备从计算机的 USB 接口卸除
	USB 集线器问题或其他装置有问题	将数码照相机直接连接到计算机，而不经由 USB 集线器或其他装置
	计算机不能正确认知设备，因为在从附带的 CD-ROM 安装 USB 驱动程序之前，就已用多用途端子用电缆连接了数码照相机和计算机	将错误认知的设备从计算机删除，然后安装 USB 驱动程序
不能复制影像	未使用附带的多用途端子用电缆正确连接数码照相机和计算机	使用附带的多用途端子用电缆正确连接数码照相机和计算机
	未遵照操作系统指定的复制程序	遵照操作系统指定的复制程序
	使用由计算机格式化的 "Memory Stick Duo" 拍摄影像时，可能无法将影像复制到计算机	使用以自己的数码照相机格式化的 "Memory Stick Duo" 拍摄

故障现象	原　因	解决方法
当在计算机上观看活动影像时，影像和声音被噪点中断	正在直接从内部存储器或"Memory Stick Duo"播放活动影像	将活动影像复制到计算机的硬盘，然后播放硬盘上的活动影像
影像一旦复制到计算机之后就不能在数码照相机上观看	文件夹不可知	将影像复制到数码照相机可认知的文件夹
数码照相机或计算机无法播放内部存储器中的数据	不正确	操作正确
无法使用内部存储器记录影像	数码照相机内插有"Memory Stick Duo"	将其取出
数码照相机不工作	使用能够在该数码照相机上使用的电池	更换电池
	电池电量低下	给电池充电
	内置的微电脑不正常工作	取出电池，一分钟后重新插入电池，然后接通数码照相机电源
镜头蒙上水汽	发生湿气凝聚	关闭数码照相机电源，将其放置一小时后再使用
当长时间使用时，数码照相机会变热		这不是故障
当接通数码照相机电源时出现时钟设定画面		重新设定日期和时间

6.2　数码摄像机

随着科学技术的日益发展，摄像机作为一种影像设备，已经成为人们日常生活和办公中的一种主要设备。微型数码摄像机是目前摄像机市场的一种主流产品，它采用的不是模拟信号，而是数字信号的方式，其核心是将视频信号经数字化处理成 0 和 1 信号，并以数字记录的方式，通过磁鼓螺旋扫描记录在 6.35mm 的金属视频录像带上，数字信号的存储和转换都是以数字的形式存储，从而提高了录制图像的清晰度。它采用数码录像带，体积小、录制时间长，与各种其他形式的摄像机相比，图像分辨率高；色彩和亮度频宽显著提高；节目复制、传输、后期制作信号损失小；具有 IEEE 1394 数码输出端子，可以方便地将视频图像数据传输到计算机；拍摄功能多样化；外形小巧、便于携带；自动化程度高等。它以丰富多彩的使用功能，高品质的声画效果，可以与计算机连接，实现非线性编辑等诸多优点，日益受到人们的青睐。

本节以 HITACHI DZ-HS303SW 数码摄像体机为例，介绍数码摄像机的使用、维护。

查一查　目前，市场上有哪些主要品牌的数码摄像机？它与传统模拟摄像机的主要区别是什么？了解数码摄像机与模拟摄像机的工作原理。

6.2.1　数码摄像机的外部结构

实训园地　小张的数码摄像机上有很多的按键、标记，你知道它们的作用吗？

数码摄像机的功能决定了它在结构上的复杂性，详细介绍如表 6-6 所示。

表 6-6	数码摄像机的外形结构
部 位 名 称	结构示意图

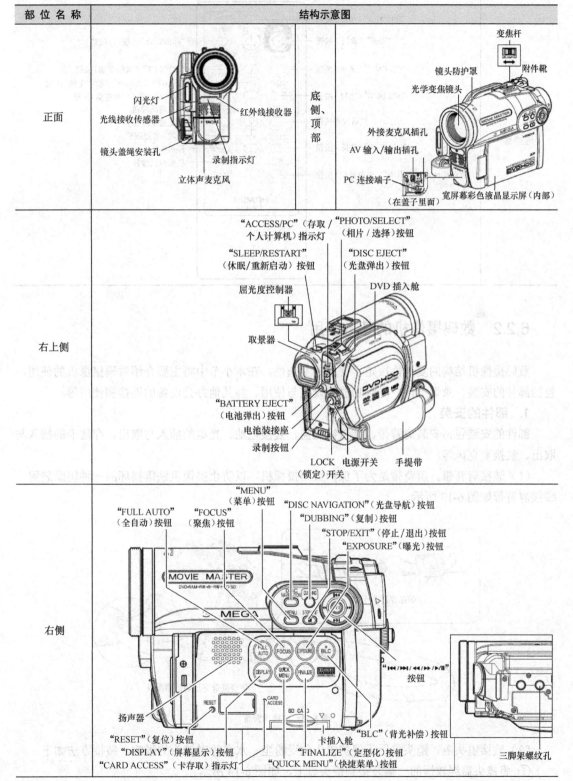

正面

闪光灯
光线接收传感器
镜头盖绳安装孔
红外线接收器
录制指示灯
立体声麦克风

底侧、顶部

变焦杆
附件靴
镜头防护罩
光学变焦镜头
外接麦克风插孔
AV 输入/输出插孔
PC 连接端子（在盖子里面）
宽屏幕彩色液晶显示屏（内部）

右上侧

"ACCESS/PC"（存取 / 个人计算机）指示灯
"SLEEP/RESTART"（休眠/重新启动）按钮
屈光度控制器
取景器
"BATTERY EJECT"（电池弹出）按钮
电池装接座
录制按钮
LOCK（锁定）开关
电源开关
手提带
"PHOTO/SELECT"（相片 / 选择）按钮
"DISC EJECT"（光盘弹出）按钮
DVD 插入舱

右侧

"FULL AUTO"（全自动）按钮
"FOCUS"（聚焦）按钮
"MENU"（菜单）按钮
"DISC NAVIGATION"（光盘导航）按钮
"DUBBING"（复制）按钮
"STOP/EXIT"（停止 / 退出）按钮
"EXPOSURE"（曝光）按钮
"◄◄/►►I/◄◄/►►/◄I/I►"按钮
扬声器
"RESET"（复位）按钮
"DISPLAY"（屏幕显示）按钮
"CARD ACCESS"（卡存取）指示灯
"QUICK MENU"（快捷菜单）按钮
"FINALIZE"（定型化）按钮
卡插入舱
"BLC"（背光补偿）按钮
三脚架螺纹孔

部 位 名 称	结构示意图
遥控器	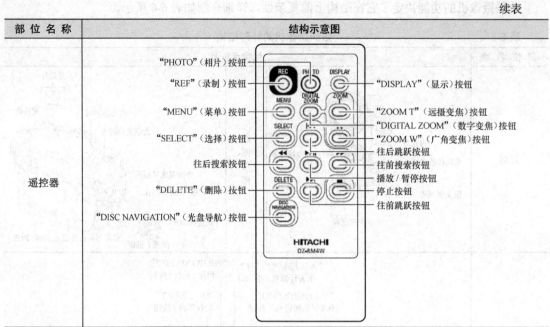

"PHOTO"（相片）按钮
"REF"（录制）按钮
"MENU"（菜单）按钮
"SELECT"（选择）按钮
往后搜索按钮
"DELETE"（删除）按钮
"DISC NAVIGATION"（光盘导航）按钮

"DISPLAY"（显示）按钮
"ZOOM T"（远摄变焦）按钮
"DIGITAL ZOOM"（数字变焦）按钮
"ZOOM W"（广角变焦）按钮
往后跳跃按钮
往前搜索按钮
播放 / 暂停按钮
停止按钮
往前跳跃按钮

6.2.2　数码摄像机的基本使用

数码摄像机结构的复杂性决定了使用的复杂性，在本小节中将主要介绍数码摄像机的使用，包括部件的安装、录像操作、高级功能的设定与使用、与其他办公设备的连接和使用等。

1．部件的安装

部件的安装包括安装肩背带、装接镜头盖、装接电池、光盘的插入与取出、存储卡的插入与取出、装接麦克风等。

（1）装接肩背带。肩背带是为了保护数码摄像机，以防止摄像机跌落损坏的一种辅助装置，装接肩背带如图6-13所示。

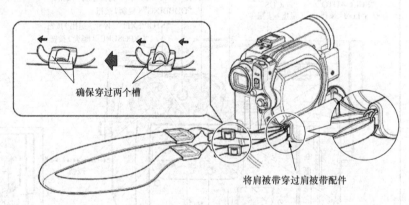

确保穿过两个槽

将肩被带穿过肩被带配件

图 6-13　装接肩背带

（2）装接镜头盖。镜头盖用于保护镜头免受粉尘、水汽等对镜头的影响，装接方法如下。
① 将镜头盖绳较短的一端装接到镜头盖上，如图6-14所示。

② 将镜头盖绳较长的一端装接到数码摄像机的安装孔,如图 6-15 所示。

③ 将镜头盖的两侧往里按并将其盖在镜头上,如图 6-16 所示。

（3）电源和电池装接。

① 连接 AC 适配器/充电器。在室内使用数码摄像机时,采用这种连接。

图 6-14　镜头盖绳较短的一端装接
到镜头盖上

- 将电源线连接到 AC 适配器/充电器上,将电源线插入交流电插座,如图 6-17 所示。

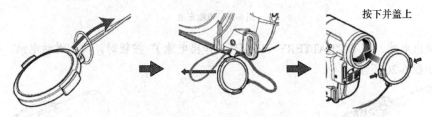

图 6-15　镜头盖绳较长的一端装接安装孔

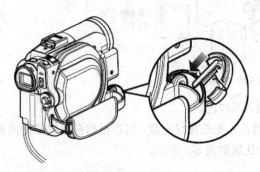

图 6-16　镜头盖盖在镜头上

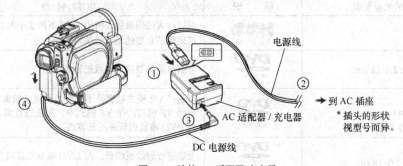

图 6-17　连接 AC 适配器/充电器

- 将 DC 电源线的一端插入 AC 适配器/充电器的 DC 输出插孔,将电源线的另一端插入数码摄像机的电池装接座。

② 电池充电。

- 将电源线连接到 AC 适配器/充电器上并插入交流电插座,如图 6-18 所示。

- 将电池安装到 AC 适配器/充电器上。

③ 安装和取出电池。当数码摄像机在户外使用时,在不可能使用电源适配器的情况下,使用电池。

- 安装电池。将电池对准数码摄像机的电池装接座并向下滑动电池,直到听见"咔嗒"声,如图 6-19 所示。

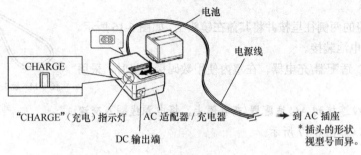

图 6-18　电池充电

- 取出电池。按下 "BATTERY　EJECT（弹出电池）" 按钮时，向上滑动电池，将其取出，如图 6-20 所示。

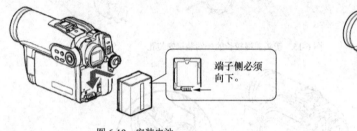

图 6-19　安装电池　　　　　　　　　　　　　　　　图 6-20　取出电池

（4）光盘的选择、插入和取出。

① 选择光盘。使用前首先要选择好光盘，可以根据自己的拍摄需要，对使用的光盘进行适当的选择。各种光盘的性能比较如表 6-7 所示。

表 6-7　　　　　　　　　　　　　　各种光盘的性能比较

可用的光盘类型	标　识	功 能 特 点
HDD	HDD hard disk	可进行大范围录制（FINE 模式下约 3 小时）；可删除不必要的场景或编辑场景
DVD-RAM Ver. 2.1（8 cm）	DVD RAM RAM4.7	可删除不必要的场景或编辑场景
DVD-RW [1.1 版本（8 cm） 2×速度（2×/1×）]	DVD RW 2X/1X	可选择 VR 模式以删除不必要的场景或编辑场景，也可以选择 VF 模式，在 VF 模式中，无法进行编辑，但可提供与 DVD 播放机较高的兼容性
DVD-R [用于通用版本 2.0（8 cm）]	DVD R4.7	无法进行删除或编辑，与 DVD 播放机高度兼容
+RW 版本 1.2（8 cm）	RW DVD+RW ReWritable	与 DVD 播放机高度兼容但不需要定型化，场景可以在录制后立即删除

② 光盘的插入与取出。

- 将电源开关设为 "DVD" 或 "OFF（关）"，按下 "DISC EJECT（弹出光盘）" 按钮一次，然后放开。
- 用手轻轻地完全打开舱盖直到它停止。
- 插入光盘时，将光盘重新按入中央的转盘，将其锁定，直到听到 "咔嗒" 声。
- 取出光盘时，按下转盘的中央部分时，握住光盘边缘拾起光盘，将其取出。

- 轻轻地推光盘插入舱盖子上标有"PUSH CLOSE（推/关）"的部分，关上盖子。

（5）插入和取出存储卡。存储卡是一种存储设备，如果在摄制节目时不用光盘，就可以使用存储卡。

① 打开液晶显示监视器，关闭数码摄像机的电源，打开卡插入舱的盖子，如图6-21所示。

② 插入卡，端子朝内，直到锁定。取出卡：按卡边缘的中央部分，卡将弹出，能用手指拿住，关闭卡插入舱的盖子。

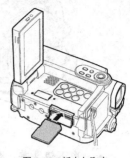

图6-21　插卡与取卡

（6）麦克风连接。使用外接麦克风是为了在录制节目时具有相应的声音。安装时将外接麦克风连接到数码摄像机的外接麦克风插孔上。

（1）液晶显示屏属于易损显示设备，切勿用力按压液晶显示屏的表面、击打液晶显示屏或用尖锐物体刺液晶显示屏。

（2）如果推压液晶显示屏表面，可能会发生显示不均匀情况。如果不均匀情况没有马上消失，应关闭数码摄像机的电源，等一会儿，然后重新打开。

（3）放置数码摄像机时，不要让打开的液晶显示屏朝下。

（4）不用数码摄像机时，应关闭液晶显示监视器。

2. 数码摄像机的操作

数码摄像机的操作含义十分广泛，主要包括开关机操作、录制影像、与其他办公设备的连接与使用、菜单的操作与设置等。

（1）开关机操作。开机方法比较简单，按下电源开关打开机器，再次按下关闭机器，在打开机器时，调节右侧的灰色按钮根据各个录制功能设置开关状态，如图6-22所示。

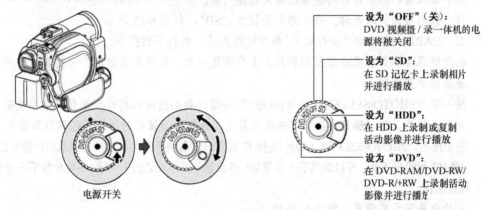

设为"OFF"（关）：
DVD视频摄/录一体机的电源将被关闭

设为"SD"：
在SD记忆卡上录制相片并进行播放

设为"HDD"：
在HDD上录制或复制活动影像并进行播放

设为"DVD"：
在DVD-RAM/DVD-RW/DVD-R/+RW上录制活动影像并进行播放

电源开关

图6-22　打开和关闭机器

（2）录制影像。录制影像是数码摄像机的最基本功能，在此介绍摄像机手持方法、录制活动影像、录制静止影像、观看影像等。

① 持握数码摄像机的方法。

- 从数码摄像机的底部插入右手，往上至大拇指的根部，如图6-23所示。
- 将手放在便于操作"REC（录制）"按钮和变焦杆的位置上。
- 调节手提带的长度，以便当用拇指按"REC（录制）"按钮时数码摄像机保持稳定。

② 录制活动影像。将电源开关设为"DVD"时，将可录制的DVD-RAM/DVD-RW/DVD-R/+RW插入数码摄像机。

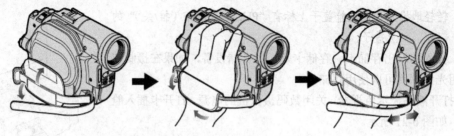

图 6-23　持握 DVD 视频摄/录一体机

- 取下镜头盖，然后将数码摄像机指向被摄对象，如图 6-24 所示。

- 打开数码摄像机的电源。将电源开关设为 "HDD" 或 "DVD" 打开数码摄像机的电源。在 "ACCESS/PC（存取/个人计算机）" 指示灯熄灭后，执行下列操作。

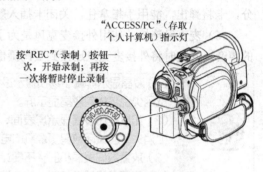

"ACCESS/PC"（存取/个人计算机）指示灯

按 "REC"（录制）按钮一次，开始录制；再按一次将暂时停止录制

图 6-24　录制活动影像

- 检查屏幕（取景器或液晶显示屏幕）上的被摄对象。使用取景器时，应在拉出取景器之前关闭液晶显示监视器。

- 按 "REC（录制）" 按钮，取景器中或液晶显示屏幕上的 "●Ⅱ" 标记将改变为 "● REC" 录制标记，录制开始。录制期间，数码摄像机前面的 "录制" 指示灯将点亮。录制期间再次按 "REC（录制）" 按钮将数码摄像机设为录制暂停状态。

③ 录制静止影像。

- 取下镜头盖，然后将数码摄像机指向被摄对象。

- 打开数码摄像机的电源。将电源开关设为 "SD"，如图 6-25 所示。

- 在 "CARD ACCESS（卡存取）" 指示灯熄灭后，执行下列操作。

➢ 检查屏幕（取景器或液晶显示屏幕）上的被摄对象。使用取景器时，应将其拉出并关闭液晶显示监视器。

➢ 按一半 "PHOTO/SELECT（相片/选择）" 按钮。数码摄像机将自动聚焦屏幕中央的被摄对象，屏幕上的 "●Ⅱ" 指示灯将点亮紫色（选择手动聚焦时，将不能更改聚焦）。

➢ 完全按下 "PHOTO/SELECT（相片/选择）" 按钮，屏幕将是黑的，然后显示录制的静止影像。"●Ⅱ" 标记出现时，可以继续下一步录制；当正显示 "存入记忆卡" 时，不能继续下一步录制。

④ 观看影像。

- 打开液晶显示监视器，如图 6-26 所示。

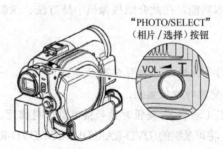

"PHOTO/SELECT"（相片/选择）按钮

图 6-25　录制静止影像

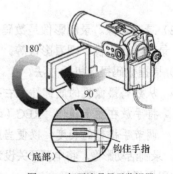

180°

90°

钩住手指

（底部）

图 6-26　打开液晶显示监视器

- 拉出取景器，如图 6-27 所示。
- 转动屈光度控制旋钮来调节聚焦，以适合自己的视力。

（3）与其他办公设备的连接与使用。连接其他办公设备可以使数码摄像机的使用范围扩大，或者效果更好，包括与电视机的连接、与 DVD 录制机/播放机的连接以及与计算机的连接。

① 与电视机的连接。

- 与电视机连接方法如图 6-28 所示。

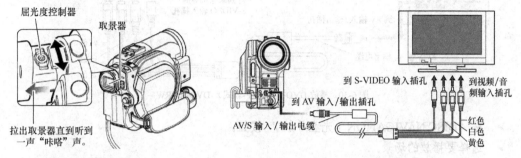

图 6-27　拉出取景器　　　　　　　　　图 6-28　与电视机连接

- 通过电视屏幕观看。
- ➢ 打开电视机的电源并将输入选择器设为可用于视频输入的"VCR（录像机）"。
- ➢ 打开数码摄像机的电源。在数码摄像机上看到的影像将显示在电视机屏幕上。也可以通过数码摄像机的液晶显示屏或取景器监视影像。
- ➢ 进行播放、录制或编辑。

② 与 DVD 录制机/播放机的连接与播放。

从其他视频设备将影像录制（复制）到数码摄像机的光盘或存储卡中。

- 在 DVD 录制机/播放机上播放。按图 6-29 所示方法，使用 AV/S 输入/输出电缆（随机提供）将数码摄像机与其他视频设备连接。

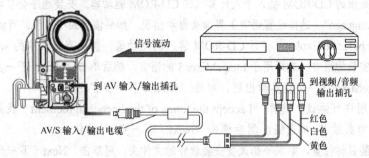

图 6-29　与 DVD 录制机/播放机的连接

播放 DVD-RAM/DVD-RW（VR-模式）的步骤如下。

- ➢ 在数码摄像机上将输入源设为"其他设备"。
- ➢ 打开所连设备的电源并开始播放，影像将显示在数码摄像机的液晶显示屏上或取景器中。
- ➢ 按"REC（录制）"按钮。
- ➢ 录制相片时，按"PHOTO/SELECT（相片/选择）"按钮。
- 播放 DVD-RW（VF-模式）/DVD-R/+ RW。在其他视频设备上录制（复制）数码摄像机播放的影像。按图 6-30 所示方法，使用 AV/S 输入/输出电缆（随机提供）将数码摄像机

143

与另一视频设备连接。

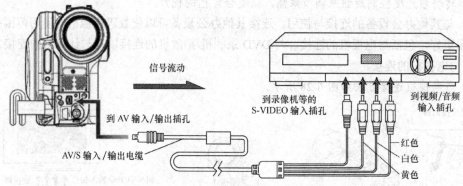

信号流动

到录像机等的
S-VIDEO 输入插孔

到视频/音频
输入插孔

到 AV 输入/输出插孔

红色
白色
黄色

AV/S 输入/输出电缆

图 6-30　播放 DVD-RW（VF-模式）/DVD-R/+RW

- 按 "DISC NAVIGATION（光盘导航）" 按钮。
- 选择要播放的场景。
- 将所连视频设备的频道设置到外部输入。
- 按数码摄像机上的 "A" 播放按钮和连接设备上的 "录制" 按钮，数码摄像机将开始播放并且录制设备将录制（复制）播放的内容。

③ 与计算机的连接与播放。

温馨提示　不同的数码摄像机，采用的软件可能不同，具体采用什么软件视厂商而定，可以参见产品说明书。

- 安装软件。
- 打开个人计算机。
- 将随机提供的 CD-ROM 插入个人计算机的 CD-ROM 驱动器。安装程序会自动启动，"Choose Setup Language"（选择设置语言）界面会自动出现。如果该界面不出现，可使用 Windows 的 MyComputer 或 Explorer 打开 CD-ROM 装入的驱动器，然后双击其中的 setup.exe 图标。
- 选择要安装的语言。选择用于 ImageMixer 3 的语言，然后单击 "Next（下一步）" 按钮。
- "ImageMixer 3" 安装界面出现，单击 "Next（下一步）" 按钮。
- 查看使用许可协议，选择 "I accept the terms of the licence agreement（我同意使用许可协议的所有条款）" 单选钮，然后单击 "Next（下一步）" 按钮。
- 选择安装目标位置，如果不想改变安装软件的文件夹，可单击 "Next（下一步）" 按钮。
- 若要更改该文件夹，单击 "Change（更改）" 按钮，指定安装位置，然后单击 "Next（下一步）" 按钮。
- 选择视频制式，视频制式的设置界面会出现，随后单击 "Next（下一步）" 按钮。
- 执行安装。至此，安装设置已完成。单击 "Install（安装）" 按钮执行安装操作。
- 安装完毕后，会出现要求重新启动的界面：单击 "Finish（结束）" 按钮重新启动个人计算机。重新启动后，从个人计算机中取出 CD-ROM。安装软件现在完成。
- 通过 PC 连接电缆连接到个人计算机，使用附带的 PC 连接电缆将数码摄像机连接到个人计算机，如图 6-31 所示。

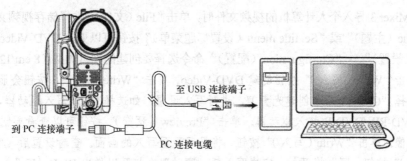

至 USB 连接端子

到 PC 连接端子

PC 连接电缆

图 6-31 通过 PC 连接电缆连接到个人计算机

- 终止与个人计算机的连接（拔出 PC 连接电缆）（或转换电源开关之前）。

要终止连接移除硬件的方法与移除其他 USB 硬件方法一样，在此不再重述。

- 使用软件。

用个人计算机观赏 HDD/光盘上录制的影像的步骤如下。

➢ 将数码摄像机连接到个人计算机的 USB 接口。要查看光盘上录制的影像，先将所要播放的光盘插入数码摄像机，然后将数码摄像机连接到个人计算机的 USB 接口。启动 ImageMixer 3，会出现启动程序，单击 "Edit Video（编辑视频）" 按钮。

➢ 单击 "Edit new video（编辑新视频）" 按钮。

➢ 项目设置界面将出现，单击 "OK（确定）" 按钮。

➢ 出现要导入的设备的选择界面：电源开关设为 "HDD" 时选择 "Hitachi DVDCAM（HDD）"；电源开关设为 "DVD" 时选择 "Hitachi DVDCAM"，然后单击 "Import（导入）" 按钮。

➢ 在 "ImageMixer 3Video Editor" 界面选择要播放的标题/章节，然后单击 "Preview（预览）" 按钮，便会出现 HDD 或光盘上录制的影像。选择要播放的标题/章节，然后单击 "Preview（预览）" 按钮，开始播放。

- 用 HDD/光盘上录制的影像创建 DVD-Video。

➢ 将数码摄像机连接到个人计算机的 USB 接口。要保存光盘上录制的影像，应先将所要保存光盘插入数码摄像机，然后将数码摄像机连接到个人计算机的 USB 接口。启动 ImageMixer 3，出现启动程序，单击 "Author DVD-Video（编排 DVDVideo）" 按钮。

➢ 单击 "Create New DVD（创建新 DVD）" 按钮。

➢ 设置项目。可以设置编辑内容的指定保存位置和影像质量。务必将视频制式选为 "PAL"。

➢ 该数码摄像机采用杜比数字音频录制格式，将音频设定选为 "Dolby Digital（杜比数字）"。设置项目后，单击 "OK（确定）" 按钮。

➢ 在 "Importing Device（导入设备）" 界面中，电源开关设为 "HDD" 时选择 "Hitachi DVDCAM（HDD）"；电源开关设为 "DVD" 时选择 "Hitachi DVDCAM"。若要更改导入设备继续导入，应从个人计算机上拔出 PC 连接电缆，然后转换电源开关。

➢ 选择用于创建 DVD-Video 的影像，然后单击 "Import（导入）" 按钮，便会出现 HDD、光盘上录制的影像。选择要导入个人计算机的章节，然后单击 "Import（导入）" 按钮，开始导入个人计算机。

➢ 单击 "Authoring"（编排）按钮并创建 DVD Video 菜单。

显示 DVD-Video 菜单的编辑界面。以前导入个人计算机的视频文件会出现在 "Source（源文件）" 中。选择所需的视频文件，然后单击 "Add titles（添加标题）" 按钮，便会注册该视频文件。使用通过 ImageMixer 3 导入个人计算机的视频文件时，单击"File（文件）"选择储存视频文件的文件夹。单击"Theme（主题）"或"Set title menu（设置标题菜单）"按钮可以更改 DVD-Video 菜单的设计。选择"Set（设置）"→"Configuration（配置）"命令选择要创建的光盘类型（8 cm/12 cm/双层）。

➢ 单击"Write（写入）"按钮创建 DVD-Video。单击"Write（写入）"按钮会显示写入界面。选择"Create disc（创建光盘）"，进行写入设置，如选择 DVD 写入驱动器，然后将空白 DVD-RW/DVD-R 装入驱动器。单击"Preview（预览）"按钮可以查看要创建的 DVD 的影像。单击"Write（写入）"按钮，将显示设置写入的画面。查看设置后，单击"OK（确定）"按钮，写入将开始。完成写入后，驱动器会打开以弹出 DVD。至此，原始 DVD 的创建已完成。

④ 菜单的操作与设置。单击"MENU（菜单）"按钮，用"I◀◀/▶▶I/◀◀/▶▶"按钮选择设置的项目，如图 6-32 所示，按"▶▶"按钮确认。

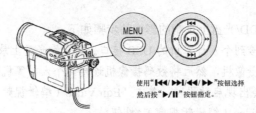

使用"I◀◀/▶▶I/◀◀/▶▶"按钮选择
然后按"▶/II"按钮指定。

图 6-32　用"I◀◀/▶▶I/◀◀/▶▶"按钮

有关菜单的其他项目如表 6-8 所示，具体设置请查阅相关说明书。

表 6-8　　　　　　　　　　使用"I◀◀/▶▶I/◀◀/▶▶"按钮的其他设置项目

日期设置	初始设定	复位设定	LCD/EVF 设置	关闭或打开录制 LED
色彩调整	编辑	光盘导航	摄像机功能设置	

（4）屏幕信息，

● 录制期间，各种信息将出现在取景器或液晶显示屏幕上，如图 6-33 所示。

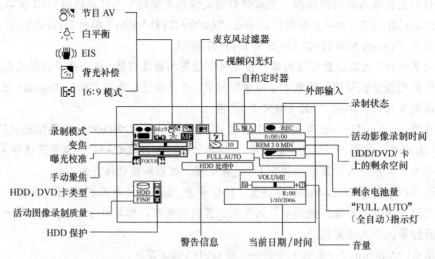

图 6-33　取景器或液晶显示屏

● 各种信息及含义如表 6-9 所示。

表 6-9 屏幕信息及含义

信 息	含 义	
录制模式	🎥：活动影像（HDD/DVD） ☐：静止影像（卡）	📷：外部输入静止影像（帧）（卡） 📷：外部输入静止影像（组）（卡）
节目 AE（仅在活动影像录制模式）	无显示：自动 🏃：运动 👥：人像	🔦：聚光 ⛱：沙滩和雪 💡：弱光
白平衡	无显示：自动 ◩：手动设置	☀：户外 💡：室内
电子影像稳定器（EIS）（仅在活动影像录制模式）	无显示：EIS 关	（((✋))）：EIS 开
背光补偿	无显示：背光补偿关	🔅：背光补偿开
16∶9 模式（仅在活动影像录制模式）	无显示：16∶9 模式关 **16:9**：16∶9 模式开	
麦克风过滤器（仅在活动影像录制模式）	无显示：麦克风过滤器关 🔇：麦克风过滤器开	
视频闪光灯［安装视频闪光灯时（另售）］（仅在静止影像录制模式）	无显示：自动闪光 ⚡：始终闪光 ⚡：不闪光	
自拍定时器（仅在静止影像录制模式）	无显示：自拍定时器关	⏱自拍定时器开（从 10s 开始倒计数）
外部输入	输入：AV 输入	
录制状态	●**REC**：录制期间 ●Ⅱ：录制暂停期间（点亮绿色） 相片录制期间聚焦锁定时 （点亮紫色）	
变焦	W ▭▬▭ T：（数字变焦：关） W ▭▬▬▭ T（数字变焦：40×*3） W ▭▬▬▬▭ T（数字变焦：500× 仅在活动影像录制模式）	
曝光校正	无显示：自动 ◀◀–▭▬▭+▶▶：手动	
手动聚焦	无显示：自动聚焦 ◀◀**FOCUS**▶▶：手动聚焦	
HDD，DVD/卡类型	💾：HDD 💾：HDD（写保护） 📀：DVD-RAM 📀：DVD-RAM（写保护） 📀/📀：DVD-RW（VR-模式/VF-模式） 📀：受保护的 DVD-RW（VR-模式） 📀：在本数码摄像机上定型化的 DVD-RW（VR-模式） 📀：在本数码摄像机以外的其他设备上定型化的 DVD-RW（VR-模式） 📀：定型化的 DVD-RW（VF-模式）光盘	📀：DVD-R 📀：DVD-R 已经在本数码摄像机上定型化 ●：在本数码摄像机之外其他设备上定型化的 DVD-R（包括在 DZHS303 SW/HS301SW 之前出售的 Hitachi 数码摄像机所录制的未经定型化的 DVD-R） 📀：+RW 📀：定型化的+RW 💳：SD 记忆卡 💳：锁定的 SD 记忆卡
活动影像录制质量（仅在活动影像录制模式）	XTRA：最高质量 FINE：高质量 STD：标准质量	
静止影像录制质量（仅在静止影像录制模式）	FINE：高质量 NORM：标准质量 ECO：可录制的静止影像数量为首要	
HDD 保护	无显示：HDD 保护开启	🔒：HDD 保护关闭
光盘/存储卡上的剩余空间	REM XX：活动影像录制期间剩余的可录制分钟数 REM XX：静止影像录制期间剩余的可录制静止影像数量	

信　息	含　义
剩余电池电量	
音量	⊞—▭▭▭—+⊞：在外部输入和播放期间能调节音量

（5）摄像机的其他操作。

① 切换显示模式，按"DISPLAY（显示）"按钮，完全显示模式和最小显示模式将依次变换。

② 录制自身影像时的显示，将液晶显示屏幕从和镜头相同的方向翻转180°。

③ 按"MENU（菜单）"按钮时会出现完全菜单。可以使用数码摄像机的"◄◄/►►|/◄◄/►►"按钮在完全菜单中选择并指派多种设置选项。

④ 变焦，按"MENU（菜单）"按钮，在"摄像机功能设置"菜单界面上选择"数码变焦设定"，然后按"►/‖"按钮。选择所需的放大倍率，然后按"►/‖"按钮。按"MENU（菜单）"按钮结束设置。

⑤ 增强广角拍摄或远距拍摄效果的录制对象，从数码摄像机取下镜头防护罩，然后将转换圈安装到镜头。使用DZ-HS301SW时，不需要取下镜头防护罩，取下转接镜头的镜头盖，然后将镜头旋入转换圈的螺纹。使用DZ-HS303SW时，也不需要取下镜头防护罩。

⑥ 录制期间聚焦。在录制期间按"FOCUS（聚焦）"按钮，将变焦杆按到"T"控制侧，放大被摄对象。正在观看取景器内或液晶显示屏幕中的影像时，可使用"◄◄/►►"按钮来调节聚焦。

表6-10所示为无法自动聚焦的景物，应手动聚焦。

表6-10　　　　　　　　　　　　　　　　　手动聚焦

景 物 类 型	示 意 图	景 物 类 型	示 意 图	景 物 类 型	示 意 图
不在屏幕中央的物体		同时有远有近的数个物体		上面有水滴或灰尘的玻璃后的物体	
亮度上有轻微差异的物体，例如白色的墙壁		物体快速移动		夜景	
霓虹灯、探照灯等闪烁或发出强光的光源照射的物体		黑暗的物体			

⑦ 调节要录制影像的亮度（曝光）。

• 在录制期间按"EXPOSURE（曝光）"按钮，曝光调节条形将在屏幕上显示。

• 正在观看取景器内或液晶显示屏幕中的影像时，使用"◄◄/►►"按钮调节曝光。

⑧ 背光补偿。在录制期间按"BLC（背光补偿）"按钮，背光校正图标将出现。

⑨ 使用全自动功能。按"FULL AUTO（全自动）"按钮，"FULL AUTO（全自动）"将在数码摄像机上显示几秒钟。

6.2.3 数码摄像机的日常维护

1. 清洁

在清洁数码摄像机之前，务必将电源开关设为"OFF（关）"。

① 清洁液晶显示屏和数码摄像机镜头应使用干的软布擦掉灰尘。

清洁液晶显示屏时，小心不要用力过猛，擦伤它或使它受到碰撞；否则可能引起屏幕故障，导致显示不均匀，或损坏液晶显示监视器。

② 如果灰尘粘附在取景器镜头上，可使用棉签等来去除灰尘。切勿用力摩擦镜头，否则会划伤镜头。

③ 清洁数码摄像机外壳或粘附的砂粒等异物时，切勿用力擦拭，切勿使用粗糙的织物来清洁外壳，否则会划伤外壳，应使用软布等物品轻柔地擦掉外壳上的污垢。

④ 不要使用苯或稀释剂清洁数码摄像机外壳，否则外壳的涂层可能会剥落或外壳损坏。应用完全拧干的软布擦掉机壳上的灰尘。

温馨提示　长时间使用后，数码摄像机的磁头会聚积较多的粉尘，需要定期清洁。清洁磁头时，可以购买磁头专用的清洁带，它是一种非磁性的带子，其上涂有一层类似于沙纸的极细小的颗粒。

2. 光盘清洁

使用光盘清洁布轻轻擦去粘附在光盘上的污垢。切勿用力擦拭光盘，否则会导致划伤光盘。

切勿使用溶剂（稀释剂、水、静电消除剂或清洁剂）清洁光盘。用清洁剂稍微洗涤弄脏的清洁布，将会提高清洁布的去污效果（用水冲洗清洁布，防止清洁剂残留）。

6.2.4 数码摄像机常见故障排除

温馨提示　数码摄像机的故障有一定的针对性，不同的功能、不同的使用状态，应采用不同的方法解决。

数码摄像机的结构复杂，它的故障种类也包括很多方面，本小节主要介绍电源故障、录制故障、播放故障、播放、连接到个人计算机上的故障和其他综合故障。

1. 电源

电源部分主要的故障如表 6-11 所示。

表 6-11　　　　　　　　　　　　　电源部分主要的故障

症　状	原　因	解　决　方　法
电池不能充电	环境温度太低或太高	在 10℃～30℃ 的范围内对电池充电
	电池不正常发热	取出电池，放一会儿让它冷却，然后再充电
	DC 电源线连接到 AC 适配器/充电器上	拔去 DC 电源线
	电池已长时间没有使用了	取出电池，然后重新装入
	电池仍不能充电，它可能已经失效	购买一块新电池

症　状	原　因	解　决　方　法
电池消耗很快	正在温度低的地方使用数码摄像机	在低温状态下，充满电的电池可能比平常放电更快
	电池已失效	如果长期使用或频繁使用，电池的性能会变差
AC 适配器/充电器上的"CHARGE"（充电）指示灯闪烁	环境温度太低或太高	在 10℃～30℃ 范围内的环境下对电池充电
	电池被过度放电	继续充电，过一段时间后，电池将被充到指定的电压，"CHARGE"（充电）指示灯将点亮，然后电池充电将正常完成
电源打开后马上断电		
电源打开时，液晶显示屏将打开和关闭		
即使液晶显示监视器画面上不显示任何内容，"ACCESS/PC"（存取/个人计算机）指示灯仍闪烁	电池没电	对电池充电
电源意外关闭	节电模式设为"开"	将电源开关设为"OFF"（关），然后将其设为"HDD"、"DVD"或"SD"，也可以指定"节电模式：关"以防止自动关机
	将数码摄像机设为休眠/重新启动状态	将电源开关设到"关"，然后重新对数码摄像机供电
无法关闭电源	取出电池或 AC 适配器/充电器一次，然后按 DVD 视频摄/录一体机上的"RESET"（复位）按钮	再次打开数码摄像机前，重新给数码摄像机装接电源
即使数码摄像机关闭，打开盖子也将会导致"ACCESS/PC"（存取/个人计算机）指示灯闪烁	数码摄像机会自动开机以识别光盘	关闭舱盖时，会自动关闭数码摄像机的电源

2．录制期间

录制期间主要的故障如表 6-12 所示。

表 6-12　　　　　　　　　录制期间主要的故障原因和解决方法

症　状	原　因	解　决　方　法
按"REC"（录制）按钮不开始录制	输入影像是防复制的	更换输入影像
	数码摄像机中有已定型化的光盘	更换光盘
	光盘类型不正确	插入正确的光盘类型
	电源没有设为与录制媒介相符	重新设置
	HDD 或光盘被写保护	更换光盘或去除写保护
	HDD 或光盘剩余的录制空间不足	更换光盘
录制开始后立即停止	光盘被擦伤、弄脏，有手印粘附在光盘上	清洁光盘，如果仍然没有改善，更换光盘
	有其他 AV 设备直接连到数码摄像机的视频/音频输入/输出插孔上	减少信号传输经过的设备数目或直接连接 AV 设备
	试图从视频游戏或个人计算机上录制影像	本数据摄像机不能从有些视频游戏或个人计算机上录制影像
不能录制相片	存储卡的类型不正确	更换存储卡
	电源开关未设为"SD"模式	将电源开关设定为"SD"模式
	存储卡被锁定	解锁
	存储卡的剩余可用空间不足	更换或清理

症 状	原 因	解 决 方 法
几乎看不清液晶显示屏	液晶显示屏的亮度未调好	停止录制并调节其亮度
	数据摄像机在户外使用	使用取景器,使用液晶显示屏时,调节其角度使液晶显示屏不暴露于直射阳光下
液晶显示监视器屏幕上色彩不均匀	按了液晶显示监视器或周围区域	将手拿开并稍等片刻,将会恢复正常显示
聚焦不正确	对物体使用自动聚焦很困难	手动聚焦
	出现手动聚焦图标	将数码摄像机设为手动聚焦,手动对物体聚焦,或取消手动聚焦
	如果正将取景器当做监视器使用,是否已正确调节屈光度控制器	调节屈光度控制器
	模式选择不合适	将电源开关设为"OFF"(关),然后将其重新设为"HDD","DVD"或"SD"模式

3. 播放期间

播放期间主要的故障原因和解决方法如表 6-13 所示。

表 6-13   播放期间主要的故障原因和解决方法

症 状	原 因	解 决 方 法
光盘识别没有完成	光盘变脏	使用附带的光盘清洁布清洁光盘
按播放按钮不开始播放	影像是在其他设备上而不是在本数码摄像机上录制的	更换光盘
电视机屏幕没有播放影像	电视机输入选择器设置不正确	有些电视机有多个视频输入插孔,检查一下是否在电视机上选择了正确的输入以与所连插孔匹配
	数码摄像机未正确连接到电视机上	检查连接
播放影像暂时中断	光盘被擦伤,有脏物或手指印粘附在光盘上	清洁光盘
播放影像质量差	影像从模拟录像机(VHS,8 mm)输入并录制	如果使用配备 TBC 电路的录像机进行播放,问题可能会改善
播放影像严重失真	录制外部输入时设置"帧"	在录制功能设置中将"照片输入"设为"组"
没有声音	电视机音量控制设置不正确	调节电视机音量控制器,并调节电视机上的音量
光盘导航缩略图不显示	从 AV 输入/输出插孔录制的影像带有干扰	录制没有杂波或干扰的影像
卡上的相片无法播放	数码摄像机能播放符合 DCF(照相机文件系统设计规则)的其他数码照相机的 SD 记忆卡上录制的影像数据。在本数码摄像机上能正常播放的影像数据的范围,是那些像素在水平 80×垂直 60～水平 4 000×垂直 3 000 的影像。如果像素在此范围之外,将出现下图所示蓝色缩略图,表示影像无法播放,即使像素数量在上述范围内,基于所用的数码照相机的录制状态,也可能无法进行播放。DCF 是用于数码照相机的统一的影像文件格式。影像文件可以在兼容 DCF 的所有设备上使用	
播放存储卡上的相片将会需要一段时间	播放静止影像时,将出现"播放"字样。像素大的静止影像将需要一些时间才能出现	

4. 数码摄像机连接到个人计算机上

数码摄像机连接到个人计算机上主要的故障原因和解决方法如表 6-14 所示。

表 6-14 数码摄像机连接到个人计算机上主要的故障原因和解决方法

症　状	原　因	解　决　方　法
个人计算机上不出现驱动器图标	数码摄像机的电源没有被打开	检查电源
	系统问题	关闭个人计算机，然后断开个人计算机连接电缆，重新打开个人计算机，然后使用个人计算机连接电缆来将数码摄像机连接到个人计算机上
	连接端口问题	确保个人计算机连接电缆被完全插入
在个人计算机上播放数码摄像机时发生故障	如果是 USB 连接发生故障，可能是传输速率不足	建议在连接数码摄像机时使用 USB 2.0 的 USB 接口
在个人计算机上不能正常运行应用程序	系统问题	关闭个人计算机和数码摄像机，然后再次尝试
影像传输停止	将数码摄像机连接到个人计算机的另一个 USB 接口	使用 USB 2.0 扩展卡时，建议安装每个 USB 2.0 卡生产商提供的最新的驱动程序
	光盘被擦伤，有脏物或手指印粘附在光盘上	清洁光盘
写入光盘时发生故障	由于连续的操作，数码摄像机的温度太高	将数码摄像机从个人计算机上断开一次，从数码摄像机内取出光盘，然后关闭它。过一段时间后，再次连接它们，并写入一张新的光盘中
安装了随机提供的软件后不能使用个人计算机内置的 DVD 驱动	系统或软件问题	更新个人计算机上的 DVD 编辑/创建软件时，可能会解决该问题
启动 ImageMixer 3 时出现故障	确保个人计算机显示适配器（视频卡）符合 DirectX®9.0c。个人计算机的应用程序不能识别活动影像	确保数码摄像机的电源开关设为 "HDD" 或 "DVD"
数码摄像机连接到个人计算机时，"DISC EJECT"（弹出光盘）按钮无效	当数码摄像机连接到个人计算机时，使用资源管理器在数码摄像机驱动器图标上单击鼠标右键，选择快捷菜单中的 "Eject"（弹出）命令	如果个人计算机是台式的，建议使用个人计算机后部的 USB 接口
在 Quick Time 上使用 MPEG 2 play backcomponent 播放导入 Macin tosh 的 MPEG 文件时，听不到声音	由于用 Pixe VRF Browser EX 导入 Macintosh 的 MPEG 文件采用 AC3 audio 音频格式，因此，即使使用 Quick Time MPEG-2playback component，也不能播放音频，只能播放视频内容。应用 ImageMixer VCD/DVD2 进行播放	
在个人计算机上观看 DVD-RAM 内的时间标志时，与实际的录制时间有差异	此数码摄像机的文件系统是格林威治时间（GMT），已设置了时间延迟信息。对于 2006 年 1 月的 Windows 操作系统，资源管理器上观看的文件标志看起来与实际录制时间不同，实际录制时间将作为日期/时间指示出现在播放画面上	
保存 ImageMixer 3 视频编辑器编辑的视频需要一定时间	编辑内容与项目设置不同的视频文件时，可能需要一定时间，因为整个视频文件必须重新编码，应重新确认项目设置，"Hardware Removal"（硬件去除）导致故障	
退出 Windows 一次，然后断开数码摄像机	如果个人计算机使用 Windows® 2000 专业版操作系统，则重新安装 Windows® 2000 SP3 或更新的版本，可能会解决这个问题	
即使使用了 USB 2.0 卡，也没有 USB HS（高速）连接	确保已经安装了 USB 2.0 卡随机提供的驱动程序，以便在 HS（高速）下操作 USB 2.0 卡	

5. 其他故障

其他主要的故障和解决方法如表 6-15 所示。

表 6-15 其他主要的故障原因和解决方法

症　状	原　因	解　决　方　法
数码摄像机不工作	未安装了充满电的电池	数码摄像机电源从 AC 插座供电
按按钮时，不能供电或没有操作发生	系统问题	按 "RESET"（复位）按钮执行系统复位
	数码摄像机遭受了碰撞	注意使用安全
	数码摄像机可能损坏	维修
日期和时间不正确	本数码摄像机很长时间没有使用了	内部备份存储器的电池可能被放电，电池充

症 状	原 因	解决方法
按 " LEEP/RESTART "（休眠/重新启动)按钮无法设置到休眠/重新启动状态	未装入正确的光盘或卡	装入正确的光盘或卡
	HDD、光盘或存储卡剩余的可用空间不足	更换
	数码摄像机正在播放	等待
不能删除场景	光标未放置在要删除的场景上	如果选定的场景（以红色框住）存在，使用黄色光标选择任何场景，那个场景即将被删除，检查缩略图画面上光标和条形图的颜色
	在将电源开关设为"OFF"（关）之前取出电池或 AC 适配器/充电器	
	电池没电	充电
	连接已充电电池或 AC 适配器/充电器，然后按"DISC EJECT"（弹出光盘）按钮取出光盘	
	数码摄像机电池剩余电量耗尽	充电
	连接已充电电池或 AC 适配器/充电器，将电源开关设为"OFF"（关），然后按"DISC EJECT"（弹出光盘）按钮取出光盘	
	将电源开关设为"HDD"或"SD"	将电源开关设为"DVD"或"OFF"（关），然后按"DISC EJECT"（光盘弹出）按钮
不能取出光盘（盖子将不会打开）	在将电源开关设为"OFF"（关）之前取出电池或 AC 适配器/充电器	
	电池没电	充电
	连接已充电电池或 AC 适配器/充电器，然后按"DISC EJECT"（弹出光盘）按钮取出光盘	
	数码摄像机电池剩余电量耗尽	充电
	连接已充电电池或 AC 适配器/充电器，将电源开关设为"OFF"（关），然后按"DISC EJECT"（弹出光盘）按钮取出光盘	
	将电源开关设为"HDD"或"SD"	将电源开关设为"DVD"或"OFF"（关），然后按"DISC EJECT"（光盘弹出）按钮
不能从遥控器上操作数码摄像机	遥控器未对准数码摄像机上的红外线接收器	对准红外线接收器来操作
	数码摄像机上的红外线接收器暴露于直射阳光或强荧光灯等之下	
	如果强烈光线照在红外线接收器上，则遥控器不能操作数码摄像机，应调节数码摄像机的位置或角度	
	遥控器中没有电池	检查电池和电池的极性
	电池可能已失效	更换电池
	数码摄像机电源未打开	打开电源
光盘盖无法关上	未正确插入光盘，或光盘插入的方向错误	取出光盘，然后重新插入
	更换充满电的电池，或连接 AC 适配器/充电器，然后打开数码摄像机	
反复地听到操作声音	听到此声音是因为循环操作光盘所致而非表示故障	
从机械装置感觉到一些震动或听到轻微声音	这些震动或声音是由 HDD/光盘驱动器造成的	不代表故障
由于本 DVD 视频摄/录一体机上的 CCESS/PC（存取/个人计算机）或 CARD ACCESS（卡存取）指示灯一直点亮或闪烁而无法进行操作；插入光盘或存储卡后，需要一些时间才能进行录制	在以下情况中，要比通常情况花费更长时间才能进行操作： （1）重新插入光盘或存储卡后； （2）数码摄像机关闭后经过较长时间时； （3）温度和先前录制的状态有很大的不同时； （4）插入的光盘上有擦痕、脏物或手指印； （5）光盘受到剧烈振动时； （6）当电池或 DC 电源电缆被断开，而非按照正确步骤通过使用电源开关，关闭数码摄像机	
取景器内无影像	液晶显示监视器未打开	除非液晶显示监视器已关闭且牢固锁定在数码摄像机上，否则取景器内不会出现影像
	将数码摄像机设为休眠/重新启动状态	按"SLEEP/RESTART"（休眠/重新启动）按钮解除休眠/重新启动状态

症　　状	原　　因	解 决 方 法
液晶显示屏上或取景器中没有影像显示	用个人计算机连接电缆将数码摄像机连接到个人计算机	拔出个人计算机连接电缆
	数码摄像机停在已设置划出并播放的场景末尾	按"DISC NAVIGATION"（光盘导航）按钮
	将数码摄像机设为休眠/重新启动状态	按"SLEEP/RESTART"（休眠/重新启动）按钮解除休眠/重新启动状态

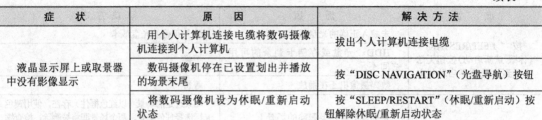

习　题

1. 数码照相机只能拍摄静止图片吗？还能拍摄哪些图片或影像？

2. 如何对数码照相机进行日常维护？

3. 数码摄像机与数码照相机主要有哪些异同点？

4. 数码摄像机拍摄的影像可以通过哪些设备进行观看？

5. 如何对数码摄像机进行日常维护？

第7章 办公光电设备

光电设备是由光电系统、机械系统组合而成的，光电系统包括光电扫描系统、成像系统等。由于办公设备的使用和工作场合的关系，设备的分类没有明确的界限，前面的章节介绍的一些办公设备，有的也利用了光、电系统，例如复印机、速印机，根据它们的用途归类到复印设备。

在本章中主要介绍扫描仪和投影仪以及实物展示台的使用与维护。

  在办公设备中，哪些是利用光电系统原理工作的？把它们找出来，然后归类。

7.1 扫描仪

扫描仪是一种捕获图像并将其转换为计算机可以显示、编辑、存储和输出的数字化输入设备。扫描仪是除键盘和鼠标以外被广泛应用于计算机的输入设备。可以利用扫描仪输入照片并建立自己的影集；输入图片并建立自己的网站；扫描手写信函再用 E-mail 发送出去以代替传真机；还可以利用扫描仪配合 OCR 软件输入报纸或书籍的内容，免除键盘输入汉字的辛苦。

扫描仪的种类很多，按所支持的颜色分类有单色扫描和彩色扫描；按扫描仪的宽度和操作方式可以分为大型扫描仪、实物扫描仪、馈纸扫描仪、鼓式（滚筒）扫描仪、台式（平板式）扫描仪、手持式（笔式、条码）扫描仪；按扫描仪所添加的配件可分为进纸式扫描仪（它可以连续扫描多页照片或印刷品）、幻灯片（底片和胶片）扫描仪（它可以用来扫描投影片、幻灯片等透射性文件）；另外还有二维式扫描仪和 3D（三维）扫描仪之分。

本书以 EPSON Perfection 610 台式扫描仪为例介绍扫描仪的使用与维护。

 目前市场上有哪些类型的扫描仪。哪些适合于办公使用，哪些不适合。了解它们的结构特点和工作原理。

7.1.1 扫描仪的外部结构

扫描仪的外部结构比较简单，具体如表 7-1 所示。

表 7-1　　　　　　　　　　　　　扫描仪的外部结构

部 位 名 称	示 意 图
正面图	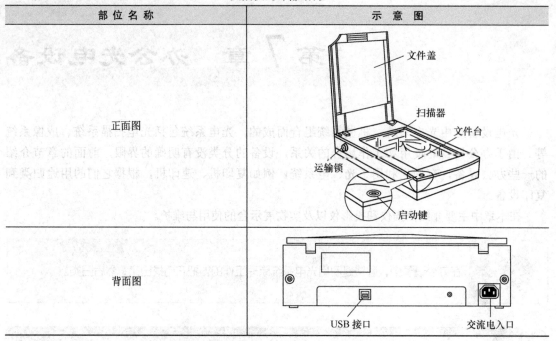 文件盖 扫描器 文件台 运输锁 启动键
背面图	USB 接口　　　　　　交流电入口

7.1.2　扫描仪的基本使用

　　使用扫描仪之前，必须进行一些必要的准备工作。本节主要介绍扫描仪的硬件安装、扫描仪的驱动安装、使用扫描仪扫描等。

1．扫描仪安装

扫描仪的安装包括机械硬件安装、连接线路安装、驱动软件安装。

（1）硬件安装。

① 将扫描仪放在一个稳定的平面上，背对着自己。

② 用一枚硬币之类的东西将运输锁向右转动到松开位置，打开运输锁，如图 7-1 所示。

实训园地　小马的单位配置了一台扫描仪，请来帮他安装扫描仪和扫描仪的驱动。

　　（2）连接扫描仪。

　　① 连接扫描仪电源。将扫描仪电源适配器一端插入扫描仪背面的电源输入端，另一端插入电源插座，接通扫描仪电源，如图 7-2 所示。

　　② 初始化扫描仪。在与计算机连接和安装驱动之前，先初始化扫描仪，方法如下。

- 如果扫描仪接通电，将电源断开并等待 10s。
- 打开扫描仪盖以便在初始化（启动）过程中能看到扫描仪的运行情况。
- 接通扫描仪电源，查看扫描器的荧光灯是否点亮，扫描器是否轻微移动，如图 7-3 所示。
- 荧光灯一直亮着表明扫描仪已完全初始化。拔下扫描仪电源插头。

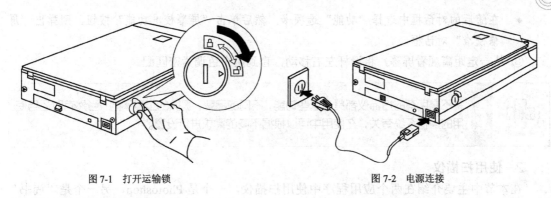

图 7-1　打开运输锁　　　　　　　　　　　　　　图 7-2　电源连接

将扫描仪 USB 连接缆线的一端接到扫描仪背后的 USB 接口上，另一端接到计算机的 USB 接口上或 USE 集线器上，如图 7-4 所示。

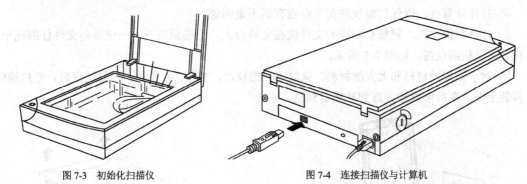

图 7-3　初始化扫描仪　　　　　　　　　　　　　图 7-4　连接扫描仪与计算机

（3）安装扫描软件。扫描仪软件包括扫描仪驱动软件和应用软件。其中驱动程序软件是使用扫描仪的必需软件，否则无法使用扫描仪；而应用软件可以是扫描的专门化应用软件（如尚书六号应用软件）和其他应用程序（如 Photoshop 图像处理软件），当然这些软件不是扫描仪产品中的必备软件。其安装方法介绍如下。

　① 安装驱动程序。

- 连接好计算机线路，按下电源开关打开扫描仪，打开计算机启动 Windows 操作系统。
- 将随机附件光盘插入光盘驱动器，找到光盘上的安装文件，双击" Setup.exe"安装图标，系统开始安装必要的驱动文件。
- 将扫描仪连接到计算机端口，接通电源，系统检测到硬件并出现"添加硬件向导"对话框，然后单击"下一步"按钮，以后只要按默认操作。当出现安装完成对话框时，单击"完成"按钮。

温馨提示　计算机外部硬件设备的驱动程序安装方法基本类似，方法也很多，可以参考本书中其他硬件设备有关驱动程序的安装内容。

　② 校准屏幕。

- 在控制面板中双击"扫描仪与数字相机"图标，则扫描仪与数字照相机属性对话框出现，单击"属性"按钮。

第 7 章　办公光电设备

- 在随后的对话框中选择"功能"选项卡。然后单击"屏幕校准功能"按钮,则弹出"屏幕校准"对话框。

③ 从一定距离观看屏幕,将滑杆左右移动,直到两个色调紧密匹配。

温馨提示　并不是所有的扫描仪都具有这些功能,不同的品牌,提供的工具不同;当然有时还与使用的操作系统有关,在使用中可以根据不同的需求进行设置。

2. 使用扫描仪

在本节中主要介绍在两个应用程序中使用扫描仪,一个是 Photoshop,另一个是"尚书"系列。

（1）开机和放置原稿。

① 接上扫描仪电源,开启电源开关,扫描器上的荧光灯点亮。

② 打开计算机,确保扫描仪的荧光灯点亮而不是闪烁。

③ 打开扫描仪盖,把想要扫描的文件放在文件台上,扫描面向下,一定要将文件仔细抚平,轻轻地盖上扫描仪盖,如图 7-5 所示。

④ 对于太厚的材料和太大的材料,就取下扫描仪盖,如图 7-6 所示。扫描结束后,把扫描仪盖再装上去,在后部直推,直到其锁定到位。

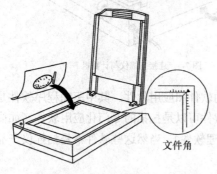
文件角

图 7-5　放置原稿

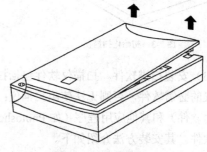

图 7-6　取下扫描仪盖

（2）在 Photoshop 中使用。Photoshop 是一款专业的图像处理软件,在这个程序中可以使用扫描仪获得图片,方法如下。

① 扫描的一般过程。

- 双击桌面 Photoshop 图标,启动 Photoshop 应用程序;或者选择"开始"→"Adobe"→"Photoshop"命令启动 Photoshop 应用程序。
- 选择"文件"→"导入"命令,并选取扫描程序,如图 7-7 所示。

实训园地　找到一张你自己认为最满意的照片或图片,利用扫描仪扫描后保存到计算机中,并确保扫描的质量。

- 显示图 7-8 所示界面,单击"预览"按钮,可以查看图片。
- 可以通过移动和缩放范围框改变扫描后的图片大小。在矩形框内部按下鼠标左键可以移动位置;在矩形框边缘按下鼠标左键可以改变框的大小,如图 7-9 所示。

- 单击"扫描"按钮，开始扫描，如图7-10所示。

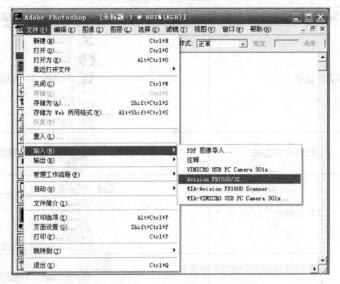

图7-7 选取扫描程序

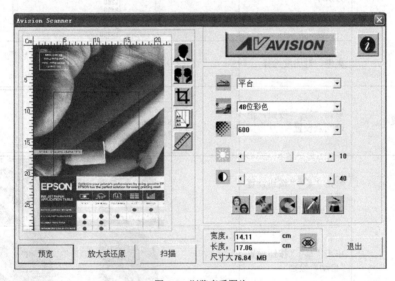

图7-8 浏览查看图片

在选取框内　　　在选取框边缘

图7-9 移动和缩放扫描范围

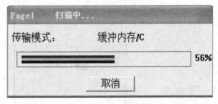

图7-10 扫描进程

② 按钮的作用和相关的设置。

在扫描中还可以通过一些按钮对扫描结果进行相关的设置，其按钮作用和设置如表7-2所示。

表 7-2 按钮作用和设置

设 置 项 目		设置内容与结果示意图
扫描属性设置		黑白反相 镜像 自动选择扫描区和预览 纸张大小 度量单位
图片格式设置	扫描介质选择	平台 / 透明胶片 / 负胶片
图片格式设置	色彩模式	48位彩色 黑白 半色调 8 位灰度 16位灰阶 8 位色彩 24 位色彩 48位彩色
	分辨率	200 200 300 600 1200 2400 4800 9600 19200
	亮度、对比度选择	10 40
高级设置	单击 " " 按钮，消除网点设置	None 一般 Newspaper 报纸 Magazine 杂志 Catalog 样本　　None 一般 Light 明亮 More 更明亮 Heavy 锐化 Extra Heavy 强锐化
	单击 " " 按钮设置颜色	
	单击 " " 按钮设置 "自动" 级别	
高级设置	单击 " " 按钮	最亮/最暗级别 通道：RGB S:0 G:2.10 H:255 重设 预览 确定 取消 最亮/最暗级别 通道：RGB S:0 G:0.32 H:255 重设 预览 确定 取消

设 置 项 目	设置内容与结果示意图
单击"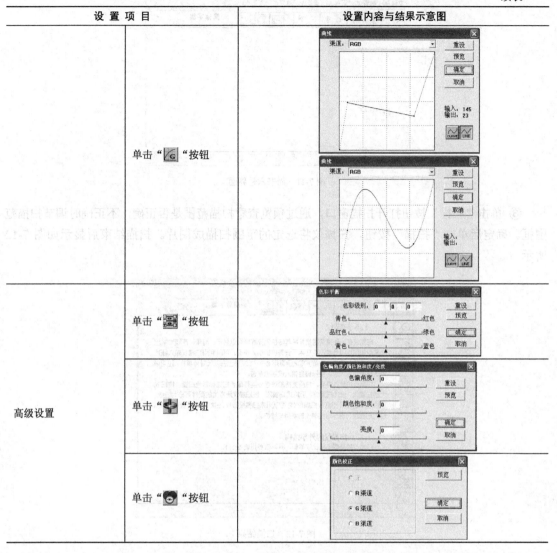"按钮（高级设置行对齐见下）	

高级设置

单击""按钮

查一查

扫描仪实际上是计算机的一种特殊的输入设备，它的使用不是独立的，必须与计算机其他应用软件配合。很多的应用软件都支持通过扫描仪输入，你可以查一查，除本书中介绍的 Photoshop、尚书外，还有哪些应用软件支持扫描仪输入。

（3）在尚书六号中使用扫描仪。

实训园地

在本书中任意找一段文字，利用扫描仪扫描后，转换为文字，并对扫描结果进行校对。

尚书六号应用软件是一款文字处理软件，可以使用它与 OCR 软件配合输入报纸或书籍的内容，其使用方法如下。

① 首先安装尚书六号，双击安装光盘或硬盘上的尚书六号安装程序"尚书6号"安装软件。

② 双击桌面上的尚书六号图标"　"，启动软件，如图 7-11 所示。

图 7-11 尚书六号界面

③ 单击"扫描"按钮打开扫描窗口，通过预览查看扫描范围是否正确，不正确时调节扫描范围框。确定后单击"扫描"按钮，扫描仪将选定的范围扫描成图片。扫描结束后显示如图 7-12 所示。

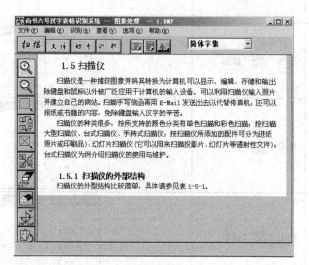

图 7-12 扫描结果

④ 此时会显示一些相关的工具供选用，如放大"🔍"/缩小"🔍"显示、识别区域"▢"/识别顺序"📖"调节、删除识别区域"✕"/删除识别顺序"📖"调节、擦除杂点"✎"/擦除图像"➡"、旋转图像"↻"/倾斜调节"↺"，使图片处于最清晰、最简洁的显示。图 7-13 所示为设置识别区域/识别顺序。

⑤ 单击"识别"按钮，开始识别文字。识别结束后将结果保存为*.txt 文本文件。

要将纸质的文件转化为文本信息输入到计算机，可以使用尚书系列软件来完成，也可以使用其他软件来完成，在此介绍另外一种软件"慧视小灵鼠"。

（1）首先将纸质的文件利用 Photoshop 扫描为图片格式。

（2）打开显示图片。

（3）双击慧视小灵鼠应用程序，启动它，显示一个工具条。

（4）单击工具条上的眼睛图标，显示一个红色十字光标，拖动一个矩形框，覆盖识读区域，设置识读属性后，单击"确定"按钮。

（5）将识读的结果放入*.txt 文本文件，编辑修改后保存。

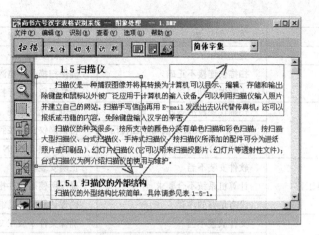

图 7-13 识别区域、顺序选定

7.1.3 扫描仪的日常维护

1. 清洁扫描仪

（1）拔下扫描仪的电源线。

（2）以中性清洁剂和水对扫描仪的外壳进行清洁。

（3）如果文件台的玻璃脏了，用一块软干布擦拭；如果玻璃沾上了油脂或其他不易擦掉的东西，用少许玻璃清洁剂和一块软布将其擦掉，将残余液体完全擦净。

2. 更换荧光灯

荧光灯的发光度会逐渐降低。如果灯泡损坏或太暗，扫描仪会停止工作，荧光灯就会不亮。出现这种情况时，就必须更换灯泡，应请专业人士更换。

3. 搬运扫描仪

（1）接通扫描仪电源，等扫描器移回锁定位置。在荧光灯亮着的时候拔下扫描仪的电源。

（2）将运输锁拧到锁定位置以锁定扫描器。

7.1.4 扫描仪常见故障排除

 实训园地

小马单位的扫描仪出现了故障，请你来检查一下，看问题处在哪里。

扫描仪经过一段时间的使用后，会发生各种扫描故障，其故障现象和解决办法如表 7-3 所示。

表 7-3 扫描仪常见故障和解决办法

现　象	原　因	解决方法
	接口设置错误	正确设置接口
快速闪烁	扫描仪与计算机连接不当	正确连接
	运输锁未松	将运输锁拧到松开位置
	扫描仪损坏	修理扫描仪

现 象	原 因	解 决 方 法
荧光灯灭	荧光灯坏了	荧光灯更换
荧光灯不亮	扫描仪连接不正确	确保扫描仪的电源线接好
	正常省电功能	正常现象,进行扫描时荧光灯就会打开
扫描仪不扫描	扫描仪还没准备好	等待荧光灯点亮
	不只一个USB集线器正在使用	将扫描仪直接接到计算机的USB接口
	缆线不合适	使用一根EPSON USB缆线
扫描仪软件不能正常工作	软件安装不当	正确安装软件
	计算机系统不合要求	确保所使用软件指明的其他系统要求
	没有足够的内存	确保计算机有足够的内存安装该软件
整幅图像变形或模糊	文件放置不当	确保文件平放在文件台上
	文件发生了移动	确保在进行扫描时文件不发生移动
	扫描仪放置不当	确保扫描仪放置在一个平稳的表面上
图像的一部分变形或模糊	文件本身不好或文件放置不当	确保文件平放在文件台上
文件边缘扫描不到	文件尺寸超过了可扫描的区域	使扫描的区域距离文件台侧边3mm以上
图像边缘的色彩不正或失真	文件太厚或翘曲,外光太多	用纸遮住文件的边缘以将外光遮闭
	文件放置不当	确保文件平放在文件台上
图像模糊或聚焦不准	文件放置不当	确保文件平放在文件台上
图像太暗	阀值不当	检查相关设置
图像中的直线有锯齿	文件放置不当	确保文件平放在文件台上
图像与原件不太一样	图像设置不对	在扫描仪软件中试一试不同的图像设置组合
	色彩匹配不足或是安装不当	设置匹配色彩,正确安装软件
	文件格式不当	选择合适的格式
	图像设置不当	确保软件的图像设置适合要扫描的图像
扫描的图像总有一行点丢失	打印头故障	只有在打印结果中出现丢点表示打印机打印头故障
	扫描仪传感器故障	更换扫描仪传感器
在扫描的图像上总有一行点	文件台上有灰尘	清洁文件台
	文件台有划痕	文件台可能是有了划痕,需要更换
当扫描打印材料时,在图像的特定区域内出现点组成的网状条纹	正常扫描	正常现象
图像全黑	屏幕没有校准	进行屏幕校准
无法扫描一幅图像	文件台上没有文件	要确保在扫描仪的文件台上放好文件
	阀值不当	设置阀值
交叉阴影线出现在扫描的图像上	效果设置不当	在照片菜单上选择去网纹设置
	没有使用透明页	在文件和文件台之间放置一张透明页以使图像散焦
	文件放置不当	对文件位置进行调整
	选择了边缘清晰化设置	对一个软化聚焦设置不选择边缘清晰化
扫描的图像色彩与原件不一致或者看上去很怪	屏幕没有校准	校准屏幕
	图像类型和色彩管理设置不正确	要确保这两个设置正确
	正常扫描	正常现象
进行OCR扫描时识别字符效果不佳	分辨率设置不当	在OCR/线画菜单上选择不同的分辨率设置
	阀值设置不当	在OCR/线画菜单上调整闭值设置

7.2 投影仪

投影仪采用先进的数码图像处理技术，配合多种信号输入输出接口，无论是计算机的 RGB 信号，还是 DVD、VCD、影碟机、录像机、展示台的视频信号，都可以转换成高分辨率的图像，投影到大屏幕上。投影仪具有高分辨率、高清晰度、高亮度等特点。目前投影仪有三枪投影仪和液晶投影仪两种。其中液晶投影仪具有体积小、亮度高、调整方便、价格便宜等优点，被广泛采用。

本书主要以 EPSON EMP-S1H 投影仪为例介绍投影仪的使用与维护。

目前市场上主要有哪些品牌的投影仪？了解其结构特点和工作原理。

7.2.1 投影仪的外部结构

投影仪的外部结构如表 7-4 所示。

了解一下投影仪的主要技术参数，结构特点和面板上按键、指示灯的意义，连接端口的位置作用。

表 7-4 投影仪的外部结构

部 位 名 称	结构示意图
前面和上面	红外线遥控接收器　扬声器　操作面板 通风口 变焦环 把手 "撑脚"键 前撑脚 镜头盖
操作面板	"▲""▼""◄""►"键 "⊿""◺"：梯形失真校正键 "Wide""Tele"：变焦键 "Power"键　　　　　　　"Menu"键 "Power"指示灯 Power　Wide　Enter　Tele　Menu　Source "Source"键 "异常/警告"指示灯　　"↵"键　　"Esc"键

部 位 名 称	结构示意图
后面	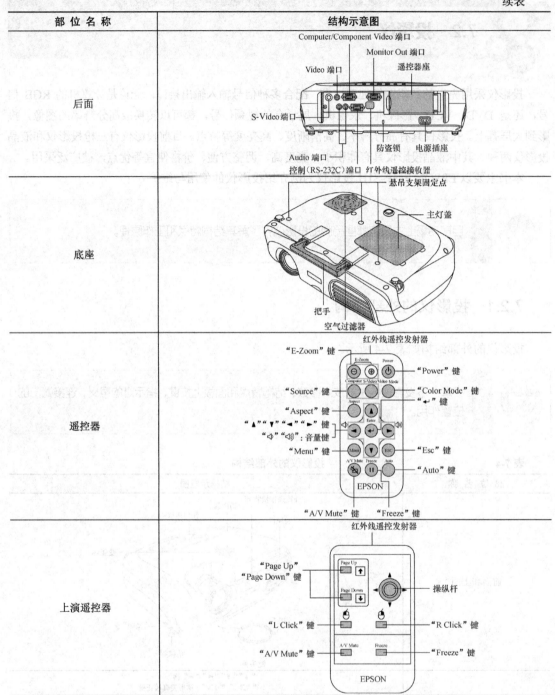
底座	
遥控器	
上演遥控器	

7.2.2 投影仪的基本使用

使用投影仪要首先安装好投影仪，然后连接其他设备。在本节中主要介绍投影仪的安装、与其他设备的连接、使用投影仪等。

首先了解投影仪的功能，有关投影仪的功能如表 7-5 所示。

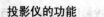

表 7-5   投影仪的功能

功 能 名 称	功 能 内 容	功能示意图
自动设置功能 （计算机连接）	投影仪分析所连接的计算机的信号，然后自动进行调整以确保最佳的投影效果	
颜色模式	可根据映像的类型来选择映像质量	
携带方便，质量轻	便携的投影仪机身携带起来很方便。 尺寸：26.5cm（深）× 10.6cm（高）× 37cm（宽） 质量：约 3kg	
鲜明生动的映像	投影仪的高分辨率和高亮度可获得清晰的显示效果，即使在明亮的环境中也能投射出明亮而清晰的映像	
易于使用	各种不同的投影仪操作可通过附带的遥控器轻松完成：如暂停投影；放大映像的某个重要区域等	
独特的上演功能	在投影期间，可以使用附带的上演遥控器在计算机屏幕上移动鼠标指针（无线鼠标）	

1. 投影仪的安装

投影仪的安装方法如下。

 实训园地 投影仪正确的安装方法有几种？它们各有什么要求和安装特点？试调节投影仪使其达到最佳投影效果。

① 投影仪的安装有多种方法供选择，每种方法具有一些不同的特点，详细如表 7-6 所示。

表 7-6 投影仪的安装方法与特点

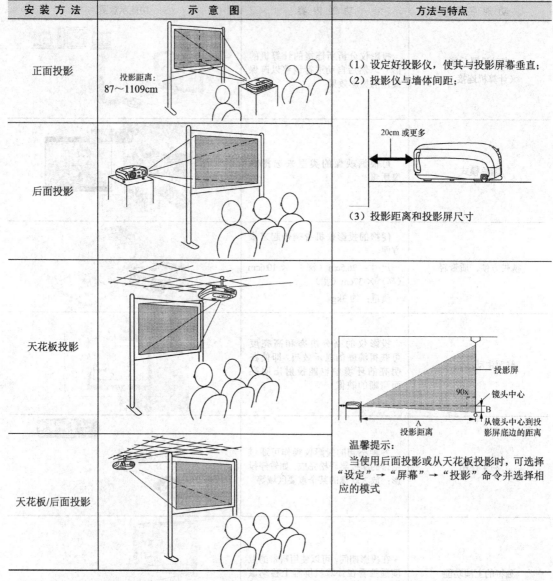

安装方法	示 意 图	方法与特点
正面投影	投影距离: 87～1109cm	（1）设定好投影仪，使其与投影屏幕垂直； （2）投影仪与墙体间距；
后面投影		20cm 或更多 （3）投影距离和投影屏尺寸
天花板投影		投影屏 90x 镜头中心 B 从镜头中心到投影屏底边的距离 A 投影距离
天花板/后面投影		温馨提示： 当使用后面投影或从天花板投影时，可选择"设定"→"屏幕"→"投影"命令并选择相应的模式

② 投影仪投射角度的调整。不论是哪种投影方式，都必须对投影角度进行适当的调整。下面以正面投影为例介绍调整的方法。

- 首先设定好投影仪，使其与投影屏幕垂直，如图 7-14 所示。

如果不能使投影仪与投影屏垂直，可使它在上下方向上稍微有一点角度（最大 10°），如图 7-15 所示。

- 调整时按下两边的"撑脚"键升高投影仪的前面。伸出前撑脚，转动两侧的前撑脚可以调节高度，如图 7-16 所示。
- 按下两边的"前撑脚"键慢慢放下投影仪到其正常位置。

③ 调节投影尺寸。

- 按下操作面板上的"Wide"键或者"Tele"键，调节投影的大小。

"Wide"键用于放大尺寸；"Tele"键用于减小尺寸。

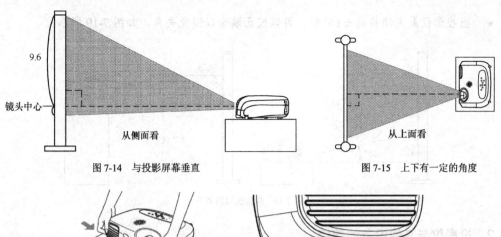

图 7-14   与投影屏幕垂直

图 7-15   上下有一定的角度

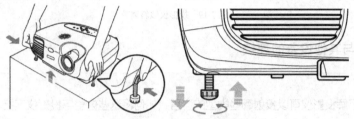

图 7-16   伸出、转动前撑脚调节高度

● 希望进一步将映像放大时，将投影仪移动到离投影屏更远的地方。

④ 调节焦距。旋转调焦环调节映像焦距。通过转动投影仪前部镜头上方的旋钮进行调节，如图 7-17 所示。

温馨提示 （1）镜头表面弄脏或受潮而结露时，可能无法正确调节焦距。在这种情况下，应先除去污物或结露。
（2）如果将投影仪设定距离在 87～1109 cm（2.9～36.4 英尺）正常的投影范围以外时，可能无法正确对焦。如要获得准确的焦距有一定困难，应检查一下投影距离。

⑤ 梯形校正。当投影仪和投影屏并非处于一个垂直的角度时，显示出来的可能会是一个梯形。这种扭曲变形可以进行调整。使用这种方法只可以校正垂直方面的变形，水平方面的扭曲变形无法进行校正。具体方法如下。

● 按下"▽"或者"△"键进行校准，如图 7-18 所示。

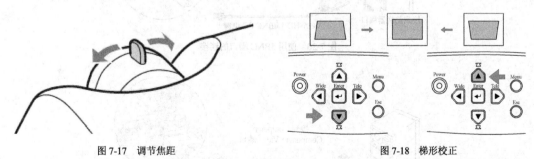

图 7-17   调节焦距

图 7-18   梯形校正

小经验 （1）完成梯形失真校正时，投影屏尺寸会发生改变。
（2）如果进行梯形校正后映像的表面变得不均匀，应减小清晰度。

- 当投影仪最大倾斜到±15°时，可以校正映像以避免失真，如图7-19所示。

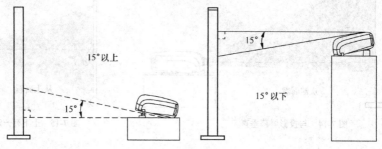

15°以上

15°

15°以下

图7-19 投影仪倾斜调节

2. 投影仪与其他设备的连接

实训园地

了解投影仪可以投射哪些类型的信号，如何将这些信号与投影仪连接。

投影仪可以和其他多种设备进行连接使用，在此主要介绍与计算机的连接。

（1）与可兼容的计算机连接。

① 确认计算机上有RGB端口、监视器端口或CRT端口等映像输出端口。一些带有内置监视器的计算机，或者一些便携式计算机可能不兼容，同时计算机的显示频率和分辨率必须符合投影仪的要求。

② 使用5BNC端口的连接。将连接线一端插入投影仪后部的输入端口，另一端插入计算机主机箱上相应的输出端口，如图7-20所示。使用13w3端口的连接如图7-21所示。

接到Computer/
Component Video 端口

接到监视器端口

VGA-HD 15/BNC PC 电缆

图7-20 使用5BNC端口的连接

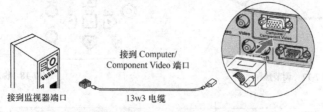

接到Computer/
Component Video 端口

接到监视器端口

13w3 电缆

图7-21 使用13w3端口的连接

（2）便携式计算机的连接。

① 按住"Fn"键，再按相应的功能数字键进行操作，如表7-7所示。

表 7-7   "Fn" 键的功能设置

投影仪类型	按 键 组 合
NEC	"Fn" + "F3"
Panasonic	
Toshiba	"Fn" + "F5"
IBM	"Fn" + "F7"
SONY	
Fujitsu	"Fn" + "F10"
Macintosh	启动后，启用监视器控制面板中的"镜像"功能

② 使用微型 **D-Sub 15** 针连接器的连接。将连接线一端插入投影仪后部的输入端口，另一端插入便携式计算机后面相应的输出端口，如图 7-22 所示。

图 7-22   使用微型 D-Sub 15 针连接器

③ 如果要播放计算机的声音，可以通过投影仪内置的扬声器，如图 7-23 所示。

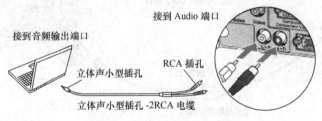

图 7-23   播放计算机声音的连接

（3）与外部监视器的连接。输入到投影仪的映像可以显示在计算机的监视器上，如图 7-24 所示。

（4）投影仪与视频源的连接。

① 对于复合视频（DVD、VHS、视频游戏）的连接，如图 7-25 所示。

② 对于 S-视频（DVD、S-VHS、视频游戏）的连接，如图 7-26 所示。

如果要从视频设备播放声音，按图 7-27 所示连接音频线路。

图 7-24   与外部监视器的连接

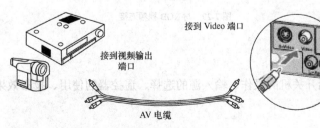

图 7-25   与复合视频连接

接到 S-Video 端口

S-Video 电缆

接到 S-Video 输出端口

图 7-26　与 S-视频连接

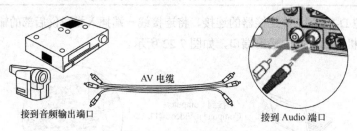

AV 电缆

接到音频输出端口

接到 Audio 端口

图 7-27　连接音频线路

③ 对于色差视频（DVD、视频游戏）的连接，如图 7-28 所示。

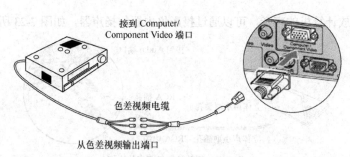

接到 Computer/
Component Video 端口

色差视频电缆

从色差视频输出端口

图 7-28　与色差视频连接

④ 对于 RGB 视频的连接，如图 7-29 所示。

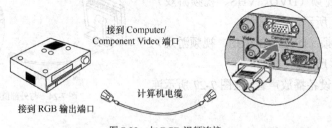

接到 Computer/
Component Video 端口

计算机电缆

接到 RGB 输出端口

图 7-29　与 RGB 视频连接

3．投影仪的使用

投影仪的使用包括开关机的操作、输入源的选择、遥控器的使用、投影效果的调节等。

（1）开关投影仪。

① 打开投影仪。

- 连接计算机/视频，取下镜头盖。
- 将电源线连接到投影仪上，另一端插入到墙上的电源插座中，"Power"指示灯变成橙色，如图 7-30 所示。
- 打开计算机/视频的电源。如果连接到视频源，开始播放。

② 关闭投影仪。

- 按下"Power"键，关闭计算机/视频设备的电源，如图 7-31 所示。

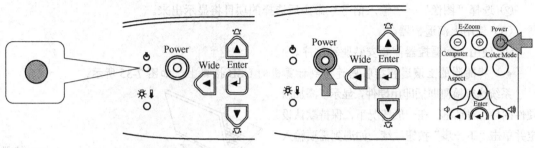

图 7-30　指示灯显示　　　　　　　　　　　图 7-31　按下"Power"键

- 显示一个确认屏幕，如图 7-32 所示。

 温馨提示

（1）如果执行了除按下"Power"键以外的其他任何操作，或者如果在 7s 内未按下任何键，确认屏幕将消失。

（2）关闭投影仪必须严格遵循这一过程，如果随意切断电源，会损坏投影仪中的主要部件。

- 再次按下"Power"键，"Power"指示灯将开始闪动。
- 等待"Power"指示灯点亮为橙色，并且投影仪发出两次嘟声，冷却期间开始，大约需要 20s，如图 7-33 所示。

图 7-32　确认屏幕

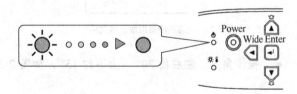

图 7-33　指示灯点亮为橙色

 温馨提示

当"Power"指示灯还在闪的时候不要拔下插头，否则有可能损坏投影仪。

- 将投影仪从插座上拔下，拔掉投影仪上的电源线，装上镜头盖。

（2）选择输入源。当连接设备后，投影将自动开始而不需选择输入源；但如果连接了两个或多个设备，则需要选择输入源。

① 在投影仪上，每次按下"Source"键都将改变输入源，如图 7-34 所示，也可以用遥控器来操作。

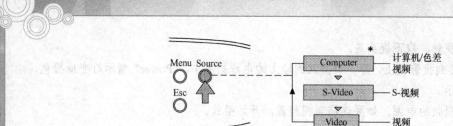

图 7-34 选择输入源

② 选择"图像"→"输入信号"命令后选择的项目将显示出来。

（3）使用上演遥控器。

① 使用上演遥控器需要安装驱动程序。

- 将随附的上演遥控接收器连接到计算机的 USB 接口上，如图 7-35 所示。

系统执行检测即插即用硬件，显示"添加新硬件向导"对话框。在一般情况下，保持默认设定并单击"下一步"按钮继续。如遇到需要输入路径或文件时，应正确输入。

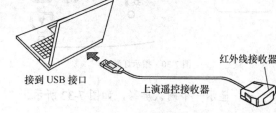

图 7-35 连接上演遥控接收器

- 最后单击"完成"按钮。

② 使用上演遥控器。

- 可以用上演遥控器作为无线鼠标来控制计算机屏幕上的鼠标指针，如图 7-36 所示。

- 操作距离：最大约 6m（根据具体条件，可能会缩短），如图 7-37 所示。

图 7-36 上演遥控器用做无线鼠标

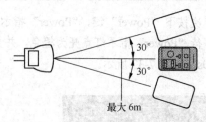

图 7-37 操作距离

- 操作角度：左右约 30°，上下约 15°，如图 7-38 所示。

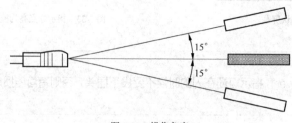

图 7-38 操作角度

（4）调节投影效果。

① 调节计算机产生的映像。

- 使用自动设置功能（计算机连接）。当"自动设置"为关闭的时候，按下遥控器上的"Auto"键执行自动设置。

- 选择颜色模式。每次按下遥控器上的"Color Mode"键时，颜色模式将按动态→上演→剧院→起居室→sRGB 的顺序改变。

- A/V 无声。按下遥控器上的"A/V Mute"键，声音和映像消失；再一次按下"A/V Mute"键或按下"Esc"键时投影继续。

- 冻结（Freeze）。按下遥控器上的"Freeze"键，投影映像将被冻结；要取消，再次按下"Freeze"键，或按下"Esc"键。

- 宽屏投影（改变长宽比）。按下遥控器上的"Aspect"键，可改变屏幕大小，如图 7-39 所示。

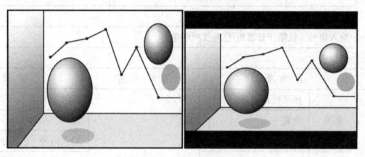

图 7-39 宽屏投影调节

- 放大或缩小映像。
- 按下遥控器上的"E-Zoomz"键，目标范围显示在屏幕上，如图 7-40 所示。
- 按下"▲""▼""◄""►"键移动目标范围到想要放大或缩小的部分的中心。
- 按"E-Zoom⊕"键以放大映像，按"E-Zoom⊝"键以缩小放大后的映像，如图 7-41 所示。

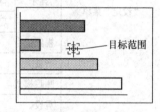

图 7-40 目标范围显示

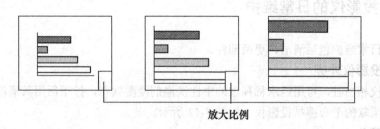

放大比例

图 7-41 放大、缩小映像

② 音量调节。

按下遥控器上的"◁"或者"◁»"键调节音量，也可以从配置菜单中调节音量，即选择"Menu"键→"设定"→"音量"。

（5）了解投影仪的配置菜单。

实训园地　投影仪的功能非常强，功能配置菜单也十分丰富，上机查阅投影仪的配置菜单，了解菜单的主要内容。

菜单的配置如表 7-8 所示。

表 7-8　　　　　　　　　　　　　　菜单功能一览表

菜单内容	菜单项目			
"图像"菜单	颜色模式			
	图像质量	亮度		同步（仅限于计算机映像）
		对比度		色温
		清晰度		饱和度（仅限于计算机映像）
		跟踪（仅限于计算机映像）		色度（仅限于计算机映像）
	自动设置（仅限于计算机映像）			
	输入信号（仅限于计算机/色差视频映像）			
	重设			

菜单内容	菜单项目		菜单内容	菜单项目
"设定"菜单	屏幕	梯形校正	"信息"菜单	灯时
		位置		源
		投影		输入信号（仅限于计算机映像）
	显示	消息		视频信号（仅限于视频映像）
		背景色		分辨率（仅限于计算机映像）
		启动屏幕		刷新率（仅限于计算机映像）
	视频信号			同步信息（仅限于计算机映像）
	音量		"重设"菜单	灯时重设
	睡眠模式			全部重设
	重设			

7.2.3　投影仪的日常维护

投影仪的日常维护包括清洁、更换部件。

1. 清洁投影仪外壳

如果投影仪相当脏，可用经水稀释过的中性洗涤剂浸湿软布，拧干后用其清洁投影仪外壳。完成后，再用柔软的干布擦拭投影仪，如图 7-42 所示。

2. 清洁镜头

可用气吹或拭镜纸等轻轻擦拭镜头，如图 7-43 所示。

温馨提示
（1）不要使用蜡、酒精或稀释剂等挥发性物质清洁投影仪外壳，否则会引起外壳弯曲变形或涂漆脱落。
（2）因为镜头很容易刮伤，所以不要使用硬物来摩擦镜头或震动镜头。

3. 清洁空气过滤器

空气过滤器上如积聚灰尘，就会引起投影仪内部温度上升而损坏投影仪。应保持投影仪平放，使用真空吸尘器清洁空气过滤器中的灰尘，如图 7-44 所示。

4. 更换电池

（1）取出电池支架。向内按下电池支架的卡钩，拉出电池支架，如图 7-45 所示。

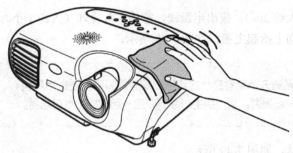

图 7-42 清洁投影仪外壳

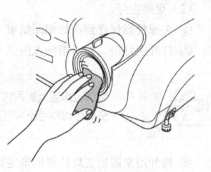

图 7-43 清洁镜头

图 7-44 清洁空气过滤器

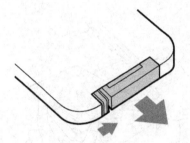

图 7-45 拉出电池支架

（2）取出旧电池，装上新电池。确认（+）标记的位置朝向电池支架的里面，确保电池以正确的方式装入，如图 7-46 所示。

（3）更换电池支架。推入电池支架，直到发出"喀嗒"声。

5. 更换主灯

（1）了解主灯更换期。

① 当投影开始时屏幕左下角出现"更换主灯"消息超过 30s 的时候，就需要更换主灯。

② 当"异常/警告"指示灯以 0.5s 的间隔闪一下，也表示应更换主灯，如图 7-47 所示。

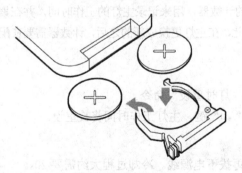

图 7-46 取出电池

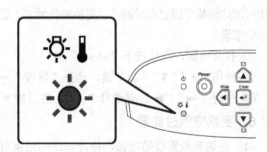

图 7-47 "异常/警告"指示灯闪烁

小经验

（1）大约使用 1900 小时就会出现需要更换的消息。

（2）超过主灯更换期后继续使用有可能引起主灯爆裂。

（3）一些主灯有可能在更换消息显示前就停止工作。

（2）更换主灯。

① 关掉投影仪直到冷却期间结束（大约 20s）。拔出电源线，等待主灯冷却（大约 1 小时）。

② 打开主灯盖。将手指伸入闩位并向上拾起主盖，如图 7-48 所示。

温馨提示 （1）空气过滤器上的污物如无法去除或者空气过滤器出现破损，则需要进行更换。
（2）空气过滤器与备用灯泡一起提供。当更换主灯泡时，应一起更换空气过滤器。

③ 松开用来固定主灯位置的固定螺丝，如图 7-49 所示。

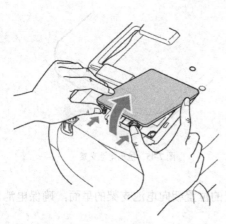

图 7-48 打开主灯盖

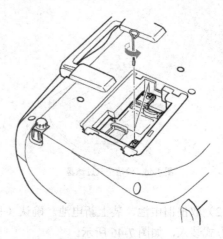

图 7-49 松开固定螺丝

④ 拉出主灯，如图 7-50 所示。

⑤ 安装新的主灯。按住主灯直到出现"喀嗒"声表示安装到位，然后拧紧两个固定螺丝。

⑥ 装上灯罩。安装时先插入锁舌部分，再从另一侧推进去，直到发出"喀嗒"声表示安装到位。

（3）重设主灯的工作时间。投影仪有一个内置的计数器，用来记录主灯的工作时间，并在累计工作时间达到某个固定点后就显示更换警告消息。因此，在主灯更换成新的之后，计数器需要在配置菜单中重设。

① 打开电源，然后按下"Menu"键。

② 使用"▲""▼""↵"键，选择"重设"→"灯时重设"命令。

③ 使用"◄""►"键选择"是"，然后按下"↵"键，主灯工作时间将被重设。

6. 更换空气过滤器

（1）先切断投影仪的电源，待冷却期间结束后再拔下电源线。冷却过程大约需要 20s。

（2）将手指伸入到空气过滤器钩子的凹进处，抬起空气过滤器并将其取下，如图 7-51 所示。

（3）用新的空气过滤器更换。取出旧的空气过滤器，安装一个新的进去。确保空气过滤器和塑料架子之间没有空隙，如图 7-52 所示。

（4）更换空气过滤器盖。安装时先插入锁舌部分，再从另一侧推进去，直到发出"喀嗒"声表示安装到位，如图 7-53 所示。

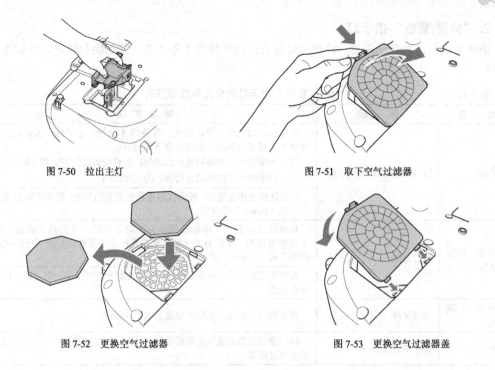

图 7-50　拉出主灯　　　　　　　　　　图 7-51　取下空气过滤器

图 7-52　更换空气过滤器　　　　　　　图 7-53　更换空气过滤器盖

7.2.4　投影仪常见故障排除

当投影仪出了故障时，首先，检查投影仪的指示灯。在投影仪单元上有两个指示灯，用来通知投影仪状态，如图 7-54 所示。

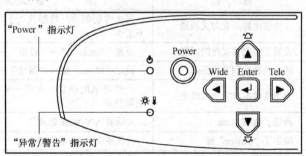

图 7-54　"Power" 和 "异常/警告" 指示灯

1. "Power" 指示灯

⬤表示点亮，☀表示闪动。如果此指示灯不亮，则说明没有接通电源。其原因和解决方法如表 7-9 所示。

表 7-9　　　　　　　　　　　"Power" 指示灯的含义和故障解决

状　态	原　因	解　决　方　法
橙色⬤	待机状态（不是异常）	只有当投影仪处于该状态时才可以断开电源线的连接。按下"Power"键开始投影
橙色☀	正处于冷却期间（不是异常）	稍候，冷却期间持续约 20s
		在冷却期间不可以操作"Power"键，冷却期间结束后，重新按下"Power"键
绿色⬤		正在投影（不是异常）
绿色☀	升温过程（不是异常）	稍候，预热过程大约需要 40s。预热过程完成后，指示灯变成稳定的绿色

2. "异常/警告"指示灯

●表示点亮，☀表示闪动。该指示灯在正常操作情况下不点亮，其原因和解决方法如表 7-10 所示。

表 7-10　　　　　　　　　　　　"异常/警告"指示灯的含义和故障解决

状　态	原　因	解　决　方　法
红色 ●	内部处于高温状态（过热）	主灯将自动关闭，投影停止。等待约 5 分钟，不要操作投影仪。约 5 分钟后，拔下电源线，然后检查下面两点： （1）确保空气过滤器和通风口清洁，并且投影仪没有紧靠墙壁； （2）如果空气过滤器积有污物，应进行清扫
		当再次插上电源线后，投影仪将返回到原先的状态。按下投影仪或遥控器上的"Power"键返回
红色 ☀（间隔为 0.5s）	主灯故障	从电源插座上拔下电源线的插头，取下主灯，检查是否破裂。如果主灯没有破裂，重新装上主灯，重新连接上电源线，并按下投影仪或遥控器上的"Power"键返回
		检查主灯和灯罩是否安装牢固。如果主灯和灯罩安装不牢，则主灯电源无法接通
红色 ☀（间隔为 1s）	内部故障	停止使用投影仪，从电源插座上拔下电源线
橙色 ☀	处于快速冷却中	将投影仪安装在通风良好的场所，并确保空气过滤器和通风口清洁；清洁空气过滤器

3. 其他常见故障的原因和解决方法

其他常见故障的原因和解决方法如表 7-11 所示。

表 7-11　　　　　　　　　　　　其他常见故障的原因和解决方法

现　象	原　因	解　决　方　法
■	在切断电源后立即又接通	当电源切断并且投影仪处于冷却模式时，"Power"键不工作
	设置了睡眠模式时间间隔	设定"Menu"键→"设定"→"睡眠模式"
	映像的亮度调节不正确	设定"Menu"键→"图像"→"图像质量"→"亮度"
	投影映像本身完全为黑色	一些显示的映像，包括一些屏幕保护程序可能是完全黑色的
	激活了 A/V Mute	去除对 A/V Mute 的激活
	按下了"Power"键	再次按下"Power"键
■	设置不当	重设所有当前的设定后再试一下
	没有输入映像信号	检查输入图像信号
■ "不支持"	设定的模式不对应计算机输出的映像信号的频率	重设模式
■ "无信号"	在计算机上选择了外部视频输出	选择计算机上的外部视频输出端口
	输入信号源不正确选择	按下操作面板上的"Source"键，直到选中正确的信号源
	电缆连接不正确	检查并正确连接
	没有接通连接到计算机或视频源的电源	接通电源

现　象	原　　因	解　决　方　法
・映像模糊不清 ・部分映像对焦不准 ・整幅映像对焦不准	"同步▶▶"，"跟踪▶▶"和"位置"等设定未正确调节	设定"Menu"键→"图像"→"图像质量"→"跟踪"→"图像"→"图像质量"→"同步"→"设定"→"屏幕"→"位置"
	映像信号格式设定不正确	再次设定
	距离不正确	将投影仪设定在这个范围之内
	前撑脚设置得使映像角度与屏幕之间角度太大	投影角度过大时，有时在画面的垂直方向上会出现对焦不准
	镜头脏污	清洁
	镜头上有结露	切断电源并等待结露消失
	焦点调节不正确	重新调节
	未卸下镜头盖	卸下镜头盖
	已调节"跟踪▶▶"设定	设定跟踪的值，直到垂直条纹消失
	设定调节不正确	重新设定
	映像信号格式设定不正确	重新设定
	分辨率的选择不正确	重新设定
	使用加长电缆	缩短电缆
	电缆连接不正确	正确连接
	分辨率不正确	变更分辨率
	长宽比设定不正确	将长宽比设定到 4∶3
	计算机设定为双显示器模式	解除双显示器的设定
	分辨率的选择不正确	设定计算机输出信号与本投影仪兼容
	"位置"的调节不正确	正确调节显示位置
	正在使用 E-Zoom 功能放大映像	按遥控器上的"Esc"键取消 E-Zoom 功能
	映像信号格式设定不正确	重新设定
	主灯已经到期	需要更换
	映像的对比度调节不正确	重新设定
	颜色调节不正确	重新设定
	饱和度和色度调节不正确	重新设定
	映像的亮度调节不正确	重新设定
	电缆连接不正确	重新连接
	连接到计算机时颜色可能无法与计算机屏幕或液晶一体型屏幕上的映像完全匹配	这是正常的，并不表明有问题
	映像信号格式设定不正确	重新设定
	主灯需要更换	更换主灯
	映像的对比度调节不正确	重新设定
	颜色调节不正确	重新设定
	饱和度和色度调节不正确	重新设定
	映像的亮度调节不正确	重新设定
	电缆连接不正确	重新连接
	连接到计算机时颜色可能无法与计算机屏幕或液晶一体型屏幕上的映像完全匹配	这是正常的，并不表明有问题
	主灯需要更换	更换主灯
	映像的亮度调节不正确	重新设定
	映像的对比度调节不正确	重新设定

现　象	原　因	解 决 方 法
	激活了 A/V Mute	按下遥控器上的"A/V Mute"键取消 A/V Mute
	音量被调到最小设定	重新设定
	音响设备的连接不正确	重新连接
	红外线遥控接收器受到直射阳光或荧光灯的强光照射	更换位置
	遥控器离投影仪的距离太远	操作距离约为 6 m
	红外线遥控发射器没有对正	遥控器的操作角度范围为：左右±30.5°，上下±15.5°
	电池的绝缘带未取下	取下电池的绝缘带
	电池已耗尽	对电池充电
	未正确装入电池	正确装入电池
	未安装电池	安装电池

7.3　实物展示台

视频实物展示台是与投影仪配合使用的光电设备，它可以将一些实物展示在投影仪的屏幕上，以方便教学、会议等。

7.3.1　展示台的外部结构

展示台各部分结构、各称如表 7-12 所示。

表 7-12　　　　　　　　　　　　　　　展示台的外部结构

部 位 名 称	结构示意图
展示台外形	摄像头转动旋钮 摄像头罩 上连接臂杆 下连接臂杆 侧灯 侧灯连接臂杆 电源开关 背光灯箱板 控制按键 底座 红外接收窗

部 位 名 称	结构示意图
接线插座标志	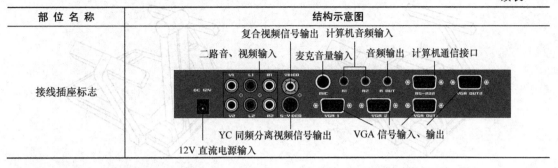

7.3.2　展示台的基本使用

1. 展示台的接线

展示台与其他设备的连接如图 7-55 所示。

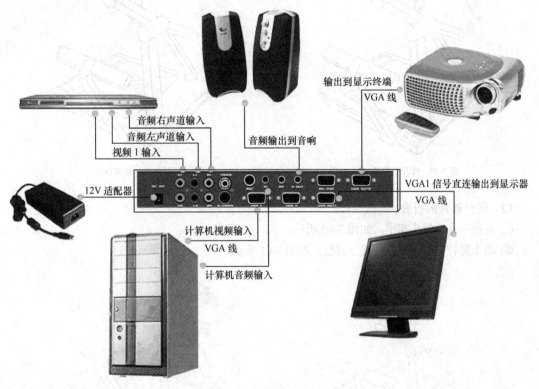

图 7-55　展示台与其他设备的连接

2. 展示台臂杆的展开和折叠

（1）展示台臂杆的展开。展示台使用完毕时，应将展示台折叠，操作步骤如下。

① 展开展示台的侧灯，如图 7-56 所示。

② 将下臂杆拉直，如图 7-57 所示。

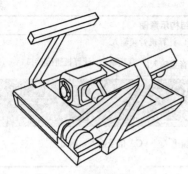

图 7-56　展开展示台的侧灯

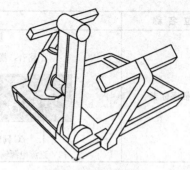

图 7-57　拉直下臂杆

③ 打开上臂杆，如图 7-58 所示。

④ 放直镜头，如图 7-59 所示。

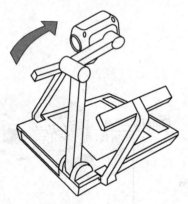

图 7-58　打开上臂杆

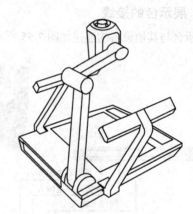

图 7-59　放直镜头

（2）展台臂杆的折叠。

① 将展示台的镜头扭平，如图 7-60 所示。

② 将上臂杆合拢，平行放置下臂杆，如图 7-61 所示。

图 7-60　扭平展示台的镜头

图 7-61　上臂杆合拢，平行放置下臂杆

③ 放平下臂杆，如图 7-62 所示。

④ 合拢侧灯，如图 7-63 所示。

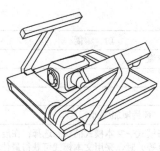

图7-62　放平下臂杆

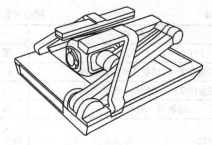

图7-63　合拢侧灯

 温馨提示　（1）调节上灯时应调节上灯连接臂杆，不要直接对灯罩用力，以免造成上灯的损坏。
（2）禁止用手指或其他不干净的物体触摸摄像头的镜头部分，如需要清洁请使用专用的擦镜纸，且擦拭用力不宜过大，否则，有损镜片和图像效果。

3. 按键功能

（1）单键操作。展示台各按键如图7-64所示。各个按键名称与功能如表7-13所示。

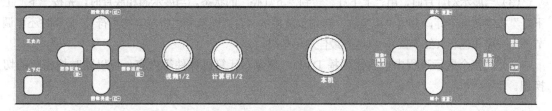

图7-64　展示台各按键

表7-13　　　　　　　　　　　　　　　　按键名称与功能

按 键 名 称	功　　能
本机	循环按键。按此键时间少于3秒，执行本机切换功能；按此键时间超过3秒，展示台关闭图像输出；待机后再按本按键时间超过3秒，展示台将重新给摄像头通电
视频1/2	循环键，用于视频1、视频2切换
计算机1/2	循环键，用于计算机1、计算机2切换
AC	执行自动白平衡
图像亮度＋、图像亮度－	调节图像亮度
图像锐度＋、图像锐度－	图像锐度调节
正负片	循环键，用于正片→负片→正片的选择
上下灯	循环键，用于上灯→下灯→全灭→上灯的选择
AF	自动聚焦
放大/缩小	用于图片的放大/缩小
聚焦＋/聚焦－	进入手动聚焦模式
图像冻结	循环键，用于活动→冻结→活动图像的转换
功能键	预留功能键，用于组合键配置

（2）组合键操作。各组合键及其操作如表7-14所示。

表 7-14　　　　　　　　　　　　　组合按键名称与功能

按 键 名 称	功　　能
功能键＋上下灯	图像输出左右镜像
功能键＋图像亮度+、功能键＋图像亮度-	红色色度调节
功能键＋图像锐度+、功能键＋图像锐度-	蓝色色度调节
功能键＋放大、功能键＋缩小	调节 MIC 音量，音量增加/减小
功能键＋聚焦-	文本模式→动态模式→文本模式的状态选择；在展示物为平面物件（文稿、画页等）时，采用文本模式可获得最佳清晰度和色彩还原效果
功能键＋聚焦+	图像实现同屏对比

4. 使用展示台

（1）开机，按一下"自动聚焦"键转到自动聚焦模式，再用"放大"、"缩小"键调节图像的大小，转动镜头或移动物体，得到最佳的图像效果。在展示立体物件时，建议使用手动聚焦，这样可以把所想展示的部位清晰显示出来。

（2）用"图像冻结"可以把某瞬间的状态锁定在画面上，以便进行讲解。

（3）当展示幻灯片时，用"上下灯"转到"下灯亮"的状态。当展示照相底片时，先按一下"上下灯"按键转到下灯，并用"正负片"转到负片显示（否则图像颜色将与实物不符），必要时还可调节画面亮度和色彩（红或蓝），以达到最佳展示效果。

（4）在整个展示过程中，若需插播 DVD、录像、计算机课件等内容，可以随时按相应的切换钮。

7.3.3　展示台的日常维护

（1）在以下温度和相对湿度范围内使用和存放。

温度：0℃～45℃。

相对湿度：小于 75%，非凝态。

（2）尽量避开以下位置安放。

① 接受阳光照射或靠近热辐射装置(如加热器)的地方及其他发热物体边上。

② 易受震动或不稳的地方。

③ 有酸碱等腐蚀性气体的地方。

（3）允许用一般运输工具运输，但应避免暴晒、剧烈振动、跌落、雨淋和违章拆卸。

（4）应储存在干燥通风、周围没有酸性或其他有害气体的干净室内。

温馨提示　（1）停电后，应关闭电源开关。
　　　　　（2）需要移动时，应先关闭电源，拔下电源插头及其他连线。

7.3.4　展示台常见故障与处理

展示台的常见故障与处理如表 7-15 所示。

表 7-15　　　　　　　　　　　　展示台的常见故障与处理

故 障 现 象	处 理 方 法
开电源后灯不亮，无图像	检查电源插座开关是否已开，插座是否接触良好
开电源后，上灯能亮，但无图像或图像不稳定	检查视频线接法是否正确，视频线接线端子是否已磨损、掉落
当切换到某路视频时，声音有串音	降低相应设备的音量输出
图像显示，但其他按键都不起作用，移动展示物图像仍不动	图像处于冻结状态，再按一次图像冻结
图像模糊	展示台此时可能处于手动聚焦状态，按一下自动聚焦键，转到自动聚焦即可。也可能是由于环境湿度太大造成摄像镜头"起雾"，应采取措施降低环境湿度。一般开机后半小时内起雾现象会消失
自动聚焦不清	查看近摄镜是否沾有灰尘，如有灰尘请用专用擦镜纸轻轻擦拭干净

 习 题

1．扫描仪主要有哪些不同类型？

2．使用扫描仪前应做哪些准备工作？

3．如何对扫描仪进行日常维护？

4．投影仪有哪些不同的安装方法？投影仪和屏幕应处于怎样的位置关系使投影效果最佳？

5．投影仪可以投射哪些设备的信号？

6．如何对投影仪进行日常维护？维护应注意什么？

第 8 章 办公通信与信息传输设备

办公通信与信息传输设备，是指在传输办公文件和举行网络会议中使用的设备，包括电话、传真机、摄像头等。本章主要介绍传真机、摄像头的使用与维护。

8.1 传真机

传真机是把记录在纸上的文字、图表、图片、照片等静止的图像变成电信号，经传输线路传递到远处，在接收方获得与发送原稿相似的记录图像，它是用来实现传真通信的终端设备，是完成传真通信的工具。

使用传真机为信息的传递提供了方便、快捷的通信方式，既节省时间、节省费用，又可提高办事效率，在当今信息社会中，传真赋予了现代化通信新的生命。

本节以三星 SF-555P 激光传真机为例介绍它的使用与维护。

 目前市场上主要有哪些品牌的传真机？了解它们的结构特点和工作原理。

8.1.1 传真机的外部结构

 了解传真机的结构，熟悉面板按键的功能、作用和操作方法。

三星 SF-555P 激光传真机主要由前面板、连接装置、扫描器部件、打印机部件和附件等组成，其外部结构如表 8-1 所示。

表 8-1 　　　　　　　　　　三星 SF-555P 激光传真机的外部结构

部位名称	结构示意图
前面板功能	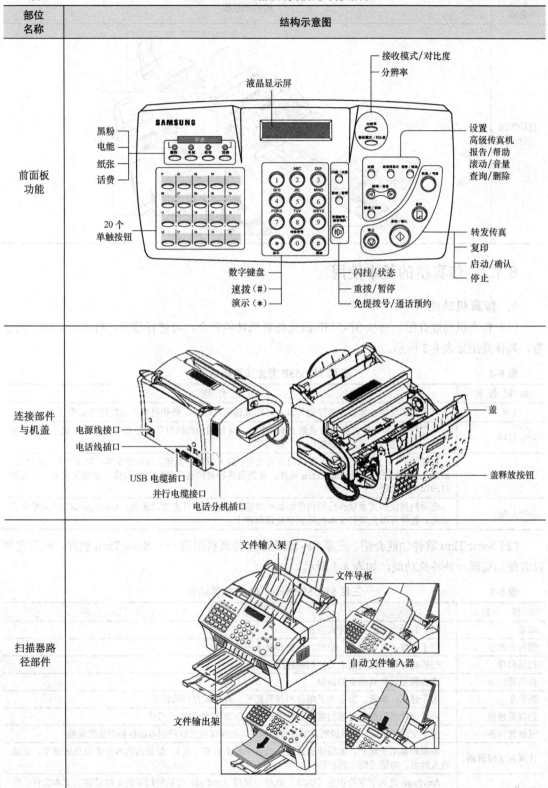
连接部件与机盖	
扫描器路径部件	

部位 名称	结构示意图
打印机路 径部件	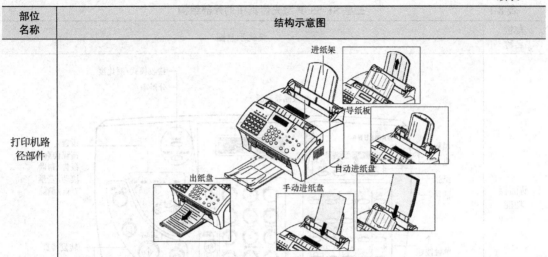

8.1.2 传真机的基本使用

1. 传真机功能

（1）传真机功能介绍。三星 SF-555P 激光传真机功能齐全，可进行传真、打印、复印、扫描等，具体介绍如表 8-2 所示。

表 8-2 　　　　　　　　　　　　三星 SF-555P 激光传真机功能

功 能 名 称	功 能 介 绍
传真	可用做多功能一体机发送接收传真，可完成延迟发送、广播和自动存储发送等高级任务
打印	可进行 600×600dpi 的高质量激光喷墨打印，可使用独创的打印功能在各种打印介质上生成专业文件，如普通纸、信封、透明胶片、标签等
复印	可复印 99 份 20 页的文件，可以调节对比度、放大或缩小复印、自动分页等。对于三星 SF-555P，如果在 PC 上使用三星 Smar Thru 软件，可使用各种复印选项复印扫描图像，如每面多页、广告画打印和克隆功能
扫描	使用扫描仪向其他软件应用程序添加照片或图像或使项目更生动活泼。AnyPage OCR（光学字符识别）软件可以直接把文本扫描到字处理程序中

（2）Smar Thru 软件功能介绍。三星 SF-555P 激光传真机附带一个 Smar Thru 软件，使用它可以方便地实现一些特殊功能，如表 8-3 所示。

表 8-3 　　　　　　　　　　　　三星 SF-555P Smar Thru 软件功能

项 目	功 能
邮箱	用于存储电子邮件和传真信息
图像管理器	用于图像，可以输入、输出、存储和修改图像
扫描向导	扫描向导可以快速启动几种扫描程序
传真管理器	建立和发送传真信息的向导
新信息	用于建立、编辑、发送电子邮件和传真信息，并可读收到的信息
扫描管理器	用于文件或图像，可以扫描到图像管理器、OCR 软件和电子邮件
复制管理器	用于文件或图像，可以控制复制过程，也可以把图像或文件的副本保存到图像管理器
传真封面编辑器	本编辑器用于建立、编辑传真封面（传真中最上面的一页）。封面的内容包含信息的细节，如接收人姓名、电话号码、内容等
AnyPage	AnyPage 是光学字符识别（OCR）软件。使用 AnyPage 可以将扫描的文件转换为文本文件，便于以后编辑使用

2. 安装传真机部件

实训园地　小王新配备了一台传真机，拆开包装后不知如何安装，你能帮助他吗？

在使用三星 SF-555P 激光传真机时，首先要安装传真机的相关部件，主要包括安装支架、安装听筒和听筒叉簧、安装墨盒以及装入打印纸。

（1）安装支架。

① 安装文件输入架。文件输入架用于装入传真文件稿，安装时把文件输入架插入指向机器后上方的槽中，如果传真稿尺寸较长，可以拉出延伸片，如图 8-1 所示。

② 安装文件输出架。传真、打印两份以上的文件时，完成后的原稿自动输出到输出架，它位于出纸盘上方，以避免与打印后的输出文稿重叠，安装时把文件输出架上的两个薄片插入机器正面的槽中，如图 8-2 所示。

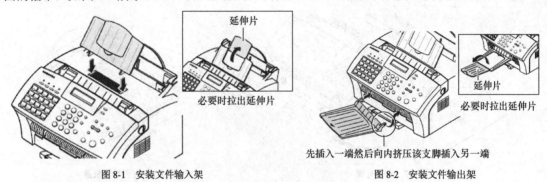

图 8-1　安装文件输入架　　　　　　　　　　　　图 8-2　安装文件输出架

③ 安装出纸盘。三星 SF-555P 激光传真机在装运时已安装出纸盘，使用时拉出托盘即可，根据打印纸的尺寸大小，输出盘长度可以调节，如果纸张的尺寸较大可拉出延伸片，如图 8-3 所示。

④ 安装听筒叉簧。三星 SF-555P 激光传真机有一个叉簧，用于放置听筒，可以将其安装在传真机的侧面，安装方法如下。

* 安装时手持叉簧，如图 8-4 所示。

　　　　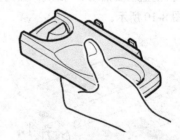

图 8-3　拉出托盘　　　　　　　　　　　　　　图 8-4　手持叉簧

* 把听筒叉簧安装到主体上：把叉簧的两个薄片插入机器左侧的插槽中，一边按住叉簧底部的Ⓐ部分，一边把叉簧推入机器，使叉簧卡扣到位，轻轻地拉动叉簧至不易拉出为止，如图 8-5 所示。
* 如果希望取下叉簧，一边向上推叉簧底部的Ⓐ部分，一边向下推叉簧，然后取出叉簧，如图 8-6 所示。

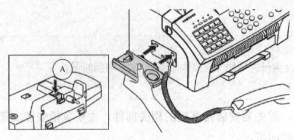

图 8-5 安装听筒叉簧   图 8-6 取下叉簧

⑤ 安装听筒。听筒主要用于接听电话，安装时把听筒螺旋线的末端插头插入机器左侧的输山插口中，并将听筒放置于听筒叉簧上，如图 8-7 所示。

（2）安装墨盒。传真机在接收传真时，必须把收到的文件打印出来，因此要在接收之前安装好墨盒，以便接收传真后打印使用，其安装步骤如下。

① 朝自己的方向拉机器两侧的盖释放按钮打开传真机盖，如图 8-8 所示。

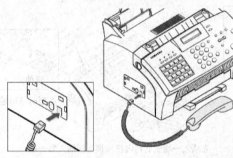

图 8-7 安装听筒   图 8-8 打开传真机盖

想一想   小王的传真机墨盒墨粉用完，如何更换墨盒？

② 从塑料袋中取出墨盒，然后除去卷着墨盒的保护纸张，如图 8-9 所示。

③ 将新墨盒左右摇动 5～6 次，摇匀盒内墨粉，这样可以充分利用墨盒及预防出现打印质量问题，如图 8-10 所示。

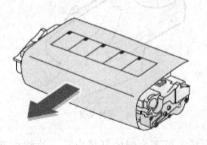
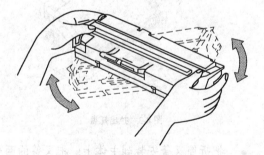

图 8-9 除去墨盒保护纸张   图 8-10 左右摇动墨盒

④ 找到机器内部的墨盒槽，在传真机的每侧各有一个墨盒槽，用于固定墨盒，如图 8-11 所示。

⑤ 抓住墨盒前部的把手，在墨盒槽中向下推动，并按牢墨盒，使墨盒两端固定在墨盒槽中，如图 8-12 所示。

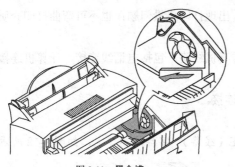

图 8-11 墨盒槽   图 8-12 装入墨盒

⑥ 最后合上传真机盖，使传真机盖卡口入位确保传真机盖合好，如图 8-13 所示。

（3）装入打印纸。要获得最佳效果，应使用优质静电复印纸。自动进纸盘可盛放 150 页普通纸，最大容量可能较少，这取决于纸张厚度。装入打印纸的步骤如下。

① 把进纸架从设备完全拉出，如图 8-14 所示。

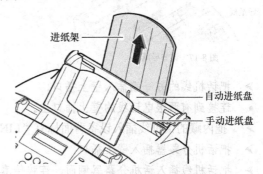

图 8-13 合上传真机盖   图 8-14 从设备完全拉出进纸架

温馨提示 本机适用的纸张类型为静电复印纸、重磅纸和双面纸；不适用的纸张类型为连续进纸的纸张、合成纸、热敏纸、多页表格和文件、化学处理纸、具有凸起和压纹雕刻字的纸张。

② 取出一摞纸，在平面上轻拍纸摞，并检查纸张之间是否含有碎屑，除去夹杂在纸张之间的杂质或碎屑，然后把纸摞弄平，否则会出现打印质量问题，严重时会卡纸，如图 8-15 所示。

③ 按打印面（相对光洁的一面）朝自己的方向插入纸张，插入位置在文件输入器的后面，如图 8-16 所示。

图 8-15 平整纸摞   图 8-16 插入纸张

④ 最后可以按打印介质宽度调节导纸板。调节时推动导纸板，使导纸板轻触打印介质，以固

定打印介质，防止打印介质移动，使打印后偏离，出现打印质量问题；也不可弯曲打印介质，如图 8-17 所示。

（4）线路连接。部件安装完成后，可以连接传真机线路，包括电话线连接、计算机连接和电源线连接。

① 连接电话线，分单根电话线和双根电话线连接。

- 连接到只有一根电话线的壁上插口上。
- ➤ 把内藏的话机线插入设备背面标有"LINE（线路）"字样的插口上，如图 8-18 所示。

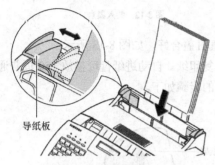

导纸板

图 8-17　调节导纸板

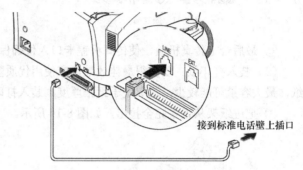

接到标准电话壁上插口

图 8-18　接电话线

- ➤ 把话机线的另一端插入壁上插口。
- 连接到有两根电话线的壁上插口上。
- ➤ 把内藏的话机线插入设备背面标有"LINE（线路）"字样的插口上。
- ➤ 把话机分路器插入壁上插口。
- ➤ 把话机线插入话机分路器侧面，连接传真号。

② 连接计算机，有并行接口连接、USB 接口连接两种。

- 使用并行接口连接计算机。
- ➤ 把附带的并行打印电缆插入本机背面的接口，向下推金属卡扣，嵌入电缆插头的槽内，如图 8-19 所示。
- ➤ 把电线另一端连接到计算机的并行接口。
- 使用 USB 接口连接计算机。将 USB 连接线的一端（方形插口）插入到传真机后面的 USB 接口，另一端接到计算机的 USB 接口上，如图 8-20 所示。

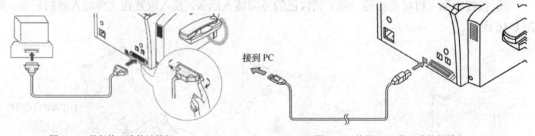

接到 PC

图 8-19　并行接口连接计算机　　　　　　图 8-20　使用 USB 接口连接计算机

③ 连接电源线。把电线一端插入机器背面，另一端插入标准 AC 电源插座，如图 8-21 所示。

当三星 SF-555P 激光传真机启动后，传真机显示屏会显示"SYSTEM INTIIAL（系统初始化）"；如果未装纸，显示屏显示"NO PAPER（无纸）"，装入打印纸备用；如果未安装墨盒，显示屏显示"JAM/NO CARTRIDGE（卡纸/无墨盒）"，装入墨盒备用。

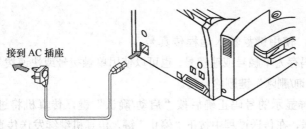

接到 AC 插座

图 8-21　连接电源线

3. 发送传真

发送传真是三星 SF-555P 激光传真机的基本功能之一，传真发送按以下步骤进行。

实训园地

小王的传真机已经安装连接完毕，现在要发送一份传真，请帮助他。

（1）设置传真号和名称。发送传真时，可以设置传真号和名称，使对方接收传真后，在每页顶部打印传真号和名称。其方法如下。

① 按下前面板上的"设置"键，显示屏显示第一个设置菜单"FAXNUMBER/NAME（传真号名称）"。

② 按下"启动/确认"键，进入"AFAXNUMBER/NAME（传真号名称）"菜单，显示屏显示"FAXNUMBER（传真号）"。

③ 按下"启动/确认"键。如果已设定号码，则显示该号码，如图 8-22 所示；或输入机器所连电话号码。最多可输入 20 位。

按下"*"键输入加号（+），按下"#"键输入连字符。如果号码输入错误，按下"查询/删除"键删除。

④ 显示屏上的号码正确时，按下"启动/确认"键。如果已设定名称，则显示该名称，如图 8-23 所示。使用数字键盘输入名称，最多可输入 40 个字符。

TEL:_

NAME:_

图 8-22　号码显示框　　　　　　　　　图 8-23　名称显示框

⑤ 显示屏上的名称正确时，按下"启动/确认"键。

（2）装入发送文件。首先装入要发送的文件，每次最多可装入 20 页。如果装入一页以上，确保先送入底下的页面，轻轻摇动文件导边并推入文件以保证顺利进纸。如在发送传真时添加纸页，应置于已装入纸张的顶部。

① 将文件面（含有文字、图片的一面）向下，顶边先送入文件输入器，如图 8-24 所示。

② 然后按文件宽度调节文件导板，以固定文件纸，防止位置移动影响传真机正常发送传真，如图 8-24 所示。

③ 向下把文件送入文件输入器，一直送到进纸区。

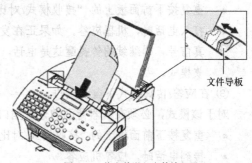

文件导板

图 8-24　将文件送入文件输入器

（3）发送传真。

① 装入文件后，使用键盘输入远程传真号。

② 如果已把号码存为单触号或速拨号，也可以使用单触拨号或快速拨号。如果输入号码时出现错误，可按下"查询/删除"键删除号码。

③ 当确认显示屏显示的号码正确后按"启动/确认"键，传真机将进行拨号并开始传送。

④ 如要取消传送，在传送过程中按下"停止"键，传真机继续发送传真，显示屏显示机器正在使用的警告信息，再次按下"停止"键。

4. 接收传真

接收传真是三星 SF-555P 激光传真机的基本功能之二，接收传真的步骤如下。

 实训园地 小王的传真机现在要接收传真，他希望有传真时就可以自动接收，该如何设置？

（1）接收模式。三星 SF-555P 激光传真机有 4 种接收模式，如表 8-4 所示。

表 8-4 　　　　　　　　　　　三星 SF-555P 激光传真机的 4 种接收模式

接 收 模 式	接 收 方 法
FAX MODE（传真模式）	机器应答来电并立即进入接收模式
AUTO MODE（自动模式）	机器应答来电希望接收传真。如果机器未探测到传真信号，则继续发出铃声，提醒这是电话；如果在响铃过程中未提起听筒，机器转换到自动接收传真模式
ANS/FAX MODE（应答/传真模式）	应答机应答来电，呼叫者可在应答机上留下信息。如果传真机在话路上检测到传真音，来电自动转换到传真机
电话模式	关闭自动接收传真模式。提起分机的听筒并在前面板上按下"启动/确认"键，可以接收传真

（2）装纸接收传真。为接收传真装纸后，把纸张规格设置为通常装入进纸盘的纸张的规格。SF-555P 产品在打印报告和确定自动缩小到接收的传真时使用该设置。4 种接收传真模式分别如下。

① 在传真模式下自动接收。

在传真模式下接收是三星 SF-555P 激光传真机的工厂预设模式，如果改变了传真模式，应完成下列步骤以便自动接收传真。

- 重复按下前面板上的"接收模式/对比度"键，直到显示屏显示"FAX"（传真）。
- 接到电话时，机器以指定数目的铃声应答电话并自动接收传真。

② 在自动模式下接收。

- 重复按下前面板上的"接收模式/对比度"键，直到显示屏显示"AUTO"（自动）。
- 打入电话时，机器应答。如果正在发送传真，机器进入接收模式；如果机器未检测到传真信号，则继续响铃提醒这是电话，应提起听筒接听电话，否则机器自动转换到自动接收模式。

③ 在应答/传真模式下自动接收。

对于该模式，必须在机器背面的分机插口上连接应答机。

- 重复按下前面板上的"接收模式/对比度"键，直到显示屏显示"ANS/FAX"（应答/传真）。
- 接到电话时，应答机应答。

如果呼叫者留下信息，应答通常会存储信息。如果机器在话路上听到传真音，则自动开始接收传真。

温馨提示

（1）如果把机器设置为 ANS/FAX（应答/传真）模式，但应答机关闭或机器上未连接应答机，机器在6次响铃后自动转入传真模式。

（2）如果应答机有"用户可选的响铃次数"，应把应答机设置为1次响铃内应答来电。

（3）如果应答机接到本机上时，本机处于电话模式（手动接收），则必须关闭应答机，否则从应答机发出的信息会打断电话通话。

④ 在电话模式下手动接收。

可使用听筒接听电话，并启动机器接收传真。

- 重复按下"接收模式/对比度"键，直到显示屏显示"TEL（电话）"。
- 电话响铃时，提起听筒接听。
- 如果听到传真音，或对方要求接收文件，按下"启动/确认"键。
- 放回听筒，机器开始接收，接收完成后，返回待机模式。

5. 复印

复印是三星 SF-555P 激光传真机的基本功能之三，使用复印功能时，分辨率自动设置为"SUPER SINE（超精）"；对于含有模糊印迹、黑色图像、照片或其他中间色图像的特殊文件，可以改变对比度，以产生最佳的复印质量。

（1）复印功能的设置。有关三星 SF-555P 激光传真机使用复印功能时的相关设置如表8-5所示。

表8-5 三星 SF-555P 激光传真机复印功能的相关设置

设 置 项 目	项 目 含 义
复印数量	可以复印1～99份文件
定制尺寸	可以按1%的增量从50%到30%缩小或放大图像尺寸
打印顺序和分选	当"排序复印"菜单设置为 YES（是）时，机器分选打印作业。打印下一份前，文件的所有页面按相反的顺序打印

（2）复印一份。

① 如不设置选项而复印一份，按下列步骤进行。

- 打印面向下装入文件。
- 按"复印"键两次，机器开始复印。

② 如设置选项中的复印份数，按下列步骤进行。

- 设置好复印的数量、尺寸和打印顺序。
- 装入文件时，面向下，顶边先装入文件输入器，必要时，按下"接收模式/对比度"键，改变对比度。
- 按下"复印"键，显示屏要求输入复印数量（1～99）；如果需要复印两份以上，输入所需数字并按下"启动/确认"键。
- 如果希望缩小或放大图像尺寸，输入所需的缩放比率，然后按下"启动/确认"键。
- 显示屏要求设置"COLLATE COPY（排序复印）"菜单，按下"◀或▶"键选择"YES（是）"或"NO（否）"。设置为"YES"时，颠倒打印顺序并分选打印作业，其输出方式如图8-25所示。

示例：2份三页文件

NO

示例：2份三页文件

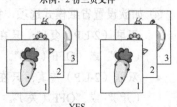

YES

图8-25 打印顺序输出效果示意图

- 选定所需设置时，按下"启动/确认"键开始复印。

6. 打印

打印是三星 SF-555P 激光传真机的功能之四，可以像普通打印机一样使用它的打印功能。但是计算机一般都配有专门的打印机，所以有关三星 SF-555P 激光传真机的打印功能在此不做详细介绍。

7. 启用节省模式

 实训园地　小土是一位十分注重环保的人，他希望传真机也节能，请你帮助他实现这个愿望。

三星 SF-555P 激光打印机的前面板上有 4 个节省模式按钮。使用按钮，可以节省墨粉和电能、纸张和话费，如图 8-26 所示。

（1）省墨模式。通过省墨模式，机器对每页使用较少的墨粉。

① 按下前面板上的"墨粉"键开关本模式。

② 如果"LED"指示灯亮，节粉模式启动，机器使用减少 50% 的墨粉打印。使用本模式可延长墨盒使用期限，减少每页的成本，但也会降低打印质量。

图 8-26　节省模式按钮

③ 如果"LED"指示灯灭，取消省墨模式，机器按正常模式打印。

（2）节电模式。节电模式可以降低能耗。

① 按下前面板上的"电能"键开关本模式。

② 如果"LED"指示灯亮，节电模式启动，机器转到耗能低的状态。但因需预热机器，会花较长时间接收的传真。

③ 如果"LED"指示灯灭，取消节电模式，机器以最少的预热时间准备进行工作。这样会消耗较多的能量以便给机器保温并做好打印准备。

④ 如欲指定进入节电模式之前机器等待的时间，按住"电能"键，使用"◀"键或"▶"键从"5MIN（分钟）"、"10MIN（分钟）"和"15MIN（分钟）"中选择合适的时间。选择"OFF（关闭）"关闭节电模式。

（3）省纸模式。打开省纸模式后，可在复印或打印接收到的文件时通过缩小数据和在一页纸上打印两页来节省纸张。

① 在前面板上按下"纸张"键开关省纸模式。

② 如果"LED"指示灯亮，省纸模式启动，在接收传真或复印文件时机器在一页纸上打印两页。奇数页在纸张下部分打印，偶数页在纸张上部分打印。

③ 如果"LED"指示灯灭，取消省纸模式。

④ 如欲设置省纸模式选项，按住"纸张"键并选择下列合适的选项。

- 双联（2-UP）复印：只在复印文件时使用省纸模式。使用"◀"键或"▶"键选择"ON（开）"或"OFF（关）"。

- 双联（2-UP）传真：只在接收传真时使用省纸模式。使用"◀"键或"▶"键选择"ON（开）"或"OFF（关）"。

（4）省费模式。省费模式可以通过在话费打折时发送保存在存储器中的文件来节约话费。

8.1.3 传真机的日常维护

> 实训园地 请帮小王对传真机进行一些日常维护工作，并告诉他正确的维护方法。

三星 SF-555P 激光传真机是一款精细的电子设备，在日常使用中应定期进行维护，以确保传真机各种功能的完整和延长传真机的使用寿命。日常维护包括合理放置传真机、清除存储器上的无用信息、清理清洁传真机、更换传真机部件、清除传真机卡纸等。

1. 传真机的放置要求

要合理地放置传真机以符合传真机的使用要求，应注意以下几点。

（1）把传真机安放于稳定的表面上。

（2）不可在含有磁场或产生磁场的设备附近安装传真机，如扬声器。

（3）保持传真机清洁。积聚的灰尘会影响传真机正常运行。

（4）为确保安全，在雷暴期间应从传真机上拔下电话线。

（5）只可从底部抬起传真机，不可通过前面板或任何托盘抬起传真机。

2. 清除存储器

存储器能够存放的信息量是有限的，为保证存储器的合理使用，要及时清除存储器中的相关信息，方法如下。

（1）在控制面板上按下"设置"键，显示屏显示第一个菜单"FAX NUMBER/NAME（传真号/姓名）"。

（2）按下"◀"或"▶"键，直到显示屏显示"MEMORY CLEAR（清除存储器）"，然后按下"启动/确认"键。可以清除的条目如表 8-6 所示。

表 8-6 三星 SF-555P 激光传真机可清除的条目

条　目	内　容
FAX NUMBER/NAME（传真号/姓名）	从传真机存储器清除传真号和姓名
DIAL/SCHEDULE（拨号/计划表）	清除存储在存储器中的单触、速拨或组拨号；另外，也可删除所有保存的计划表任务
JOURNAL（记录）	清除所有传送和接收的记录
DEFAULT SETUP（默认设置）	把所有选项设置恢复为工厂默认值

（3）按下"◀"或"▶"键，直到显示希望清除的条目，然后按下"启动/确认"键，显示屏要求确认。

（4）按下"启动/确认"键确认。清除选定的存储内容，然后显示屏提示继续清除下一个条目。

（5）重复步骤（3）～（4），清除另一个条目。

3. 清理

传真机使用一段时间后，必须进行清理，以保证机器的使用和延长使用寿命，包括清理硒鼓、调节底纹、清理机器、清理文件扫描器等。应尽量保持机器清洁，免受灰尘和碎屑的危害。

（1）清理硒鼓。如果打印页上出现条纹或污点，应清理硒鼓。

① 务必把纸装入自动进纸盘。

② 按下控制面板上的"设置"键，显示屏显示第一个设置菜单"FAX NUMBER（传真号/姓名）"。

③ 按下"◀"或"▶"键，直到显示屏显示"MAINTENANCE（维护）"，然后按下"启动/确认"键。

④ 显示屏显示第一个菜单"CLEAN DRUM（清理硒鼓）"，然后按下"启动/确认"键，机器自动拉进一页纸，并打印出来。硒鼓表面的墨粉微粒粘附在纸张上。

⑤ 按下"停止"键，返回待机模式。

（2）调节底纹。如果扫描器变脏，会改变底纹值，如果打印页有黑色线条或模糊，应调节底纹设置，按下列步骤进行。

① 把一页白纸装入文件输入器。

② 按下前面板上的"设置"键，显示屏显示第一个设置菜单"FAX NUMBER/NAME（传真号/姓名）"。

③ 按下"◀"或"▶"键，直到显示屏显示"MAINTENANCE（维护）"，然后按下"启动/确认"键，显示屏显示第一个菜单"CLEAN DRUM（清理硒鼓）"。

④ 按下"◀"或"▶"键，直到找到"DJUST SHADING（调节底纹）"，然后按下"启动/确认"键，白纸送进文件输入器扫描。

（3）清理机器。为保证打印质量，每次更换墨盒时，或出现打印质量问题时，应遵循下列清理步骤。

① 清理外部。

用干净和不起毛的软布擦拭机器外表面。可用水轻轻沾湿布，如果用水过多，应拧干后使用，不可把水滴到打印机上或打印机内。

② 清理内部。

在打印过程中，打印机内部会积聚纸张、墨粉和灰尘微粒。随着时间的推移，这些积聚物会引起打印质量问题，如墨粉斑点或污点。清理打印机内部可消除或减少这些问题。

- 关闭机器拔下电源线，然后等待机器冷却。
- 朝自己的方向拉盖释放按钮，打开传真机盖并取下墨盒。
- 用干燥不起毛的布，从墨盒区和墨盒腔擦去灰尘和溅出的墨粉。

温馨提示

（1）不可使用氨基喷雾剂或稀料等易挥发的溶剂清理机器，否则会损坏机器表面。

（2）清理机器内部时，小心不可触碰转印辊（位于墨盒下部），手上的油脂沾到转印辊上会引起打印质量问题。

（3）为防止损坏墨盒，墨盒受光照射不可超过几分钟，必要时用一张纸盖住墨盒。

（4）清理扫描器时不可关闭电源，否则存储器中所存文件会丢失。

（4）清理文件扫描器。为保证机器正常运行，有时还应清理白辊、ADF 橡胶和扫描玻璃。

① 抓住面板沿顶边提起前面板，然后打开传真机盖。

② 按图 8-27 所示拆卸白辊，方法是轻轻向外拉辊端的衬套柄（A），把手柄旋转到槽（B），然后向上拉白辊。

③ 清洁白辊表面。一手抓住旋转柄处，另一手用白辊软布蘸水擦拭白辊表面，操作如图 8-28 所示。

④ 清理 ADF 橡胶块。用小布团或棉签（棉签处理成松软状态）清理 ADF 橡胶块，操作如图 8-29 所示。

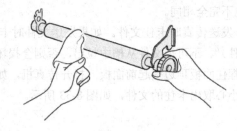

图 8-27　白辊的拆卸　　　　　　　　　　　　　　　图 8-28　清洁白辊

⑤ 用柔软的干布仔细擦拭扫描玻璃。如果玻璃非常脏，首先用湿布轻轻擦拭，然后用干布擦拭，小心不要划伤玻璃表面，如图 8-30 所示。

图 8-29　清理 ADF 橡胶块　　　　　　　　　　　图 8-30　清洁扫描玻璃

⑥ 按相反的顺序把白辊装回，然后紧紧合上前面板，使其卡扣入位。

4. 更换部件

传真机使用一段时间后，有些耗材用完，有些部件损坏，这时就需要补充或更换，包括更换墨盒、更换自动文件输入器橡胶垫等。

（1）更换墨盒。墨盒即将到期时，条纹或色彩会发生变化，可以摇匀墨盒中剩余的墨粉，暂时恢复打印质量。如果墨盒确实已经用完，则要更换墨盒。更换墨盒请参见本节安装墨盒部分。

（2）更换自动文件输入器橡胶垫。

① 打印控制面板盖。

② 把扁平螺丝改锥插到 ADF 座左侧和右侧。

③ 向上施加压力打开组件两侧的两个锁片。

④ 取下组件，更换 ADF 橡胶。

⑤ 按图 8-31 所示顺序重新装配部件。

⑥ 把组件放回 ADF 座。

⑦ 按下组件，使组件卡扣入位。

⑧ 合上控制面板。

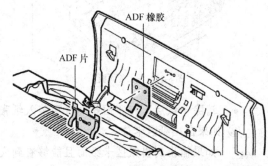

图 8-31　更换 ADF 橡胶

5. 清除卡纸

 实训园地　小王的传真机发生了卡纸故障，请帮他检查一下，将卡纸清除。

卡纸是传真机经常出现的问题，清除卡纸工作也相当重要。由于机器卡纸的部位不同，清除的方法也不完全相同。

（1）发送传真时卡住文件。如果发送文件时卡住纸张，显示屏上显示"DOCUMENT JAM?（卡住文件）"。不可把文件从槽中拉出，否则会损坏机器。其清除方法如下。

① 捏住面板顶边提起前面板，打开传真机，如图 8-32 所示。

② 小心取出卡住的文件，如图 8-33 所示。

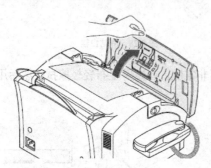 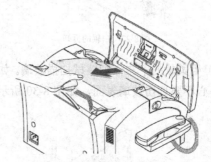

图 8-32　提起前面板　　　　　　　　　图 8-33　取出卡住的文件

③ 紧紧关上前面板，使其卡扣入位，如图 8-34 所示。

（2）机器打印时卡纸。小心选择纸张类型并妥善装入纸张，可以避免大多数卡纸现象。卡纸时，显示屏上显示错误信息。遵循下列步骤清除卡纸，为避免撕破纸张，应把卡住的纸张轻轻缓慢地拉出。

① 如果在进纸盘卡住。

• 小心从托盘中拉出卡纸，可以清除卡纸，如图 8-35 所示。

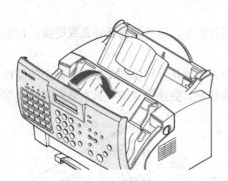 

图 8-34　关上前面板　　　　　　　　　图 8-35　从托盘中拉出卡纸

• 清除卡纸后，打印面朝向自己装入纸张。

② 如果在出纸区卡住。

• 如果输出到出纸区卡纸而且能够看到大部分纸张，可把纸直接拉出，如图 8-36 所示。

• 如果有阻力，拉纸时拉不动纸张，就不要再拉了，说明卡纸部位不在出纸区，而在内部。

③ 如果在机器内部卡住。

• 朝向人的方向拉盖释放按钮，打开盖。

• 取出墨盒，如图 8-37 所示。

图 8-36　拉出可见的卡纸

• 小心把卡纸从机器中拉出，清除卡纸，如图 8-38 所示。

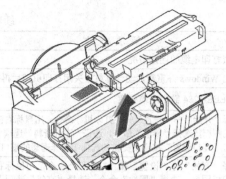

图 8-37 取出墨盒

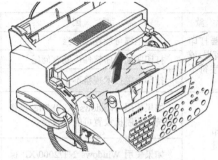

图 8-38 从机器中拉出卡纸

- 检查机器内有无其他纸张。
- 放回墨盒，然后合上盖。

8.1.4 传真机常见故障排除

 小王的传真机发生了故障，请帮他检查一下，并将故障排除。

1. 常见故障

传真机使用一段时间后，会产生各种问题，三星 SF-555P 激光传真机的故障现象和解决方法如表 8-7 所示。

表 8-7　　　　三星 SF-555P 激光传真机的故障现象和解决方法

现　象	原　因	解　决　办　法
机器不打印	发生卡纸	清除卡纸
	墨盒安装不当	取出墨盒并重新装入
	打印电缆连接不当	检查打印电缆连接情况
	打印电缆有缺陷	用已知正常的电缆更换
	端口设置不正确	检查 Windows 打印机设置，确保打印作业发送到正常的端口
	打印机属性设置不正确	检查应用程序，保证所有打印设置正确无误
	打印驱动程序可能安装错误	卸载并重新安装 MEP 驱动程序，然后打印测试页
纸张未送进机器	未正确插入纸张	取出并重新正确插入纸张
	进纸盘中装纸太多	从进纸盘中取出一些纸张
连续卡纸	进纸盘中装纸太多	取出一些纸张，如果打印信封或标签，应在手动进纸盘中每次插一张
	纸张设置方法可能不正确	如果打印信封，插入信封时保证信封左右边与导纸板之间约有 1mm（1/32 英寸）的间隙
半页空白	页面布局太复杂	简化页面布局，如有可能从文件中清除多余的图形
	页面方向设置不正确	在打印机属性对话框中改变页面方向
	纸张规格和软件的纸张规格设置不匹配	把规格正确的纸张插入机器或改变软件纸张规格设置
	"缩放"可能设置为小于 100%	在打印机属性对话框中改变缩放设置
	打印电缆技术规格不正确	用 IEEE-1284 额定电缆更换

现　　象	原　　因	解　决　办　法
机器打印数据有误，或打印字符不正确	打印电缆可能连接不当	检查打印电缆的连接情况
	打印驱动程序软件可能有问题	退出 Windows 并重新启动计算机，关闭打印机然后再打开
	打印电缆技术规格不正确	用 IEEE-1284 额定电缆更换
打印非常慢	如果使用 Windows 95/98/Me 操作系统，假脱机设置可能设置错误	选择"开始"→"设置"→"打印机"命令。用鼠标右键单击打印机图标，选择"属性"命令，选择"详细资料"选项卡，然后单击"端口设置"按钮从提供的选项中选择理想的端口设置
	如果使用 Windows NT/2000/XP 操作系统，高级设置可能设置错误	选择"开始"→"设置"和"打印机"命令，用鼠标右键单击打印机图标，选择"属性"命令，选择"高级"选项卡，然后从提供的选项中选择理想的高级设置
扫描忙，无法接收或打印数据，当前工作结束后再试	机器可能正在复印或打印	当前工作结束后再试

2. 液晶显示屏错误信息

三星 SF-555P 激光传真机产生错误后，在它的液晶显示屏上会显示相关信息，可以帮助了解传真机目前的工作状况，也可以了解传真机是否能正常工作，或者什么地方产生问题，以便快速解决。详细错误信息如表 8-8 所示。

表 8-8　　　　　　　　　　三星 SF-555P 激光传真机的液晶显示屏错误信息

显　　示	含　　义	解　决　办　法
DOCUMENT JAM	装入的文件在输入器中卡住	清除卡住的文件
DOOR OPEN	前盖未关牢	按下前盖，使其卡扣入位
FUSER ERROR	定影单元中出现错误	拔下电源线再重新插入。如果仍有问题，可打电话维修
JAM/NO CARTRIDGE	记录纸在设备内卡住，或未安装墨盒	清除卡纸，或安装墨盒
LINE ERROR	设备无法与远程设备连接，或因电话线路故障失去联系	再试，如果仍有故障，等待一小时左右等待线路正常，然后再试，或者打开 ECM 模式
LOAD DOCUMENT	未装入文件，设置发送操作	装入文件再试
LSU ERROR	激光扫描器出现故障	拔下电源线再重新插入
MEMORY FULL	存储器已满	删除没用的文件，或有更多的存储空间时重新发送，或者分几次传送
NO ANSWER	完成所有重拨操作后，远程传真机未应答	再试，确保远程传真机正在运行
NO. NOT ASSIGNED	未向所用单触或速拨位置分配号码	用键盘手动拨号，或分配号码
NO PAPER	记录纸用完	装入记录纸
OVER HEAT	设备内的打印机零件过热	等待冷却
PAPER JAM 0	在进纸区卡住记录纸	按下"停止"键并清除卡纸
PAPER JAM 2	设备内部仍有卡住的纸张	清除卡纸
POLLING ERROR	打算轮询的远程传真机未做好应答轮询准备	远地操作员应该事先知道将要轮询，并在传真机上装上原始文件
	设置对另一台传真机轮询时，所用轮询密码有误	输入正确的轮询密码
POWER FAILURE	出现电源故障	如果文件已存入存储器中，恢复通电时自动打印"电源故障报告"
RECEIVE ERROR	未成功接收传真	出现传真通信故障，请发件人再试

显　示	含　义	解 决 办 法
RETRY REDIAL	机器等待规定的时间后重拨以前占线的远程站	按下"启动/确认"键可立即重拨，或按下"停止"键，取消重拨操作
SEND ERROR	传真未成功发出	出现传真通信故障，请发件人再试
TONER EMPTY	墨盒用完，机器停机	更换新墨盒
TONER LOW	墨粉即将用完	取出墨盒，轻轻摇动，这样可暂时恢复打印
WARMING UP	打印机正在顶热，并且脱机	等待机器联机

3. 传真错误

三星 SF-555P 激光传真机发送传真时，可能发生传真错误，其详细错误现象和解决方法如表 8-9 所示。

表 8-9　　　　　三星 SF-555P 激光传真机的传真错误和解决方法

现　象	原　因	解 决 办 法
机器不运行，没有显示，按钮不起作用	没有通电	拔下电源线并再次插入
		检查插座是否有电
没有拨号音	没有连接电话线	检查电话线是否妥善连接
	电话插口不良	把另一部电话插入墙上的电话插口来检查电话插口
存储器中所存号码未正确拨出	存储器号码错误	确保号码正确存入存储器
文件未送进机器	文件起皱或规格不符	确保文件没有起皱并正确装入，检查文件规格是否合适，不可太厚或太薄
	盖未盖好	确保关好盖
不能自动接收传真	模式不对	应选择传真模式
	没有纸	装入合适的纸张
	存储器已满	查看显示屏是否显示"MEMORY FLU"（存储器已满）
机器不能手动接收传真	没有挂好听筒	按下"启动/确认"键前，挂好机器听筒
无法轮询其他机器	没有使用轮询密码	使用轮询密码
收到的传真有空白区域或接收质量差	对方问题	发送传真的机器可能有故障
	对方问题	发送传真的机器的扫描玻璃可能变脏
	有其他干扰	电话线路有干扰，可能引起线路故障
	通过其他方式检查	通过复印检查机器
	墨盒可能用完	更换墨盒
收到的传真上有一些单词拉长了	对方问题	发送传真的机器出现暂时卡纸故障
发送的复印件或文件上有线条	玻璃有污迹	清理污迹
机器拨号，但未能与另一台机器连接	对方问题	另一台传真机可能关机、缺纸或无法应答来电
无法把文件存放进存储器	存储容量不足	无法存储文件，显示屏显示"MEMORY FULL"（存储器已满）信息，从存储器删除不需要的文件，然后重新存入文件
每页底部或其他页面上出现空白区域，只有一小条文本打印在顶部	选错了纸张设置	更改设置

4. 打印质量问题

接收到的传真打印后出现问题，主要是传真机打印部分的问题，其解决方法可以参见打印机

8.2 摄像头

摄像头作为计算机的外部输入装置，是一种新型的现代办公设备。从兴起到现在，其发展速度相当快，各种造型美观、装置方便的摄像头层出不穷。它可以将外部的场景摄制成图片或视频，保存在计算机中；也可以作为网络可视设备，将各自的现场情况传输到对方计算机，类似于可视电话的可视窗口。摄像头具有结构小巧、价格便宜、使用方便、图像分辨率高、安装方便、支持热插拔等特点，被广泛应用于视频网络会议、远程监控等场所。

  查一查　目前市场上主要有哪些类型的摄像头？了解它们的外形结构、功能特点。

8.2.1　摄像头的外部结构

摄像头的外形结构比较简单，具有底座支架、摄录窗口、焦距调节、夜视照明、USB 连接线等几部分，如图 8-39 所示。

图 8-39　摄像头的外形结构

8.2.2　摄像头的基本使用

使用摄像头的方法与计算机其他硬件设备一样，必须首先安装驱动程序，然后才能够使用。在此主要介绍摄像头驱动程序的安装方法、使用摄像头拍摄照片和录制影像等。有关摄像头用于监控或网络视频会议等请参阅其他相关的章节，本节不做详细介绍。

  实训园地　小陈有一个摄像头，装上计算机后系统提示要安装驱动程序，请帮他安装好。

1. 安装驱动程序

安装方法与其他硬件的驱动程序安装相似，在此做简要说明。

（1）将驱动程序光盘插入光盘驱动器，系统显示一个安装界面，在界面上单击相应的产品型号。

（2）在出现的驱动程序安装窗口上单击"下一步"按钮。

（3）系统开始安装驱动程序的相关文件，在安装过程中如果出现一个软件安装提示，则单击"仍然继续"按钮，系统将一些文件复制到计算机上。

（4）复制结束后，系统要求重新启动计算机，按默认操作即可。

（5）计算机启动结束后，将摄像头连接到计算机上，连接时只要将摄像头的 USB 连接电缆的插头插入到计算机上的 USB 接口上，如图 8-40 所示。

图 8-40　摄像头连接到计算机

（6）系统自行检查并发现硬件，出现"添加硬件向导"对话框。

（7）按默认操作单击"下一步"按钮，完成驱动程序的安装。

2. 摄像头的使用

实训园地　小陈的摄像头安装好以后，启动后发现菜单是英文的，你能告诉他是什么含义吗？并演示给他看。

驱动程序安装完成后就可以使用摄像头了。

（1）双击桌面上的摄像头图标"![图标]"，或者选择"开始"→"Vimicro USB PC Camera 305"命令→单击"![图标]"，打开摄像头窗口，如图 8-41 所示。

（2）单击"File（文件）"菜单，显示菜单下拉列表，如图 8-42 所示。

图 8-41　摄像头窗口

图 8-42　"File"菜单下拉列表

（3）单击"Devices（设备）"菜单，如图 8-43 所示，可以选择设备和设置声卡。

（4）单击"Options（选项）"菜单，如图 8-44 所示，可以捕捉进行相关的设置。

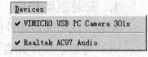

图 8-43　设备选择

（5）单击"Capture（捕捉）"菜单，如图 8-45 所示，可以选择设备和设置声卡。

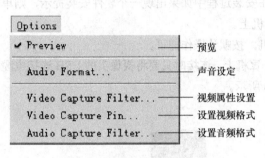

图 8-44　选项菜单下拉列表　　　　　图 8-45　"Capture"菜单下拉列表

（6）设置完成后，选择"捕捉"→"开始捕捉"命令，捕捉视频开始，在设定的时间内完成捕捉，并将文件保存到计算机上。

3. 网络视频

在举行网络会议或进行网络视频时，可以使用摄像头，将会议场景传输给其他相关人员。当然它必须在一些应用软件中使用，下面以"腾讯 QQ"为例介绍。

（1）双击桌面上的"腾讯 QQ"图标，启动"腾讯 QQ"程序，在用户名和密码中输入正确的信息，然后单击"登录"按钮。

（2）找到视频的对象，在该对象图标上单击鼠标右键，在快捷菜单中选择"发送即时信息"命令，出现一个信息输入和发送窗口。

（3）单击窗口上的 图标，可以实现传输视频的功能。

8.2.3　摄像头的日常维护

维护摄像头是相对比较简单的工作，包括以下几方面。

（1）平时定期用干布擦去机器外壳上的灰尘。

（2）不使用摄像头时，将镜头盖盖上，以免灰尘粘在镜头上，影响视频质量。

（3）清洁镜头时使用柔软、干净的布料，轻轻地擦拭。

8.2.4　摄像头常见故障排除

 实训园地　小陈的摄像头发生了故障，请帮他检查一下，并将故障排除。

摄像头的常见故障和解决方法如表 8-10 所示。

表 8-10　　　　　　　　　　　**摄像头的常见故障和解决方法**

故 障 现 象	原 因	解 决 方 法
检测不到摄像头	接口安装错误	插入正确的接口
	接口不良	更换接口再试
	驱动程序安装错误	重新安装正确的驱动
	设备选择错误	选择正确的设备
显示速度太慢	网速本身很慢	更换上网地点再试
预览图像太暗或太亮	设置不当	打开摄像头驱动重新设置
	被摄物本身亮度不恰当	调整被摄物本身亮度
程序开启后,窗口为白屏或黑屏	设备选择错误	选择正确的设备
	预览功能没有打开	打开预览功能
捕捉到的图像模糊不清	被摄物距离太远超出范围	移动被摄物,调整距离
	焦距未正确调节	调节镜头上的焦距旋钮到清晰的位置
捕捉到的图像色彩偏色	被摄物环境不当	调整被摄物的环境
	设置有问题	选择"选项"→"视频属性设置"命令,在窗口上调节相关颜色的值,直到色彩合适

习 题

1．传真机的主要功能有哪些？做简要叙述。

2．如何发送传真？

3．如何接收传真？

4．如何对传真机进行日常维护？

5．摄像头主要用于什么场合？

第 9 章 办公音响设备

办公室音响设备主要指用于举行现场办公会议时使用的一些设备，包括影碟机、功放等。

9.1 影碟机

DVD 影碟机是继 VCD 影碟机之后的新一代电子音像产品，它采用数字化处理技术，具有清晰度高、容量大、使用方便等特点，目前被广泛使用于家庭、计算机（DVD 驱动器）、歌厅和舞厅等音响设备，同时也是办公自动化中的主要设备之一。除播放 DVD 以外，DVD 影碟机还可以播放 VCD、CD-DA、CD-R、CD-RW、SVCD、CVD、CD+G（仅音频）、MIDI 和 MP3 等光盘。

本书以 RICH-818 KALAOKE&DVD PLAYER 为例介绍影碟机的使用与维护。

  目前市场上主要有哪些品牌的影碟机？了解它们的结构特点和工作原理。

9.1.1 影碟机的外部结构

影碟机的外部结构包括前面板和后面板，如表 9-1 所示。

表 9-1   影碟机的外部结构

部 位 名 称	结构示意图
前面板	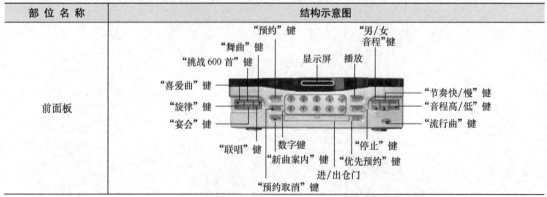

部 位 名 称	结构示意图
后面板	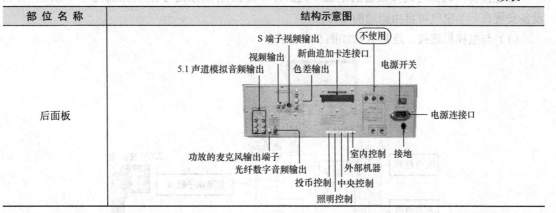

 实训园地 小李的影碟机正面、背面有很多的按钮和接口，请帮他查清楚它们分别是什么按钮，连接哪种输出设备。

遥控器的按键和作用如表 9-2 所示。

表 9-2   **遥控器的按键和作用**

4	信息	5	数字	6	重复		
7	重复	8	取消	9	预约		
10	开始	11	停止	12	男		
13	女	14，15，16，20	特定模式选择方向键				
17	选择	18	节奏-	19	节奏+		
21	音程-	22	音程+	23	主旋律		
24	喜爱曲	25	新曲介绍	26	流行曲		
27	歌曲查找	28	挑战 600 首	29	宴会		
30	舞曲	31	联唱	32	菜单		
33	角度	34	字幕	35	音频		
36	屏幕放大	37	暂停	38	音量		

9.1.2 影碟机的基本使用

影碟机的使用包括基本连接、功能设置、使用影碟机、特定功能应用等。

1. 基本连接

影碟机的连接包括与电视机连接、与音响装备相连接、与具有 5.1 声道输入的功放连接、与具有 AC-3 解码或 DTS 解码的功放连接、与可选择的音响连接等。

在连接前，确保与连接设备的电源开关断开，确保音/视频线与音/视频插孔一一对应，并将设备安置在一个空气可自由流通的地方。

（1）与电视机连接。连接方法如图 9-1 所示。

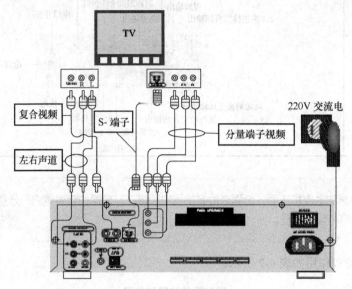

图 9-1　连接电视机

（2）与音响装备相连接。连接方法如图 9-2 所示。

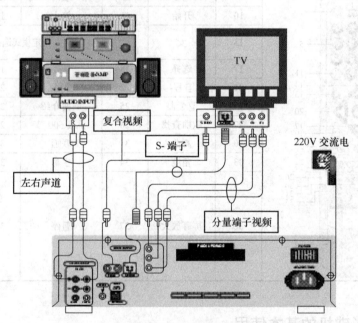

图 9-2　连接音响装备

温馨提示

（1）播放 DVD 时，应调低电视机音量。

（2）如果影碟机通过录像机与电视机相连接时，对于有些 DVD 光盘的播放，电视画面效果可能不太好。此情况下，不要将影碟机经由录像机连接。

（3）与具有 5.1 声道输入的功放连接。连接方法如图 9-3 所示。

（4）与具有 AC-3 解码或 DTS 解码的功放连接。播放以 AC-3 或 DTS 解码的 DVD 光盘时，AC-3 比特流或 DTS 比特流就会从影碟机的光纤数字音频输出器上发出。如果影碟机与具有 AC-3 解码或 DTS 解码的功放连接时，便可以享受到光盘的立体声音效果（如果该功放具有 AC-3 或 DTS 解码器，光纤数字音频线是必需的）。连接方法如图 9-4 所示。

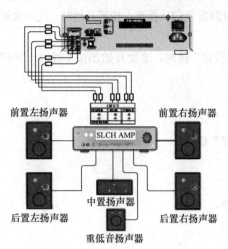

图 9-3 连接 5.1 声道输入的功放

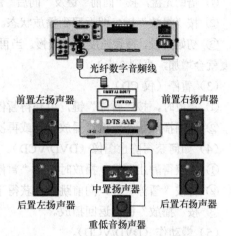

图 9-4 具有 AC-3 解码或 DTS 解码的功放

实训园地

如果有影碟机设备，试将它与一些输出设备连接起来，包括与电视机连接、与音频输出（功放和音响）设备连接。

2．使用影碟机

（1）插入光盘。将要播放的 DVD、VCD、CD 等光盘插入到影碟机中。遥控器上相应的按键功能如图 9-5 所示。

（2）播放。按"播放"键开始播放，机仓会自动进仓并开始播放。对于具有 PBC 控制功能的 DVD 或 VCD 光盘，电视屏幕上会显示菜单画面。

（3）停止。按"停止"键停止播放。播放停止时，影碟机将记录停止播放的位置。以预定停止播放模式按"播放"键，影碟机会自动从停止播放的位置上继续播放。如果仓门已打开，或电源键关闭后再打开，再按"停止"键，继续播放功能将被取消。

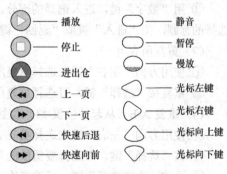

图 9-5 按键功能

实训园地

在影碟机中放入一张光盘，用遥控器对影碟机进行播放、停止、退盘等操作。

3．功能应用

（1）快速前进及快速后退。当在 DVD 光盘上的标题有不止一个章节或 VCD 光盘上有不止一个曲目时，可以按照如下操作移动到其他章节或曲目。

① 按"快速前进"键可跳到下一章节或曲目上。

②　按"快速后退"键可返回到当前章节或曲目的初始状态。

③　在新的章节或曲目上，如果按"快速后退"键，大概用 2s 就会跳回到前一章节或曲目的初始状态。

（2）向前及向后搜索。

①　借助光盘，按"向前"键及"向后"键搜索，可向前及向后搜索，搜索开始时，无声音输出。

②　按"播放"键，即返回到播放状态。

③　初始阶段，搜索速度相对较慢。当再继续按"搜索"键时，速度开始加快（每按一次按键，速度就会增加，直到 5 步）。

（3）暂停（仅 CD）。

①　播放时，按"暂停"键，可获得暂停模式。

②　返回播放状态，按"播放"键或再次按"暂停"键。

（4）如何获得静止图像（DVD/VCD）。

①　为获得静止图像，播放时，按"暂停"键。

②　再按"暂停"键，向前跳跃可获得下一个图像。

③　按"播放"键，返回播放。

（5）慢动作（DVD/VCD）。

①　在暂停画面上，按"取消"键。

②　按"播放"键，返回到正常播放状态。

③　初始阶段，慢放速度相对较慢。当再继续按"取消"键时，速度开始更慢（每按一次按键，速度就会变慢，直到 4 步）。

（6）播放控制（VCD 2.0 专用）。

①　插入具有 PBC 功能的 VCD 光盘，按"播放"键，荧屏上将会显示 PBC 菜单。

②　按屏幕的指示，用按键浏览菜单，选择所需要的部分开始播放。

③　用"数字"键，进入选择的部分。如果 PBC 菜单由标题目录组成，可直接选择标题。对选择的标题，按"进入"键或"返回"键可回到前一菜单。

（7）重复所有/单一。

①　使用方向"左右"键来选择重复所有/单一。

②　重复按"选择"键，可选择重复单个曲目、重复所有曲目及重复关闭。

（8）重复 A-B（从起始位置-终止位置）。

①　使用方向"左右"键来选择重复 A-B。

②　按"选择"键，可选择要播放的起始位置。

③　再按一次"选择"键，可选择终止位置进行播放。重复 A-B 是灵活的。

④　取消重复模式，按"播放"键或"选择"键直到重复 A-B 显示为重复关闭。

（9）静止画面（STEP）。

①　按这个键时，从静止画面中，变成区分一段段的可看的动作画面。

②　要回到正常的画面时，按"开始"键即可。

9.1.3　影碟机的日常维护

影碟机的日常维护包括光盘的保养与维护、影碟机的保养与维护。

1. 光盘的保养与维护

光盘的保用与维护可以参见其他办公设备中有关光盘的维护、清洁相关内容，在此不再重述。

2. 影碟机的保养与维护

影碟机的保养与维护主要在于清洁其外壳。

（1）将电源按键关掉并将电源线从电源插座上拔掉。

（2）擦拭影碟机时，一定要用柔软而干燥的布。如果影碟机表面很脏，先用香皂水洗过的拧干的软布来擦拭，然后再用干布来擦拭。

（3）不要用酒精、稀释剂、擦拭液或其他化学药剂擦拭，也不要使用压缩空气来吹掉灰尘。

9.1.4 影碟机常见故障排除

 实训园地　小李的影碟机发生了故障，请帮他检查一下，故障是什么原因造成的。

有关影碟机的常见故障与排除方法如表 9-3 所示。

表 9-3　　　　　　　　　　　影碟机的常见故障与排除方法

故 障 现 象	原 因	解 决 方 法
不通电	电源线未连接好	连接好电源线
影碟机不启动，播放刚开始立即停止	CPU 复位时间太长	重新开机即可启动
	光盘不符合要求	更换光盘
	光盘可能太脏	清洗光盘
	光盘未正确放入	将光盘正确放入 CD 托架中
无图像	视频输入模式选择不当	选择妥当的视频输入模式
	视频线与插孔未牢靠连接	将视频线与插孔牢靠连接
无声音或声音不正	音频线与插孔未牢靠连接	将音频线与插孔牢靠连接
	音频设置不正确	正确设置音频
快速前进或快速后退时，图像失真	有时会出现微小的画面失真	这不是故障
无快进、快退	有些光盘可能禁止该功能	更换光盘或取消使用
无 4:3（16:9）屏幕显示	电视设置不配套	选择正确的电视设置，与使用的电视相配套
遥控器失灵	遥控器的电池正负极不正确	正确装入遥控器的电池
	电池过期	换上新电池
	遥控器未对准影碟机的遥控感应器	将遥控器对准影碟机的遥控感应器
	操作距离超出范围	在 7m 内使用遥控器
	中间有障碍物	避免中间有障碍物
按键无反应（影碟机或遥控器）	暂时性现象	将电源按键从关到开，或关掉电源，断开电源线，然后再连接上
电视屏幕无菜单显示或仅有部分菜单显示	电视屏幕类型选择不合适	选择合适的电视屏幕类型
声道语言或字幕语言与初次设置的不同	光盘里不存在该语言	初设的语言看不到，或听不到，可更换其他光盘试一试

续表

故障现象	原　　因	解　决　方　法
无字幕	仅含有字幕的光盘才能显现	更换其他光盘试一试
	字幕从电视上被清除掉了	启动显示字幕
不能选择声道或字幕语言	光盘中只含有一种语言	无法选择
	有些光盘，操纵"声道"键或"字幕"键时，两种语言当中无法选择	无法进行选择
	如果有一种语言能选择	可尝试从 DVD 菜单上来选择
角度不能改变	该功能依赖于现选择软件，即便该光盘有很多可使用的角度	这些可使用的角度是专使用于某些特定的场景的
无播放菜单	无法使用	功能只适用于具有 PBC 功能的 VCD 光盘

9.2　功放和音响

功放就是音频功率放大器，功放和音响是密不可分的组合体，功放主要是放大由话筒、VCD/DVD 中的伴音、CD 音乐以及其他输入信号源输入的音频信号，音响则把功放放大的音频信号播放出来。

本书以声通 STA-9986 型功放为例介绍功放的使用与维护。

9.2.1　功放和音响的外部结构

功放和音响的外形比较简单，如表 9-4 所示。

 实训园地　　小李的功放面板上有很多按键，背面有很多接口，介绍清楚这些按钮和接口的作用。

表 9-4　　　　　　　　　　　　　　　　功放和音响的外形

部　位　名　称	结构示意图
前面板	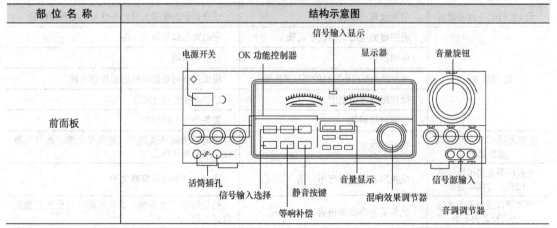

部 位 名 称	结构示意图
后面板	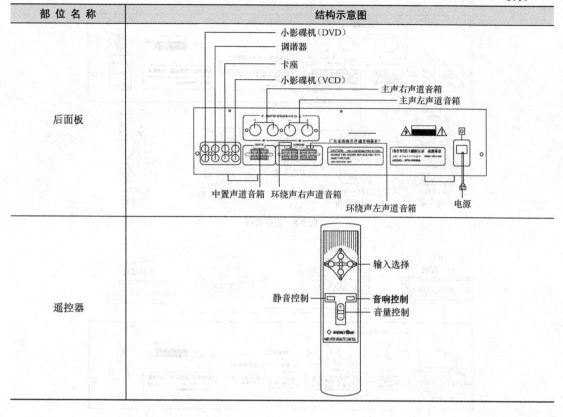
遥控器	

9.2.2　功放和音响的基本使用

使用功放包括电源的连接、与音响的连接、与话筒的连接、与 VCD/DVD 等输入源的连接等。

 将功放与话筒、音响连接起来，调节相关的旋钮，使输出效果达到最佳。

1．电源的连接
（1）连接功放电源只要把电源连接线一端接在功放主机后面的电源插孔上，另一端插入电源插座即可。

（2）按下功放主机前面的"电源开关"按钮，打开功放电源。

2．与话筒的连接
将话筒连线一端插入话筒座，另一端插入功放前面的话筒插座上。

3．与音响的连接
按图 9-6 所示将音响连接到功放主机上。

4．与 VCD/DVD 等输入源的连接
按图 9-7 所示将 VCD/DVD 等输入源连接到功放。

5．遥控器的操作
操作遥控器时，将遥控器对准接收窗，按遥控器上相应的按键，如图 9-8 所示。

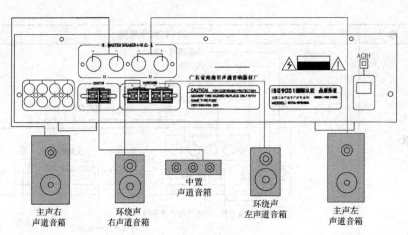

图 9-6 连接音响

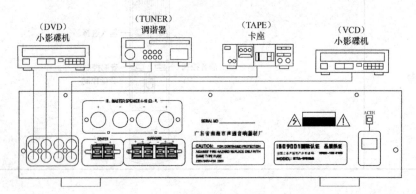

（DVD）
小影碟机

（TUNER）
调谐器

（TAPE）
卡座

（VCD）
小影碟机

图 9-7 连接 VCD/DVD

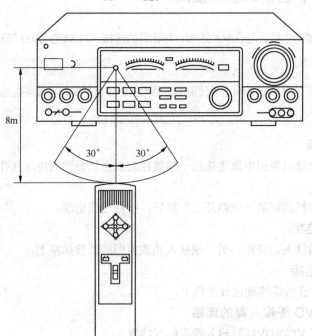

8m

30° 30°

图 9-8 遥控器的操作

9.2.3 功放和音响的日常维护

功放的日常维护主要是更换遥控器电池和清洁机器。

1. 更换遥控器电池

当电池电量不足时，需要更换电池，更换遥控器电池的方法如图9-9所示。

（1）向后端用力滑动电池盖，打开电池舱。

（2）按照正确的极性将电池装入电池座。

（3）盖上电池盖。

2. 清洁机器

用一块干燥柔软的布擦拭机器外壳，不要使用酒精、汽油或带水的布清洁。

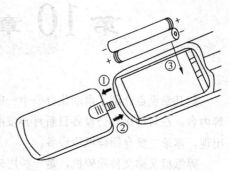

图9-9 更换电池

9.2.4 功放和音响常见故障排除

实训园地

小李的功放发生了故障，请帮他检查一下，故障是什么原因造成的。

功放的常见故障和解决方法如表9-5所示。

表9-5 功放的常见故障和解决方法

现　　象	原　　因	解决方法
无声	电源插头未插好	正确插好电源插头
	扬声器连接不当	正确连接扬声器
	输入/输出连接不当	接好输入/输出接线
	输入模式不对	选择正确的输入模式
	音量控制不当	调节音量控制旋钮
	扬声器端子短路	重新连接
扬声器一边无声	扬声器连接不当	正确连接扬声器
	平衡调节不当	重新调节
副声道无声	未连接	重新连接
卡拉OK无声	设置不当	设置卡拉OK为"ON"
	话筒未插好	插好话筒
	话筒未打开	将话筒开关拨到"ON"

 习　题

1．影碟机可以与其他哪些设备连接使用？

2．如何使用影碟机播放光盘？

3．如何对影碟机进行日常维护？

第10章 其他设备——碎纸机

前几章重点介绍了自动化办公中一些常用的、主要的办公设备的使用、维护和简单故障排除等内容。在自动化办公设备日新月异发展的今天，一些新的、实用的、方便的小型办公设备不断出现。本章主要介绍碎纸机设备。

碎纸机又称文件粉碎机，是一种用来销毁文件与资料的辅助办公设备。它与以往使用的人工烧毁、指定专门部门回收等方法相比具有方便、快捷、无污染、环节少、更具保险性等特点。

10.1 碎纸机的外部结构

碎纸机一般由切纸部件和箱体两大部分组成。切纸部件包括旋转电动机和锋利的刀具，电动机带动刀具快速转动，可将文件快速粉碎成条状或米粒状，甚至更小。箱体包括进纸口和盛纸箱，一些碎纸机箱底下部还装有脚轮，以方便使用。图 10-1 所示为一台 S2006 碎纸机的外形图。由于碎纸机是一种技术含量不太高的产品，因此在选择时多数人更多地考虑它的外观，碎纸质量、碎纸效果。

（a）外部结构

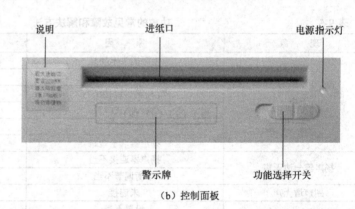

说明　　进纸口　　电源指示灯

警示牌　　功能选择开关

（b）控制面板

图 10-1　S2006 碎纸机的外部构成

10.2 碎纸机的基本使用

1. 碎纸机的使用方法

碎纸机的操作比较简单，对环境的要求也不高。通常在一般的办公室采用 220V 电源保证供电即可进行工作。一般碎纸机具备自动开关系统，只要在输入中将纸张放入切纸器就会自动旋转把纸切碎。也有的碎纸机则需要按一下启动键，使机器运转后，再放入需要切碎的文件或资料。

当继续碎纸时,按下"前进"键,切纸器便会转动,可继续切纸。碎纸完毕,应按下"停止/反向"键,使碎纸机停止转动。

碎纸前应先检查一下要破碎的文件或资料上是否有别针、钉书钉等硬物,若有,应除去后再放入进纸口,否则有可能损坏刀具。

在使用碎纸机时,应注意一次不要塞入过多纸张,尤其是质量较好的纸,使用时更要注意,以免出现卡纸现象。纸张放入时尽量不要放歪,对比较窄的纸要尽量放在进纸口的中央,如图10-2所示。

图10-2 碎纸时的纸张放入位置

2. 碎纸机使用时注意事项

碎纸机使用时应注意以下事项。

(1)当碎纸机运行时,千万不要将手指放入进纸口,更不能让小孩接近碎纸机,以防发生危险。

(2)操作时,要防止领带、项链、长发等卷入碎纸机中。

(3)除纸张外,严防将金属物品、布料、塑料等放入碎纸机中,以免损坏机器。

(4)不要连续使用碎纸机在15min以上,以免碎纸机的发动机发生故障。

(5)不要将比纸口大的纸张放入纸口,也不宜斜放纸张。

(6)不要遮挡碎纸机的通风口,以免影响发动机散热,产生故障。

(7)除清除卡在碎纸机纸口的纸张外,一般不要进行反向旋转机器操作。

(8)不要随意打开碎纸机的主机,以免损坏机器。

温馨提示 了解了碎纸机的基本参数,就可以根据不同的办公需要来选购碎纸机。为了减少损坏的可能,尽量避免连续使用时间超过10min,并且避免纸张容量超过最高限制量。

10.3 碎纸机的日常维护

碎纸机的日常维护主要是清理碎纸机内的纸屑和清除机器卡纸。

1. 清理纸屑

若碎纸机的盛纸箱已满应及时清理。纸屑清理的步骤如图10-3所示。

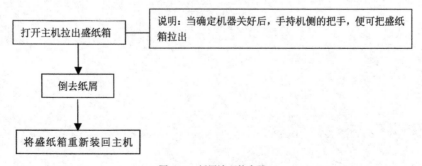

图10-3 纸屑清理的步骤

2. 清除卡纸

清除卡纸的方法如下。

（1）按"停止/反向"键，同时拉出被卡的纸张，再次粉碎。

（2）若用前面的方法不能将卡纸清除，则属于机器过载而自动采取过载保护停机。这时，应拔掉电源插头，等待半小时左右，待机器温度冷却后，再接通电源，按下"停止/反向"键，便可清理卡住的纸张。当再次使用机器碎纸时，应考虑适当减少一些输入纸张的数量。目前，比较先进的碎纸机一旦超载会自动停止、自动退纸，使用更加方便。

（3）如果机器被别针、书钉等物品卡住，可先把切纸反向转动一次，然后倒转机器，清理杂物。

10.4 碎纸机常见故障排除

碎纸机的常见故障主要有：碎纸机不转动、碎纸机不停和碎纸机噪音过大，其排除方法如表 10-1 所示。

表 10-1　　　　　　　　　　碎纸机常见故障及排除方法

常 见 故 障	原　　因	排 除 方 法
碎纸机不转动	电源插头未插好	将电源插头插好
	保险丝熔断	更换丝熔断
	电路没电	检查供电线路
	卡纸	清除卡纸
	电动机发热"过载断电"保护	这是正常现象，拔去电源插头，等待冷却后使用
碎纸机不停	有纸缠在自动开关附近	拔出电源插头，然后清理缠绕的纸张
碎纸机噪音过大	碎纸机未放平	放平碎纸机

  习　题

1．碎纸机如何操作？

2．操作碎纸机应注意哪些事项？